40 | 계명한국학총서

동양사상과 현대적 가치

— 계명대학교 한국학연구원 편 —

계명대학교 출판부

| 계명한국학총서 40 | 동양사상과 현대적 가치

머리말

현대사회에서 보편적 가치로 간주되어 온 근대 서구의 가치들이 한국사회에서 지금 또는 앞으로도 여전히 지배적 가치로서 영향력을 행사할 수 있을까? 타율적 근대화 과정에서 이식된 근대적 서구의 가치가 한국의 문화적 토양에 뿌리를 내리는데 어떤 문제가 있었는가? 동양사상에도 현대사회가 요구하는 의미 있는 가치들이 존재하는가? 있다면 어떤 의의를 가지며 오늘날의 지구적 문제를 해결할 적합한 가치가 될 수 있겠는가? 이 책은 계명대학교 한국학연구원이 '동양사상의 현대적 가치의 재발견'이란 주제로 한 기획학술대회의 결과물이다. 학술대회를 통해 동양사상에서 한국학이 서구중심주의를 극복하고 주체적, 중심적 위상을 회복할 가능성을 모색하였으며 동양사상에서 '오래된 미래'로서 탈근대적인 학문적 가치를 토론하는 기회를 가질 수 있었다.

지금까지 한국학계에서 이루어진 학문의 서구중심주의 내지 오리엔탈리즘에 대한 비판적 논의는 대체로 서구사상의 토착화 수준에서 이루어져 왔다. 전통사상의 현대화는 서구사상의 토착화와 동반적으로 시작되었지만 그 지향점은 상반적이다. 서구사상의 토착화는 서구사상의 학문적 문제의식은 그대로 간직하면서 우리의 필요에 맞게 개선하는 것을 말한다. 학문적 문제의식은 자기 사회의 역사적, 문화적 맥락과 유리될 수 없다. 그래서 서구학문의 토착화는 서구학문의 수단적 외연을 한국사회로까지 넓혔다는 의미를 가질 뿐 우리학문의 목표가 될 수가 없다. 우리학문의 발전은 우리의 역사와 문화, 그것의 지적 토대인 동양사상의 현대화를 통해 이룩될 수 있는 것이다. 동양사상의 현대화는 자생적 한국학 정립의 출발점이 된다. 이에 따라 발표논문을 동양사상의 현대성에 대한 일반적 논의와 동양적 가치의 현대화에 대한 구체적인 논의를 중심으로 구성했다. 현대성에 대한 논의는 신종화 · 정학섭의 동양적 시간 개념의 사상적 논의와 김상준에 의한 주희의 근대적 세계관 분석을 통해 이루어졌다. 이영찬은 근대 유학자 최한기의 기학에서 한국학의 근대적 기원을 찾았다. 그리고 동양적 가치의 현대화는 박병기의 유교와 불교의 '정의', 김보경의 유교적 '소외', 유승무의 불교적 '평화', 이한메의 한국 신종교의 '자유', 박승희 · 강유경 · 김은경 · 조재형의 도교적 '복지'를 중심으로 논의되었다. 간단히 내용을 소개하면 아래와 같다.

신종화, 정학섭은 '동양사상과 현대성; 경험된 미래로서의 고古'에서 동양의 고전과 조선왕조실록에서 '미래'의 용례를 분석하여 현대성의 의미를 새롭게 조망하였다. 김상준은 '주희 이기론 · 우주론의 현대성'에서 『주자어류』연구를 통해 주희의 근대적 세계관을 밝혔다. 그는 주희가 중국철학의 지평에서 처음으로 신학적 우주관을 해체하고 근대적 차원의 우주-자연-인간관을 정립하였음을 주장하였다. 그리고 이영찬은 '최한기의 기학과 한국학'에서 최한기의 기학에서 한국학의 국학적 르네상스의 가능성을 탐색하였다. 그는 최한기가 한국학의 이론적 정체성과 학문적 가치성, 그리고 방법론적 객관성을 확보함으로써 한국학의 국학적 정체성을 확보하는데 기여한 바가 컸다고 보았다.

한편 박병기는 '정의의 동양사상적 맥락과 21세기 한국사회'에서 유교의 의義와 불교의 다르마 등에 내포된 정의의 의미가 21세기 한국인이 추구하는 삶과 사회적 공공성의 준거로서 여전히 유효성이 있음을 논증한다. 이어 김보경은 '유교사상을 통한 소외 개념의 구성'에서 서구 소외사상의 한계와 문제점을 지적하고 유교에서 강조하는 도덕성과 대대적 인간관계에 주목하였다. 그는 유교의 혈구지도絜矩之道, 중화적 대대中和的 待對, 예禮에 기반한 공동체 등의 사상에서 현대적 소외의 극복방안을 모색했다. 유승무는 '불교의 합심주의적 평화사상과 그 현대적 의의'에서 동양사회의 내재적 종교성으로서 합심주의 개념을 제안하고 이를 통해 불교의 평화사상의 특징을 밝혔다. 그는 달라이라마나 틱낫한의 사례를 통해 불교의 합심주의적 평화사상이 오늘날에 어떻게 계승되고 또 실천되고 있는지를 살펴보고 그 평화이론적 함의를 도출하였다.

이한메는 '한국 근대 신종교의 자유 개념 수용에 대한 고찰'에서 신흥종교로서 원불교가 서구 근대적 자유주의에 직면하여 이를 극복하는 방식으로서 '전통의 수호', '주체적 수용', '능동적 변용' 등을 통해 성공적으로 종교혁신을 성취하였음을 밝혔다. 그의 논의에는 인간의 자유와 해방이라는 목적을 달성하기 위해 서구의 세속적 자유사상과 동양의 종교적 자유사상이 통섭되어야 한다는 주장이 담겨 있다.

박승희 · 강유경 · 김은경 · 조재형은 '노자로부터 사회복지 예지 찾기'에서 노자의 『도덕경』에서 사회복지의 예지를 찾고자 하였다. 노자의 사회복지 철학은 자급자족적인 소공동체를 기반으로 하고 있고 노자가 사회복지에 주는 예지가 '마음은 비우고 배는 채워줌'에 있음을 설파하였다. 소국과민 사회에서는 노동력을 진정으로 생산적인 곳에 필요한 만큼만 사용할 수 있으며 노동은 수단이라기보다는 먹고 놀고 자는 것과 함께 삶의 일부가 되기 때문이다.

이상의 논문들이 이 책의 주제인 '동양사상의 현대적 가치의 재발견'을 완결지을 수는 없다. 그러나 유교, 불교, 도교, 원불교 사상을 통해 정의, 소외, 평화, 자유, 복지 등의 현대적 가치를 재발견하고 그것의 현대적 함의를 개괄해 보았다는 점에서 의의가 있다고 본다. 이번의 학술기획이 앞으로 보다 심층적이고 진전된 논의가 이루어지는 계기가 되길 기대해 본다.

2015년 12월
이 영 찬

차례

동양사상과 현대적 가치

동양사상과 현대성: 경험된 미래로서의 고ᄒ
| 신종하, 정학섭

동양사상과 현대성: 경험된 미래로서의 고古

—

신종하, 정학섭

이론지향적인 사회과학분야의 주요 개념 중에 '모더니티(modernity)'가 있다. 현대성 또는 근대성으로 번역되어 학계에서 사용되고 있다. 모더니티는 정치-경제를 포함한 거대한 사회변동의 흐름을 읽어내는 주제어로서, 근대화-탈현대화-탈현대성 그리고 문명담론 안에서 자주 등장한다. 한편, 사회과학계의 논의틀 밖에서 모더니티를 살펴보면, 이 단어의 오랜 지성사적 흔적을 발견할 수 있다. 천년 이상의 문학사와 사상사에서 고대-현대의 비교 논평에서 어원적인 특징이 드러난다. 서구의 고대-현대 논쟁과 유사한 고古—근近의 비교 담론은 동양사상, 특히 한국의 기록물에서 흔하게 발견된다. 다른 문명권일지라도 과거-현재라는 시간개념의 사상적 논의가 동시에 진행되어왔던 것이다.

모더니티 개념이 단지 과거와 현재를 연결하는 것은 아니다. 사회이론과 사상분야에서 현대성 담론은 성찰적, 비판적 그리고 대안적 논의를 일반적으로 포함한다. 평가대상으로서의 현재와 과거는 곧 대응과 변화의 노력과 결과물로서 현재와 미래에 대한 사유를 하게 된다. 현대성을 비판하는 탈현대론자의 미래관은 현재와의 단절 또는 개혁을 의미하는 것이며, 근대화론자는 현대성의 경향적 지속성을 현실적으로 선택하는 것이기도 하다.

동양사회사상에서 미래의 개념적 지위는 어떠한가? 불교 사상에는 과거-현재-미래라는 삼세관이 뚜렷하다. 하지만 중국을 배경으로 하는 유교-도교의 고전에는 '미래' 개념의 활용을 찾아보기가 어렵다. 성인과 군자의 우수사례 및 기타 부정적인 사례에 대한 환기와 학습이라는 현재적 '대응'에 대한 수많은 기록이 있지만, 미래를 어떻게 만들 것인가에 대한 독립적인 구상을 찾아보기가 어렵다. 이 글에서는 이러한 문제의식을 바탕으로 '사례' 학습의 동양적 전통이 갖는 특징을 사회 이론적으로 재해석한다. 흔히, 고대와의 단절 또는 발전적 계승을 서양 근대 지성사의 기획으로 이해하는 것이 일반적이다. 이러한 관찰적 논평은 동일한 질문을 동양 지성사에 던질 수 있다. 18~9세기 서양문물과의 충돌, 문명사적 격변 이전에 조선의 유학자-관료에게 '미래'는 어떤 것이었을까. 그들의 미래관을 찾아본다.

1. 서론: 거인의 어깨위에 서있는 난쟁이

세계적인 인터넷 검색회사인 구글의 학술 데이터베이스(http://scholar. google.com) 첫 화면에 '거인의 어깨위에 서라(stand on the shoulders of giants)'라는 글귀가 보인다. 이 비유는 새로운 도전을 하는 사람(과학자)을 격려하는 의미로 사용되고 있다. 이 비유에 등장하는 '거인'이란 누구이며 무엇을 상징하는 것일까. 학술적 권위, 은사 또는 선배, 아니면 기존의 패러다임일까. 또 거인의 어깨 위에 선다는 것은 어떤 의미일까. 거인을 눌러 제압하라는 것일까. 기존의 학술권위 또는 선배-은사의 업적을 극복하라는 것일까 등과 같은 추가적인 문제의식을 제기하는 구절이 되고 있다.

서양의 지성사에 등장하는 오래된 비유적인 표현으로, 물리학자 뉴턴(Isaac Newton)의 편지 중의 한 구절에서 유래되었다고 한다. "내가 더 멀리 보았다면, 그것은 거인의 어깨 위에 섬으로써 가능한 일입니다."[01](동료과학자 로버트 후크에게 보내는 편지, 1676년 2월 5일)가 바로 그것이다.

하지만, 이 표현의 문헌적 시작은 뉴턴 이전 12세기 초엽으로 거슬러 올라간다. 북프랑스 및 영국 남부 지역에서 성직자와 철학자로서 활동한 요한 솔즈베리(John of Salisbury)의 저작 논리학 변론(metalogicon 1159년)에 등장한다. 요한 솔즈베리(John of Salisbury)[02]가 스승인 베르나르 드 샤르트르(Bernard de Chartres, 영어로는 Bernard of Chartres)를 추억하며 서술한 표현이 문헌적 시초가 되고 있는 것이다.

> 베르나르 드 샤르트르는 거인의 어깨 위에 앉은 난쟁이에 비교하곤 했다. 그는 '우리의 선조(선임)보다 더 많이, 멀리 볼 수 있는데, 우리가 보다 정교한 시야나 큰 키를 가져서가 아니라 선조의 거인 같은 신장(업적) 위에서 태어나고 성장하기 때문이다'라고 말했다."(저자 번역)[03]

---

01 "If I have seen further it is by standing on the shoulders of giants."
02 "If I have seen further it is by standing on the shoulders of giants."
03 "Bernard of Chartres used to compare us to [puny] dwarfs perched on the shoulders of giants. He pointed out that we see more and farther than our predecessors, not because we have keener vision or greater

베르나르 드 샤르트르는 이 문장에서 '우리'는 거인의 어깨 위에 앉은 '난쟁이'로 묘사되고 있으며, 우리의 선조先祖(predecessor) 덕분에 그들보다 더 멀리, 그리고 더 정확히 볼 수 있다고 표현하고 있다. '우리, 현대인'은 고대인이며, 거인의 어깨 위에 앉은 난쟁이로서 고대인 덕분에 그들보다 더 멀리, 정확히 볼 수 있다는 의미로 해석해 볼 수 있다. 지난 900년 이상 서양의 지성사에서 크고 작게, 또한 끊임없이 지속되어온 고대-현대(ancient vs. modern), 고대인-현대인(ancient man vs. modern man) 논쟁 안에서 고대와 현대의 관계성을 표현하는 핵심적 표현으로 재생산되고 있는 것이다(칼리니스쿠, 1993).

이 글은 현대인이 '고대인보다 더 멀리, 더 정확히 본다'는 '그것' 또는 '그곳'에 대한 동양사회사상적 해석을 시도한다. '그것' 또는 '그곳'을 '미래未來(future)'로 개념화해 보고자 한다. 거인(고대인, 선조)은 과거 또는 전통으로서 이해될 수 있으며, 난쟁이(현대인, 우리)는 전통 위에 서 있는 '현재'로 독해될 수 있다. 이 현재가 추구하는 그것, 그곳을 미래라고 개념화하여, 동양사회사상에서의 미래 의미를 탐색하고자 한다.

동양사회사상에서 미래의 개념적 지위는 어떠한가? 중국을 배경으로 하는 유교-도교의 고전에는 '미래' 개념의 활용을 찾아보기가 어렵다.[04] 성인과 군자의 우수 사례 및 부정적 사례에 대한 환기와 학습으로 현재적 '대응'에 대한 수많은 기록이 있지만, 미래를 어떻게 만들 것인가에 대한 독립적인 구상을 찾아보기가 어렵다. 이 글

---

height, but because we are lifted up and borne aloft on their gigantic stature."

04 논어, 맹자, 대학, 중용, 도덕경, 장자 등에서는 '미래未來' 뿐만 아니라 장차將次, 향후向後, 후일後日 등도 거의 발견되지 않는다. 하지만, 미未, 장將, 후後, 후세後世 등이 시간적 함의를 갖고 쓰인다. 향후 유교-도교 고전의 범위를 확대하여 세밀한 조사를 할 필요성이 제기된다.

에서는 이러한 문제의식을 바탕으로 '사례' 학습의 동양적 전통이 갖는 특징을 사회이론적으로 재해석해 보려 한다. 유교-도교적인 전통과 달리 불교 사상에는 '미래未來'관이 분명하다. 불교의 전파 이후 동양에서 어떻게 시간관이 구체화되고, 유교-도교적인 전통과 대립하면서 절충되는가에 대한 문제의식이 요구된다.

고대와의 단절 또는 발전적 계승을 서양 근대 지성사의 기획으로 이해하는 것이 일반적이다. 이러한 관찰적 논평은 동양 지성사에도 적용시켜 볼 수 있다. 18~9세기 서양문물과의 충돌, 문명사적 격변 이전에 조선의 유학자-관료에게 '미래'는 어떤 것이었을까.

그들의 미래관을 조사하고 탐색하는 것은 첫째, 고대-근대-미래에 대한 한국사상의 지성사를 비교 역사적 문제의식으로 서구의 사회사상과 함께 연구하는 기초 작업이 될 수 있다. 둘째, 동양사상 내지 전통사상의 현대화 또는 가치 복원을 꾀하려는 연구자들의 관심 및 방법에 대해 평가하는 의미를 갖는다. 이것은 동양사상의 고전으로부터 어떤 시사점과 교훈을 획득할 것인가에 대한 근거 확보가 될 수 있기 때문이다.

2장에서는 기록물에 등장하는 '미래' 용례를 수집하고, 내용적으로 요약 정리한다. 용례 수집과 정리 작업을 통해 미래의 개념적 영역에서 작동하는 관련 의미들을 찾아낸다. 3장에서는 '미래'를 포함하는 시간대에 대한 태도, 즉 시간관을 현대성의 해석적 전개방식 안에서 논평한다. 현대인의 '실천적', 또는 '개입적' 태도가 어떤 방식으로 '영속적으로' 재생산되는지를 설명해 보려 한다. 4장 소결론에서는 현대성 안에서 재생산되는 '전통'의 내용과 방향에 대해 원칙적 입장을 표명한다. 이를 바탕으로 동양사회사상 연구자들 내부의 '복고주의'와 '탈 전통주의'에 대해 비판을 시도해 본다.

2. 미래란 무엇인가?: 조선왕조실록 및 한국 고전의 사례

서양의 고대-현대(ancient-modern)에 관한 오랜 지성사적 논의만큼이나, 동양사회 특히 조선시대를 통해 고古—금今/근近에 관한 담론의 역사가 있다. 이 전통의 사례가 조선왕조실록에서 여실히 드러나고 있다(신종화, 2013).

조선왕조실록에는 '미래未來'에 관한 용례가 여러 곳에 담겨 있다. 한국 사회과학의 핵심어 몇몇이 19세기 말 일본의 번역어로 등장한 사례와 달리, '미래'는 'future'의 번역어로 사용되기 이전에 한국의 지성사에서 사용되던 용어였던 것이다. 조선왕조실록 이외에 동국이상국집(1251년?) 및 동문선(1478년)에 등장하는 고려시대의 시문에도 '미래'에 관한 용례와 관련된 시간적 구별인식이 등장한다. 아울러 삼국시대의 기록을 기초로 작성된 삼국유사(1281년)에도 '미래'의 용례가 발견된다.

'미래'의 용례는 일차적으로 '시간'과 관련을 맺고 있다. 아직 발생하지 않아서, 어떤 구체적인 상황 판단을 하기 어려운 시간적 개념으로 미래가 사용되고 있다.

> 이때 범천왕梵天王이 다시 와서 부처에게 예禮하고 청한다. '파가파婆伽婆께서는 앞으로 올 세상의 모든 중생衆生들을 위할 것이요, 이 작은 한 용龍만을 위하지 마시옵소서.'[05]

---

05 時梵天王復來禮佛 請婆伽婆爲未來世諸衆生故 莫獨偏爲此一小龍.(삼국유사, 1281년 魚山佛影)

이 시간 개념의 앞에는 과거와 현재가 있고, 과거-현재-미래라는 세 개의 시간대를 구분하는 사유가 15세기의 문헌에서 발견된다.

> 부처는 스스로 이르기를 과거 · 미래 · 현재의 삼세三世의 일을 죄다 궁구해 통달한다고 하오나, 오행伍行의 이치에는 이미 그 자세함을 알지 못하기 때문에 천지 인물의 시종始終과 일월성신日月星辰의 변동과 의약율려醫藥律呂의 조리에 대해서는 모두 그 말이 없으니, 이로써 보면, 죽고 사는 까닭을 알지 못함이 명백하옵니다. 부처는 서역西域에 있어 중국과의 거리가 겨우 수만 리인데도 오히려 현재의 당唐 · 우虞 삼대의 일을 말하지 못하옵거늘, 그 과거와 미래의 일을 말하는 것은 허탄하고 망령되어 족히 믿지 못할 것이 명백하옵니다.[06]

비록 유학자(정인지 등)의 불교의 시간관에 대한 부정적인 평가의 일부이지만, 세 개의 시간대에 대한 이해와 이 시간대의 관련성에 대한 문제의식은 분명한 편이다.[07] 조선의 유학적 관점은 왕의

---

06 佛氏自以謂過去未來見在三世之事, 悉皆窮通, 然於伍行之理, 已不得其詳, 故天地人物之始終´日月星辰之陵食´醫藥律呂之條理, 皆無其說° 以此觀之, 其不知死生之故明矣° 佛氏處西域, 去中國才數萬里, 尙不能言見在唐´虞三代帝王之事, 其言過去未來事, 誕妄不足爲信明矣°(세종 23년, 1441년 12월 9일)

07 신라시대(후기 삼국시대)-고려시대의 시인, 문사의 시문을 수집 정리한 동문선(1478, 111권, **疏**)에는 '삼세三世'라는 어휘가 등장한다. "만덕사에서 겨울 안거의 법회를 개설하는 소〔萬德社開設冬安居法會疏〕 삼세三世의 모든 부처께서 교화를 나타내는 본뜻은 오직 일대사一大事 인연因緣을 열어 준 것이나, 구도九道의 사생四生이 참된 것으로 돌아가는 묘한 법문은 여러 가지 권도의 방편方便을 빌려야 합니다. 三世諸佛現化之本意°唯開一事因緣°九道四生歸眞之妙門°亦假兩權方便°"
불교가 전파된 이후, 과거-현세-미래 라는 세 개의 시간대에 대한 의식이 문학에 표현된 것이다. 한편, 불교의 금강경(일체동관분一體同觀分에는 '과거의 마음도 얻을 수 없고, 현재 마음도 얻을 수 없고, 미래 마음도 얻을 수 없느니라(過去心不可得 現在心

역할과 도리에 대한 현재적인 충실성을 성왕의 전통적인 사례 속에 강조하면서, 미래를 '마음으로서' 기원하는 것에는 반대하고 있다. 19세기의 학자 최한기는 고古-금今-미래未來라고 기술하여 과거-현재-미래의 개념적 이해를 지니고 있었던 점도 주목해 볼 수 있다.[08]

〈표 1 조선왕조실록의 '미래未來' 용례 문헌 건수〉

총 227건	태조 (1)	정종 (3)	태종 (1)	세종 (11)	문종 (4)	단종 (2)	세조 (6)	예종 (1)	성종 (16)
	연산군 (5)	중종 (42)	인종 (1)	명종 (9)	선조 (49)	선조수정	광해군일기 (중초 22)	광해군일기 (정초 19)	인조 (6)
	효종 (2)	현종 (3)	현종개수(4)	숙종 (5)	숙종보궐정오	경종	경종수정 (1)	영조 (5)	정조 (3)
	순조	헌종	철종	고종 (6)	순종	순종부록			

한편, 조선왕조실록에 기록된 용례는 다음과 같이 유형화할 수 있다.

〔1〕 태조 7년(1398년 5월 16일), 불교 사찰의 건축을 둘러싼 왕과 신하의 대화에서 '미래未來'라는 어휘가 조선왕조실록에서 처음으로 기록되고 있다. 정책의 결정 또는 지시과정을 둘러싼 논의에서 '미래未來'는 '당시當時'와의 비교(대조)속에 '아직 발생하지 않은, 앞으로의 상황'이라는 일반적인 의미로 사용되고 있다.

미래의 일을 가르켜 말한 것인가? 만약 미래의 일을 가리킨 것이라 한다면, 지금의 사리전舍利殿의 토목土木 역사는 오래 되었는데 어찌 배척하는 말을 듣지 못하겠는가? 만약 이 당시의 일을 가리킨

不可得 未來心不可得)'는 경귀가 있다.

08 "至於古今未來前後左右遠近內外之類°"(기측제의, 1836년 신기통 3권, 변통, 時是氣運)

것이라 한다면, 그 재상 · 사대부 · 환관 중에서 말을 올린 사람이 누구인가? 명백히 진술하라."[09]

〔2〕 그리고 미래는 '다녀가지 못함', '아직 도착하지 못함' 이라는 행동의 미발생을 뜻하기도 한다.

> 태상왕이 듣고 말하기를, "오늘 오지 못하는 것을 걱정하지 말고, 빨리 병을 치료하라."하고,[10] / 증인證人이 이에 아직 오지 못하였기 때문에 권희달이 출사出仕하지 못하고 있습니다."[11]

조선 중기 선조는 67년의 생애기간 동안 42년간(1567~1608년) 왕으로 재임한다. 42년의 정사政事에는 임진왜란(정유재란 포함) 7년(1592~ 1598)의 경험이 포함되어 있다. 이 시기의 기록이 조선왕조실록에 포함되어 있는데, '미래未來'는 33건의 문헌용례에서 등장한다. 일종의 전쟁회의록으로 이해할 수 있는 이 자료에 '미래'는 '보고되지 않은, 아직 도착하지 않은'의 의미로 사용되고 있다. 전투의 경과와 명나라 군대 및 장수의 도착 여부 등에 대한 확인적인 내용이 대부분이다.

> 이일李鎰 · 이천李薦 · 김억추金億秋 · 박석명朴錫命 등이 아직 다 오지 않았는데 이일은 간 곳도 알 수 없습니다. 이 사람들은 모두 국은國恩을 받아 소

09 指未來之事而言歟? 若曰指未來, 則如今舍利殿土木之役久矣°何不聞見斥言乎? 若曰指當時之事, 則其在宰相士大夫宦官之中, 進言者爲誰? 明白以陳°"

10 太上王聞之曰:"毋患今日之未來, 宜速治疾°":(정종 1년, 1399년 10월 8일)

11 證人時未來也, 故希達不仕°":(태종 18년, 1418년 4월 4일)

> 관小官과 비할 바가 아닌데 전투할 때마다 불리하면 행재소로 곧바로 가지 않고 모두들 궁벽한 지름길을 경유하여 항상 피난하려는 계획만 있으니, 신하의 직분으로 헤아려 보건대 더욱 마음이 아픕니다."[12] / 서흥瑞興에서 동쪽 지역의 보고는 아직 올라오지 않았고 부장副將 이여백李如栢은 내일 발송한다고 하였습니다.[13] / 파발군擺撥軍을 철수시키지 말도록 청했는데 회답한 패문牌文은 아직 오지 않았다.' 하였습니다."[14] / "석 상서의 생사당 건은 세 대장의 일이 의정되기를 기다린 다음에 하지 말고 마땅히 중국 사신이 나오기 전에 정해서 하는 것이 가하다. 생사당은 반드시 화상을 그린 뒤에 세워야 하는가?"[15] / 이제 사기事機가 변하는 것은 잠깐 사이에 달려 있는데 중국 군사는 아직 오지 않고 식량은 아직 갖추어지지 않았으니, 참으로 위급 존망의 때입니다.[16] [17]

〔3〕 발생하지 않은 것, 가시화되지 않은 것이라는 '미래'의 일차적인 뜻은 부정적인 맥락에서 사용되기도 한다. 불안, 근심 또는 공포적 상황에 대한 상상적인 환경이 '미래'가 되기 때문이다.

---

12 李鎰'李薦'金億秋'朴錫命等, 皆未來赴, 而鎰則不知去處° 此人等俱受國恩, 非小官之比, 而每戰不利, 則不爲直向行在, 皆由僻逕, 常有避亂之計, 揆以臣子職分, 尤爲痛心°": (선조 25년, 1592년 6월 23일)
13 瑞興以東之報, 時未來呈, 副將李如栢則明日發送云云°:(선조 6년, 1593년 1월 15일)
14 擺撥之軍, 回答牌文, 時未來' 云°":(선조 27년, 1594년 2월 21일)
15 石尙書, 則不待三大將事議定然後爲之, 當於華使未來前, 定爲可也°:(선조 28년, 1595년 1월 6일)
16 今事機之變, 在於呼吸, 而天兵未來, 糧餉未具, 此誠危急存亡之秋也°:(선조 29년, 1596년 5월 4일)
17 '아직 오지 않음'의 의미적 용례는 그 기록이 고려시대로 거슬러 올라간다. 동국이상국집(이규보, 전집9권, 고율시, 민상시閔常侍의 명령을 받아 쌍마도雙馬圖에 대해 짓다)에 "때가 오지 않음 천명인가 하노라 / 時哉未來命矣夫"가 적혀있다.

> 사람은 음양오행陰陽伍行의 기운을 받아서 태어나고, 죽으면 음양이 흩어져서 혼魂은 올라가고 백魄은 내려가는 것이니, 다시 무슨 물건이 있어 지옥으로 돌아가겠습니까? 이것은 불씨가 미래未來와 보지 못한 것으로 어리석은 백성을 유혹한 것이니, 인주가 믿을 것이 못됩니다."[18] / 불씨佛氏가 모두 미견未見과 미래未來를 가지고 인심을 현혹眩惑시키기 때문에,[19]

〔4〕 부정적 상황의 발생 가능성을 고려한 사전 조치에 대해 왕과 신하의 대화 또는 격렬한 논쟁의 기록이 보인다.

> (세종이 말하기를) 다만 오늘날에 범한 죄만은 논할 것이지 어찌 미래의 죄를 미리 생각할 수 있겠는가."하니, 고약해高若海가 아뢰기를,"옛 사람이 말하기를, '일이 커지기 전에 미리 막는다.'고 하였으니, 어찌 후일의 계책을 생각하지 않겠습니까."[20]

양녕대군의 행실에 대한 신하들의 부정적인 논평은 세종에게 사정私情으로 공의公義를 폐할 수 없다는 논리로써 양녕에게 죄를 묻기를 요청한다. 형제간의 일에 대한 자신의 판단을 믿었던 세종은 신하들의 의견을 끝내 거절한다. 현실화될 수 있는 가능성에 대한 사

---

18 人受陰陽伍行之氣以生, 死則陰陽散而魂升魄降, 復有何物歸地獄者哉? 此佛氏以未來未見, 誘惑愚民, 非人主所宜信°":(정종 2년, 1400년 1월 10일)

19 佛氏皆以未見未來, 眩惑人心, (상동)

20 但論今日所犯, 豈可五慮未來之罪乎?"若海曰: "古人云: '防微杜漸°' 豈可不爲後來之計?" :(세종 10년, 1428년 1월 18일)

전적 조치를 요구하는 입장과 정서적-가족적 관계에 기초한 현재와 미래의 분리적인 태도가 특징적으로 부각된다.

한편, 조선 후기 영조 시대에 '미래와 과거를 연결하는 생각'의 기록이 등장한다. 기록과 경험을 갖는 과거의 일처럼, 미래의 일을 다루어야 한다는 의미로서, 경각심을 부각하는 내용의 일부가 되고 있다.

> 수찬 정휘량鄭翬良은 아뢰기를, "타성에 젖기 쉬운 것이 인심입니다. 일념一念으로 계구戒懼하여 항상 미래의 일을 과거의 일처럼 여겨 조심한다면 만세토록 태평을 누릴 수 있는 기틀이 여기에서 다져지게 될 것입니다."...전하께서는 더욱 성덕의 연마에 힘쓰시어 뒷사람으로 하여금 또한 오늘날에 옛날을 보는 것처럼 하지 말게 하소서."[21]

18세기 조선후기 정조 시대 사도세자의 죽음과 관련된 당쟁에서도 '미래未來'의 위기적 상황에 대한 언급이 발견된다. "...바야흐로 한 세상의 사람을 진정시키고 미래의 화를 막을 것입니다."[22]

〔5〕 한편, 현실화되지 않은 상황에 대한 '예측'에는 '미지未知'라는 표현이 등장한다.

> (올해의 볏곡이 작년과 비교하여 어떠한가라는 세종

---

21 修撰鄭翬良曰: "易狃者人心也° 一念戒懼, 常以未來之事, 如已往之事, 則太平萬世, 其本在此矣°" ... 願殿下益懋聖德, 毋俾後人, 亦猶今之視昔焉°" :(영조 16년, 1740년 8월 30일)

22 方可以鎭一世之人, 而防未來之禍矣°:(정조 즉위년, 1776년 8월 6일)

> 의 질문에) 숭선이 아뢰기를,"신이 보기로는 지난해에 비하여 적이 좋은 편이라고 하옵니다마는, 그 나중이 어떻게 될지 알지 못하겠습니다."하였다.[23]

큰 틀에서 '미래未來'에 대한 한국의 고전 문헌에 대한 용례를 분류해 보면, 불교적 배경과 유교적 배경에 따라서 특징이 구별된다. 불교적 배경 또는 불교에 대한 논평에서 미래는 과거-현재와 함께 세 개의 시간대를 구성하는 분명한 의미를 지닌다. 시간대에 대한 추상화된 용례는 '미래'를 개념적으로 객관화시켜, 다른 시간대와 비교를 가능하게 한다.

한편, 유교적 배경에서 유학자들의 '미래'는 시간의 일상적 배열 안에서 용례가 사용되는 것이 일반적이다. 첫째, '래來'의 의미가 우선 부각되고 있다. '도착여부, 방문여부'의 판단에 '미未'가 사용되어, 하나의 개념어인 '미래'와 달리 두 글자의 연속 어휘로서 사용되는 것이 일차적 특징이다. 둘째, '미래'가 현재 이후의 시간이기는 하지만, 개념적인 '시간대'의 의미는 약하다. '앞으로', '앞날',[24] '향후'[25], '장차'[26] 등과 같은 뜻으로 쓰이는 경우가 많다.

불교와 유교적 틀에서의 '미래'의 의미 차이는 어디서 발생하는 것일까? 불교는 일반적으로 말하는 '사후死後' 세계에 관한 문제의식 또는 현재와는 다른 차원의 세상에 대한 사유가 발전했기 때문이라

23 崇善啓曰: "臣意以謂比前年頗好, 然未知其終也°" :(세종 16년, 8월 9일)

24 조선왕조실록에서 앞날(훗날, 뒷날)의 의미로 쓰인 후일後日은 태조실록이후 거의 모든 왕의 기록에 등장한다. 3878건의 문서에서 발견될 정도로 흔하게 자주 기록에 등장한다. '후일後日'이 20세기 이후 현대 한국사회에서 미래未來의 용례로 흡수된다. 후일後日은 더 이상 학문적인 관심을 받는 개념어의 지위를 갖지 못하고 있다.

25 조선왕조실록에서 향후向後는 단종실록(1회), 선조실록(1회), 영조실록(1회) 등에서 총 57건에서 발견된다. 하지만 정조(25회), 순조실록(7회) 등 18세기 중반 이후에 크게 증가한다.

26 조선왕조실록에서 장차將次는 태조실록(1회), 세종실록(3회), 선조실록(13회), 영조실록(6회), 정조실록(8회) 등에서 총 73건에서 발견된다.

고 판단된다. 다른 차원의 세상에 대한 사유는 현재를 '기다리고, 준비하는 시간대'로 재규정화하게 된다. 의미적인 수준에서 '과거-현재-미래'의 시간대가 차별화되는 것이다.

하지만, 유교적 배경에서의 시간대는 의미적인 수준이기 보다는 시간의 '물리적인' 흐름과 전개로 파악된다. 과거에 대한 풍부한 사유는 많은 사례의 재생산과 활용을 통하여 확대되었지만, 미래는 주로 현재의 연속인가 또는 불연속인가에 대한 관심 속에서 고민되는 수준이다.

3. 미래관: 법칙이 지속되는 시간대

시간을 뒤로 되돌릴 수 있을까? 시간을 뒤로 돌릴 수 있다면, 그래서 현재에서 다시 과거로 '뒤' 돌아갈 수 있다면, 현재는 '물리적으로' 미래와 멀어지게 된다. 직선적 세계관의 입장에서 볼 때, 과거를 향하는 순간 현재는 미래와 등을 돌리게 된다.

한편, 물리학을 중심으로 한 과학자들이 생각하는 타임머신(Time Machine) 논의는 어느 시간대의 흐름에서 일시적으로 이탈하거나, 다른 시간대로 들어갔다가 원래 시간대의 전단계로 재편입하는 것을 이론적 차원에서 검토하는 것이다. 그런데, 인문-사회과학 분야의 용어인 '복원/회복(restoration)', '부흥(renaissance)'은 '과거의 재발견'이라는 현재적 노력의 상황과 함께, '미래'로서의 과거(전통)라는 개념적 틀을 갖는 것이 일반적이다. 도달해야할 곳을 향한 노력(발걸음), 만들어야 할 것을 찾고 구현하는 노력(창조)은 과거이며, 과거의 제도와 생산물인 것이다.

18~19세기의 실학자 정약용은 과거로부터 내려오는 것을 유지하는 것이 초점이 아니라, 과거로부터 내려오는 전통을 '계승'하는 것을 핵심적 문제의식으로 삼고 있다. 그리고 현재 상황에 대한 제도적 개혁의 '근거' 사례를 과거로부터 찾고 있다.

> "은殷나라가 하夏나라의 대를 이어서는 줄이거나 보태는 것이 없을 수 없었고, 주周나라가 은나라의 대를 이으면서 또한 줄이거나 보태는 것이 없을 수 없었다. 왜냐하면 세상의 도가 강이 흐르는 것과 같은데 한 번 정한 것이 만세토록 변하지 않는다는 것은 이치로 보아도 맞지 않는다. 진秦나라의 법은 바로 진나라의 법이었지, 천성千聖과 백왕百王이 유전流傳한 것이 아니다. 그런데 한나라가 일어나면서 진나라의 법을 따랐고 감히 털끝만큼도 변동한 일이 없었다."(경세유표, 1997: 76)(밑줄 추가)

정약용은 19세기의 정치제도를 개혁하기 위한 새로운 예법의 제안(방례초본/경세유표)에서 새로운 개혁적 설계의 정당성을 고대 중국 성왕시대, 조선의 앞선 임금의 사례를 통해 확보하고자 한다. 새로운 '개입'의 정당성에는 세상은 도가 흐르는 강과 같아서 변화에 대한 수용 또는 선택이 당연하다는 것이다.

시대적으로 앞선 성왕이나 성인처럼 조선의 임금과 유학자는 변화하는 시대상에 맞게 적절하게 '줄이거나 보태야한다'고 인식한다. '현재' 상황에 대한 제도적 개혁이라는 개입적 실천이 곧 '당대'의 문제에 대한 해결적 노력, 즉 현대성의 실천으로 개념화될 수 있다. 나아가 현재의 실천적 개입을 과거의 실천적 개입의 전통에 대한 계승이라는 차원에서 '과거-현재', 다른 표현으로 '고대-현대'를 연결시키고 있는 것이다. 앞서 간략히 소개한 '거인의 어깨 위에 앉은 난쟁이'로서 앞선 성왕이나 성인이 '겪지 않은' 새로운 도道의 흐름을 고민하는 현대인의 지위를 확보하기 위하여, 전통의 사례를 소개하고 있다.

> 은나라와 주나라의 사람은 슬기롭고 착해서, 그 재주와 식견이 비록 순우가 만든 것이라도 능히 줄이고 보태어 형편에 합당하도록 하였다. 그러나 한나라 사람은 거칠고 어리석어서 그 재주와 식견이, 비록 상앙과 이사가 만든 것이라도 그냥 따라서 하고 거기서 벗어날 줄을 몰랐다. 이것을 보면, 법을 능히 고치지 못하는 것과 제도를 능히 변경하지 못하는 것은 한결같이 그 사람이 어진가 어리석은가에서 비롯하는 것이지 천지의 이치가 원래부터 고치거나 변경함이 없고자 한 것은 아니었다. (위의 책, 77)

그런 한편, 과거와는 다른 새로운 도道의 흐름에 대한 판단은 현재 이후, 즉 앞으로 다가올 시간에도 유효한 법칙적 특징으로 이론화될 수 있다. '세상의 도가 강이 흐르는 것과 같아서 만세토록 변하지 않는 것은 없다'는 판단은 곧 앞으로 다가올 후대가 그들이 경험하는 '세상의 도'에 맞게 실천적 개입을 할 것이라는 해석이 자연스럽게 이어지기 때문이다.

앞으로 다가올 시간대는 새로운 개입을 요구하는 것이지, 어떤 정해진 결과가 제공되는 것이 아니다. '현대인'의 개입적 노력은 후대에도 또 다른 현대인의 개입적 노력으로 계승될 것이라는 판단은 논리적으로 가능하다. 다시 말하면, 과거의 성왕과 성인도 당시의 도의 흐름에 맞게 예禮를 만들었으며, 현재 우리는 우리의 예를 만들어야 한다고 본다. 그리고 앞으로 올 후세는 또 그들의 예를 만들 것으로 예측한다. 이 같은 이론적 층위에서의 동질화는 과거-현재-미래의 예법의 소개 및 제도적 발전을 '모두 당대의 도에 맞는 개입'으로 해석할 수 있으며, 현대성의 과거적 사례-현재적 사례, 그리고 미래적 예상으로 상정해 볼 수 있다.

'계승되어야 하는 것은 앞선 시대의 예禮가 아니라, 그 예를 만들었던 문제의식과 새로운 제도화의 실천'이라는 것이 정약용의 주된 논거이다. 이 논거를 조금 확대해 보면, 앞으로 전개될 미래 후학의 노력은 과거의 예에 대한 '변동 없는 유지'가 아니라, 성왕-성인의 문제의식과 제도적 실천의 노력이며, 정약용 자신처럼 새로운, 또 다른 방례邦禮를 만드는 것일 터이다.[27] 과거-현재-미래의 시간대에 일관되게 유지되고 발현되어야 하는 것은 '변하는 세상의 도에 맞는 예'를 만드는 것이다.

세상의 도가 어떻게 변할지는 알지 못하지만, 변하는 세상의 도에

---

27 "생각건대, 우리 효종대왕은 공법을 고쳐서 대동법으로 하였고, 또 우리 영종대왕은 노비법과 군포법을 고치고, 한림천법도 고쳤다. 이것은 모두 천리에 합당하고 인정에 화협하여, 사시가 변하지 않을 수 없는 것과 같았다."(같은 책, 77)

맞게 예를 만드는 노력은 정당한 것이다. 나아가 계승되어야 한다는 차원에서 이해하자면, '미래'는 알지 못하지만, '경험'의 연장이 될 수 있다. '경험된 미래'는 과거와 현재를 연결하는 과정에서 자연스럽게 과거-현재와 연결되는 미래의 특징이 된다.

'미래를 알 수 있을까?'라는 질문에는 '미지未知'라는 답이겠지만, '미래에 어떻게 행동해야 하는가?'라는 질문에는 '그 때의 도에 맞게 새로운 예를 고민하라'는 분명한 답이 가능하다. 과거 사실의 연장이라는 차원의 현재와 미래가 아니라, 개입과 새로운 제도화라는 실천의 연장으로서 미래는 경험된 과거-현재이며, 과거-현재는 미래 현대성의 자원이 되는 것이다.

> 조종의 법은 나라를 창건하던 초기에 만든 것이 많다. 그때에는 천명을 아직 환하게 알지 못하고 인심도 미처 안정되지 못했으며, 공을 세운 장수와 정승은 추솔하고 억센 무인이 많았으며, 여러 벼슬아치도 간사한 사람이 많았다……. 생각하건대 대개 터럭 하나만큼이라도 병통 아닌 것이 없는 바, 지금이라도 고치지 않으면 반드시 나라가 망한 다음이라야 그칠 것이다. 이러하니 어찌 충신과 지사가 팔짱만 끼고 방관할 수 있을 것인가.(위의 책, 78-9)

4. 소결론: 미래에 대한 불안감과 '도道'를 향한 혁신적 태도

현대성 연구에서 '미래'가 단순히 시간적인 개념은 아니다. 미래는 현재와의 단절이거나, 연속 또는 발전의 의미를 지닌다. 정치적 격변이나, 문명적 전환 등은 '변화' 및 '단절'을 목적으로 진행되는 거대한 과정이다. 그 내부에서 개별 사안들은 유지-강화되거나 소멸되어 사라진다. 하지만, 미래의 불확실성에 대한 준비는 현재 존재성의 연장을 꾀하는 것을 일차적인 목적으로 삼는 것이 일반적이다.

거대한 정치적 기획을 꿈꿨던 17~18세기 서양 사회사상가들은 계몽주의라는 큰 흐름으로 19~20세기 사회과학의 발전에 크게 기여한다. 사회개혁 프로그램의 실천과 그 결과에 대한 지성사적 자신감은 공포정치, 전쟁, 전체주의, 탈인간주의, 사회주의의 붕괴, 핵위험 등과 같은 시대적 반작용을 경험한다. 이 과정을 통해 '근대인/현대인'으로서 가진 '역사적 주인의식'은 성찰론, 회의론, 탈정치화, 경제주의의 전일화 등과 같은 담론구조 속에서 '미래 기획'의 자신감을 상실하게 된다.

1970년대 이후 한국사회도 강력한 개발주의 프로그램의 실행과 변혁적 세계관의 실천의 갈등과 대립, 싸움을 통해 다양한 담론구조를 진행시켜 오고 있다. 경제가 성장하고 민주주의가 제도화되고 있으면서도 또한 저성장과 권위주의로의 회귀에 대한 불안감이 팽배한 상황을 경험하고 있기도 하다(김상준, 2009).

서로 다른 목표와 도착점에 대한 대립과 충돌 속에서 40년 이상의 현대화 프로그램이 진행되어 온 반면에, 2000년대 이후에는 '불확실한 미래에 대한' 불안감으로 인하여 '동원적인', '응집력 있는' 정책적 실천이나 사회운동이 가시화되지 못하고 있다. 한편으로 불안감과 공포를 바탕으로 하는 산업이 크게 성장하기도 하고 있기도 하다. 일등주의의 성공적 결과에 대한 사례 소개와 함께, 다원화하는 사회적 가치관으로 인하여 '공동체적 합의와 공감대'가 축소되기도 한다.

이러한 현재적 상황의 극복을 위해 무엇이 필요한가? 과거 계몽주의적 기획의 '바람직함과 구현 가능성'에 대한 또 다른 확신이 필요할까. 아니면, 계몽주의적 기획을 대체하는 '또 다른' 시대기획 프로그램을 설계하고 제안하여야 할까. 사회과학이 유儒, 불佛, 도道라는 거인의 어깨 위로 올라가서 더 멀리 보려고 애써야 하는 것일까. 동양사상의 거인보다 더 멀리보기를 포기하고, 거인의 시선 높이에서 앞을 내다보아야 하는 것일까.

앞서 정약용의 사례에서 언급되었던 것처럼, 기존의 프로그램〔주례周禮〕이 지니는 가치는 당시의 도의 흐름에 맞추고자 했던 것이다. 계몽주의를 계승한다는 것, 유-불-도를 계승한다는 것은 과거의 것을 유지-보존한다는 것이 아니라, 과거 선인들의 개입적 노력과 문제의식의 크기를 계승해야 한다는 것이라고 할 수 있다. 그런 만큼 그들이 마주했던 불안감, 혼란 또한 피할 수 없는 것이 아닐까. 학인의 신분으로 좋은 스승의 가르침 속에서 확신에 찼던 자신감을 버리고, 이른바 전문학술연구자로서 맞부딪치는 불확실성과 존재론적 불안감을 견뎌내야 하는 것은 아닐까.

좋은 선례라는 것은 그 내용, 확실성 여부, 영향력보다는 변화에 걸맞은 개입과 제도적 실천이 지속, 계승된다는 의미론적 자원으로써 유의미하게 작동할 것이다. 내용은 일부 변경될 수 있으나, 의미는 지속-발전될 수 있다. 나아가 개입적 실천의 정당화가 지지될 때 전통의 맥락 또한 연면히 이어지게 될 것이다.

참고문헌

『동국이상국집東國李相國集』.

『동문선東文選』. 1478.

『금강경』.

일연. 1281. 『삼국유사』.

김상준. 2009. 『미지의 민주주의』. 아카넷.

______. 2013. 「유교 윤리성과 비판성」. 『사회사상과 문화』28: 49-79.

마테이 칼리니스쿠(M.Calinescu). 1993. 『모더니티의 다섯 얼굴』. 이영욱 외 옮김. 『시각과 언어』.

신종화. 2013. 「모던modern의 한국적 개념화에 대한 탐색적 연구」. 『동양사회사상』 27: 5-48. 동양사회사상학회.

______. 2013. 「슘페터의 기업가에 대한 경제적 주체의 자기-혁신적 토대관을 중심으로」. 『사회와 이론』 22: 351-376. 한국이론사회학회.

정약용. 1997. 『경세유표』. 이익성 옮김. 한길사.

정학섭. 2011. 「심미의식과 도적적 지향의 통합」. 『동양사회사상』 23: 39-72. 동양사회사상학회.

죠셉 슘페터. 2005. 『경제발전의 이론』. 박영호 옮김. 박영률 출판사.

국사편찬위원회. 『조선왕조실록』. http://silok.history.or.kr.

한국고전번역원. 한국고전DB. http://db.itkc.or.kr

동양사상과 현대적 가치

주희 이기理氣론 · 우주론의 현대성

| 김 상 준

주희 이기理氣론 · 우주론의 현대성

—

김상준

주희朱熹는 중국 철학의 지평에서 신학적 우주관을 최초로 체계적으로 해체했다. 근대 세계관의 표징은 자연과 윤리, 사실과 당위의 분리가 아닌, 신학적 우주관의 체계적 해체 여부에 있다. 그 해체 위에 자연과 윤리, 사실과 당위는 보다 높은 수준에서 다시 연관된다. 이 점에서 주희는 단연코 근대적 방식으로 사유했던 철학자다. 이 글은 주희가 이룬 신학적 우주관 해체, 그리고 그가 열었던 새로운 차원의 우주-자연-인간관의 요체를 『주자어류』를 중심으로 분석한다.

1. 서

여기서 '신학적 우주관'이란 '초월적 존재가 주재主宰하는 우주관'이 되겠다. 신학적 우주관은 천체, 기후, 제반 자연현상에서 미지의 초월자가 보내는 지시기호(sign)를 읽는다. 이러한 우주관은 인류 문명의 탄생과 함께, 아니 그 이전 구석기 시대부터 존재해 왔던 것이다. 천체 변화와 자연 현상에는 규칙성이 있기 때문에 그 변화현상에 대한 인간의 이해가 부족했을 때 이를 초월자가 인간에게 보내는 기호나 표현으로 읽었던 것은 인간의 인식 구조에 부합하는, (대다수 잘못된 인과인식의 오류이지만) 오히려 매우 자연스러운 일이었다 할 것이다. 중국에서 신학적 우주관은 여러 신화적 단편들 속에서 그 모습을 비추고, 상대 갑골문의 복사卜辭에서 선명하게 문자적으로 드러난다. 중국에서 이러한 신학적 우주관을 가장 거창한 스케일로 전개했던 것은 전한기 동중서의 천인상관론, 참위론, 정치신학이었다.[01] 신학적 우주관을 해체한다는 것은 그러한 동거 병립 절충을 허용하지 않을 만큼 포괄적이고 일관된, 즉 체계적인 대안적 우주관을 제시해야함을 말한다. 중국 철학사상 그 몫은 단연 주희의 것이었다. 먼저 포괄적이라 함은 우주관이 자연관 인간관 사회관을 포괄할 수 있어야 한다는 것이다. 일관된다는 것은 그 우주-자연-인간을 포괄하는 설명 구조가 일이관지하는 논리 위에 서 있어야 함을 말한다.

그러나 정주학 또는 성리학의 집대성자로서 주희는 여러 강한 선입견의 초점이기도 하다. 우선 그가 뛰어난 자연(천문 · 기상 · 지리)학자였다는 사실에 대해 잘 알려지지 않았다. 여기에 더해 설혹 그의 자연학적 통찰을 인정한다고 하여도 그것은 아직 윤리학에서 분화되지 못한, 따라서 중세적 사유에 머물고 있는 것에 불과하다는 편견이 있다. 그의 우주론-자연론에 대해서는 후술할 것이다. 여기서 먼저 분명히 해 둘 점은 자연학과 윤리학의 분리는 결코 근대의 표징이 될 수 없다는 사실이다. 오늘날 생태주의와 윤리론은 깊이 연관되어 있다. 과학과 윤리의 분리가 현대의 징표라는 생각은

01 중국에서의 고대 및 중세 유물론 전통에 대해서는 북경대 철학과연구실(2005) 1, 2권, 런지위(任繼愈, 1990), 호우와이루(侯外盧, 1988) 상권 참조.

이미 낡은 것이 되었다. 핵발전-핵무기, 생물복제-인간 복제에 대한 윤리논쟁을 상기하자. 과학과 윤리는 오히려 긴밀히 연관되어야 함이 오히려 점점 분명해지고 있다.

통상 자연학과 윤리학, 사실(sein)과 당위(sollen)의 구분과 분리가 근대의 징표라는 말은 기독교 유럽사회의 경험에서 비롯된 것이다. 그러나 언어를 좀 더 정확히 할 필요가 있다. 중세 유럽 기독교 세계에서는 신학과 자연학(과학)이 구분되지 않았다. 우주-자연-인간에 관한 모든 것은 이미 바이블에 기록된 대로여야 했다. 여기에 아리스토텔레스의 우주론 자연론이 신학적으로 해석되어 포함되었다. 이것이 큰 질곡이 되었기 때문에 바로 이 신학적 우주관의 해체가 매우 큰 과제였다. 그 과제는 여러 선각자들의 노력과 희생의 누적 위에 서서히 이루어졌다. 17세기에 이르러 갈릴레오, 데카르트, 스피노자, 뉴턴 등의 이름은 그 해체의 대명사가 된다. 흥미로운 것은 이들 모두가 과학과 윤리의 관계에 오히려 깊은 관심을 가졌다는 사실이다. 물론 이들은 자연현상을 자연 자체의 논리에 따라 설명하려 했다. 그러나 그들이 도달한 과학적 우주인식, 자연인식은 늘 그에 기반한 더욱 높은 수준의 윤리적 관심을 유발했다. 사실과 당위도 따로 노는 것이 아니다. 정확한 사실 위에 설수록 그곳에서 그에 기초한 더 높은 수준의 당위를 고민하지 않을 수 없다. 주희 역시 꼭 마찬가지였다.

결국 〈자연과 윤리, 사실과 당위의 미분리〉라고 하는 부정확한 논거 위에서 주희는 부당하게 논죄되어 온 셈이다. 그 이유는 '봉건이데올로기'인 유교 성리학의 집대성자인 주희가 결코 '근대적' 철학자일 수 없다는 선입견 때문이다. 그러나 먼저 개념이, 이름이 바로 서야 한다. 근대 세계관의 표징은 자연과 윤리, 사실과 당위의 분리가 아닌, 신학적 우주관의 체계적 해체 여부에 있다. 그 해체 위에 자연과 윤리, 사실과 당위는 보다 높은 수준에서 재연관되기 마련이다. 이 점에서 주희는 단연코 근대적 방식으로 사유했던 근대적 철학자다. 이 점, 주희가 이룬 신학적 우주관 해체, 그리고 그가 열었던 새로운 차원의 우주-자연-인간관 구상의 요점을 살펴보겠다. 주희의 우주-자연-인간관이 그 연관 속에서 집중적으로 드러나 있는 곳은 『주자어류』다. 이 텍스트를 중심으로 살펴본다.

2. 기氣 없이 리理 없는가, 아니면 리理 없이 기氣 없는가?

보통 주희를 주리主理론의 철학자라 한다. 형이상의 리理[02] 를 형이하의 세계에 당위로서 관철시키려 했던 중세 윤리론자라는 것이다. 그러나 그가 이기를 집중적으로 논하고 있는 『주자어류』,「이기」편에서 리는 뜻 밖에도 매우 수동적이다.

> 리는 또한 따로 있는 별개가 아니고 기속에 있다.
> 기가 없다면 리 역시 걸터 탈 곳이 없다.
> 理又非別爲一物 卽存乎是氣之中 無是氣 則是理亦無掛搭處 (1:11[03])

---

02 이하 한자 병기 없이 표기할 때는 '리'로 쓴다. 한글 표기법 상 단어의 맨 앞에 올 때는 '이'로 써야 하지만, 이 경우에는 의미의 혼란을 줄 수 있는 상황이 많기 때문이다.

03 앞의 수는 『주자어류』의 권 수, 뒤의 수는 각 권의 조목 수를 말한다. 『주자어류』 1권 11조목이 되겠다. 번역은 허탁 · 이요성이 역주한 주희(1999)를 참조하되, 필요한 경우 부분 수정했다.

기운이 모이면 리도 역시 존재한다. 무릇 기는 응결하고 만들어내지만 리는 도리어 정의情意도, 계도計度(계획, 기획)도, 만들어냄도 없다. 단지 기운이 모여 있는 곳이면 이치가 그 속에 있을 뿐이다. 또한 가령 천지 사이에 있는 사람, 초목, 짐승은 태어날 때 모두 씨앗을 가지고 있는 데, 씨앗이 없는 황무지에는 어떤 것도 생겨나지 못한다. 이것은 모두 기운에 속한다. 리의 경우는 단지 깨끗하고 텅 빈 세계이기 때문에 형태나 흔적이 없으며 만들어내지 않는다. 기의 경우는 변화하고 응취되어 만물을 낳을 수 있다. 그러나 기가 있으면 리도 곧 그 속에 있게 된다.

及此氣之聚 則理亦在焉. 蓋氣則能凝結造作. 理卻無情意無計度無造作. 只此氣凝聚處 理便在其中. 且如天地間人物草木禽獸 其生也 莫不有種 定不會無種子白地生出一箇物事. 這箇都是氣. 若理則只是箇淨潔空闊底世界 無形跡 他卻不會造作. 氣則能醞釀凝聚生物也. 但有此氣 則理便在其中. (1:13)

이러한 기의 세계관을 주희는 우주론적 차원에서 전개한다.

천지가 처음 생겼을 때는 단지 음양의 기뿐이었다. 이 기가 운행하며 (맷돌처럼) 갈아대는데, 점점 빨리 갈수록 수많은 앙금들이 들이닥치지만, 안쪽에 있어서 (밖으로) 나갈 곳이 없기 때문에

> 뭉쳐져서 중앙에 땅이 만들어진다. 맑은 기운은 하늘이 되고 해와 달이 되고 항성과 행성이 되는데, 단지 (땅의) 바깥에 있으면서 언제나 빙빙 돌면서 두루 회전한다. 땅은 중앙에 있으면서 움직이지 않으니, (하늘) 아래에 있는 것이 아니다.
> 天地初間只是陰陽之氣. 這一箇氣運行 磨來磨去 磨得急了 便挼許多渣滓 裏面無處出 便結成箇地在中央. 氣之淸者便爲天 爲日月 爲星辰 只在外 常周環運轉. 地便只在中央不動 不是在下. (1:23)

주희의 기적氣的 세계는 일기一氣-음양-오행-만물의 순으로 전개된다. 이러한 발상은 현대 과학이 도달한 우주관과 놀랄 만큼 유사한 점이 있다. 빅뱅 순간을 일기一氣, 음양을 전자와 양자, 오행을 수소(H)와 헬륨(He), 그리고 그로부터 형성되기 시작한 초기 원자들, 그리고 수소와 헬륨의 거대한 불덩어리였던 초기 별들의 생멸 과정(초신성 폭발과 중성자 충돌 등)에서 생성된 거대 원자들, 끝으로 만물을 이렇듯 형성된 원자들의 무한히 다양한 결합체들(인간도 그 중의 하나다)로 비유해 볼 수 있다. 또한 맷돌의 비유는, 비록 주희에게 중력에 대한 이해가 없었음에도, 은하계나 태양계가 회전운동을 하는 원리를 상당히 근사近似하게 그려 보이고 있다. 이 맷돌 발상은 후일 칸트가 제안했던 태양계 생성론의 발상과 매우 가깝다(칸트의 아이디어는 동시대 과학자 라플라스가 완성시킨다).[04] 물론 칸트는 코페르니쿠스 이후의 인물이고 주희는 아직 천동설의 단계에 머물러 있다. 여기서 중요한 것은 주희가 순전히 기의 논리에

04 그 뿌리는 16세기 후반 이태리 일대 일반 독서 민중 층에서 발견되는 '우유를 휘저으면 치즈가 만들어지는 것처럼 우주도 그런 방식으로 생겨났다'고 하는 발상과 닮아있다. Ginzburg(1976) 참조.

따라 우주와 만물의 진화과정을 현대 과학의 시각에서 보더라도 상당히 합리적인 수준에서 추론하고 있다는 사실이다. 이 추론 속에, 주희의 우주 속에 인격신적인 존재가 거처하고 계실 별도의 공간은 전혀 존재하지 않는다. 후일 라플라스가 나폴레옹에게 답했다고 하는 말처럼, 자연학자 주희의 우주론 안에 신(God)이라는 가설(hypothesis)은 필요하지 않는 것처럼 보인다.[05]

그렇다면 기가 없으면 걸터탈 곳이 없고, 깨끗하고 텅 비어 있으며, 형태나 흔적도, 계획하는 바나 만들어내는 바도 없다는 리는 과연 무엇이란 말인가? 주희는 여러 비유를 들어 이것을 설명한다. 『주자어류』,「성리性理」편에서의 사례들을 보면, 리란 "조리가 있어 따라가는 길〔條瓣逐一路子 6:4〕", "나무의 무늬결〔如木理相似 6:5〕", "마땅히 따라가는 무늬결〔文路子當從那裏去 6:11〕" "대나무 바구니를 이루는 대나무 가지의 결과 같은 것〔如這竹籃子相似 … 又如竹木之文理相似 6:12〕"이다. 또는 "배는 물에서만 다닐 수 있고 수레는 땅에서만 다닐 수 있는 것〔如舟行可之於水 如차行可之於陸 4:29〕"도 리라고 풀이한다. 그렇다면 나뭇가지가 가지를 뻗는 원리나 물이 위에서 아래로 흐르는 원리도 모두 리일 것이다. 결국 리란 자연의 원리, 자연의 법칙일 뿐이다. 자연과 자연의 원리는 하나인가 둘인가? 주희는 아마 답할 것이다. 하나이자 둘이다. 그러나 이것은 말장난에 불과한 것 아닌가? 리란 결국 기가 작동하고 전개되는 원리라는 말 아닌가? 기 하나로 이야기할 수 있는 것 아닌가? 리란 기의 패턴이다, 라고 말이다.

---

05 한 평자는 주희의 괴이怪異, 귀신鬼神에 관한 논의는 그가 '신적인 것'을 부인하지 않고 있음을 보여주고 있다고 하였는데, 여기에는 '신적인 것'에 대한 이해의 차이가 있다. 주희가 귀신, 괴이를 가장 집중적으로 논하고 있는 곳이 『어류』귀신편인데, 여기서 가장 충격적인 점은 주희가 귀신을 순전히, 전적으로 기적氣的 현상으로 이해하고 있다는 데 있다. 주희가 말하는 귀신은 여기서 말하는 신(God)과는 전혀 범주가 다르다. 기독교의 신과 같은 범주의 것은 (주희에게는) 주재자로서의 리에 가깝다.

이 흐름만 보면 분명히 그러하다. 그러나 주희는 이 자명해 보이는 귀결을 동시에 뒤집는다. 『어류』의 첫 대목부터다. "천지가 생기기 이전에 필경 리가 먼저 있었다〔未有天地之先 畢竟是先有此理 1:1〕" 기가 없어도 리는 있다. 이렇게 되면 리와 기는 별개일 수 있다는 말이 된다. 의문이 생기지 않을 수 없다. 『어류』에서 흥미로운 것 중의 하나가 제자들의 반응이다. 이상하다 싶으면 바로 캐묻는다. 선생이 그것을 허락하고 권장했기 때문으로 보인다. 우리가 흔히 그러리라 생각하고 있는, 말 한마디 붙이기 어려운 권위주의적인 선생 이미지의 주희와는 크게 다르다.

> 물었다. "어제 천지가 생기기 이전에 필경 리가 먼저 있었다"고 하셨는데, 어째서 그렇습니까? 답하셨다. 천지가 생기기 이전에는 필경 리뿐이었다. 리가 있기 때문에 곧 천지가 있는 것이다. 만약 리가 없었다면 마찬가지로 천지도 없었을 것이고 사람이나 물物도 없었고, 아무 것도 실을 수 없었다. 리가 있어 기가 돌고 만물을 발육한다.
> 問 昨謂未有天地之先 畢竟是先有理 如何. 曰 未有天地之先 畢竟也只是理. 有此理 便有此天地. 若無此理 便亦無天地 無人無物. 都無該載了. 有理 便有氣流行 發育萬物. (1:2)

여기서 "싣다〔載〕"란 앞서 "걸터탄다〔掛搭〕"와 같은 뜻이다. 걸터탈 기가 없으니 리가 발붙여 설 곳이 없음은 당연하다. 기가 있으니 리가 여기에 걸터탄다. 그런데, 거꾸로 리가 없었다면 기가 생기지 않았다? 그리고 기가 생기지 않았다면 따라서 리는 실릴 곳이 없었을 것이다? 실릴 곳 없으면 존재하지 못할 리인데, 바로 그 리가 기를 있게 하였다? 뱅뱅 도는 이야기 아닌가요, 선생님? 과연 곤혹스러운 바 있다. 이런 곤혹스러움의 흔적을 적나라하게 보여주는 대목들이 곳곳에 있다. 그 중 특별히 흥미로운 한 대목을 들어본다.

> 왈. (만물을) 기른다는 것은 리가 드러나 기른다는 것이 아닌가? 왈. 리가 있기 때문에 곧 기운이 유행하여 (만물을) 기른다. 리는 형체가 없다. 왈. 이른바 본체라는 것은 강하게 붙인 이름 아닌가? 왈. 그렇다. 왈. 리에는 끝이 없고, 기에는 끝이 있는가? 왈. 그 끝을 논한다면, 장차 어디를 끝이라고 하겠는가?
>
> 曰 發育是理發育之否? 曰 有此理 便有此氣流行發育. 理無形體. 曰 所謂體者 是强名否? 曰 是. 曰 理無極 氣有極否? 曰 論其極 將那處做極. (1:2)

모두 왈曰로 되어 있으니 문자대로라면 주희가 자문자답하였다고 풀이하는 것이 정확하지 않겠나 싶다. 그렇지만 글의 흐름상으로는 제자들이 묻고 주희가 답한 것으로 보아야 자연스럽다(이 글이 참조한 허탁 · 이요성 역주본도 그렇게 옮기고 있다). 어쨌거나 이런 이상한 언술형식부터가 특이하고 그래서 더욱 흥미롭다. 그 내용은 더욱 그렇다. 여기서 "본체本體"란 체용론에서의 체를 말한다. 체는 리인데, 보이지 않는 리를 오히려 보이는 몸〔體〕이라 표현하니 "강한 표현〔强名〕"이라 했다. 또 리에는 끝이 없다하니 기는 어떠한가라는 의문에 대해서는 "그 끝을 어디라 하겠는가."라고 얼버무리고 있다. 이렇듯 여러 해석의 여지가 느슨히 열려있는 이기의 선후관계와 상호작용관계를 놓고 후일 허다한 논쟁이 (특히 조선에서) 벌어졌음은 널리 알려진 사실이니 여기서 굳이 상론하지 않겠다. 주희의 이기론은 존재론 · 우주론이자 아울러 생명론, 인간론, 심성론, 윤리론이기도 하였다. 주희는 이기의 원리 하나로 방대한 영역을 하나의 거대한 학의 체계로 세웠다. 이 점이 주희 이기론을 둘러싼 논란을 더욱 복잡하게 한다. 이에 수반된 문제와 약점, 번쇄성은 분명히 있다. 그러나 크게 보면 오히려 이 점이야말로 주희 철학의 근대성을 보여주고 있는 강점이라고 생각한다.

흔히 주희의 리 개념을 중세 신학성의 근거라 생각한다. 그러나 중세 신학성이란 이미 완결된 신적 세계관을 말한다. 이곳에서 천구, 우주는 이미 신학적 도그마 속에 완결된 상태, 닫힌 형태로 존재한다. 유럽의 예를 들자면 그렇기 때문에 아리스토텔레스적 항성천구 밖의 세계를 상상한 부르노 바우어는 교회에 의해 화형을 당해야 했다. 서기 1600년의 일이다. 근대적 우주관은 이것을 툭! 터서 열어 버린다. 나는 주희가 이기의 선후와 괘탑 문제를 논리적으로 깔끔하게 해결했다고 생각하지는 않는다. 『어류』에는 그 곤혹스러움이 솔직하게 표현되어 있다. 어쩌면 오히려 이런 점이 미덕으로 보인다. 주희는 말한다. 기 없이 리는 발붙일 곳이 없다. 그러나 리는 기에 앞서 있고 끝이 없다. 그러나 기 역시 따져보면 끝이 있다고 할 수 없다……. 분명 왔다 갔다 하고 있다. 왜 그랬을까? 그 원인이 무엇이었을까? 많은 이들이 자연학 자체의 논리대로 생각하지 않고 윤리적 요청을 가지고 자연학을 재단하려고 하였기 때문이

었다고 풀이한다.[06]

전혀 근거가 없다고 할 수는 없겠지만 석연치 않은 점이 있다. 원래 자연학과 윤리학은 물과 기름처럼 뗄 수 있는 것이 아니다. 주희 윤리학이 자연학에 영향을 아니 줄 수 없었겠지만, 동시에 그의 자연학이 윤리학에 큰 영향을 주고 있기도 하다. 주희가 곤혹스러움을 보여주는 위 대목에서 우리는 자연학, 윤리학을 넘어서는 보다 근원적인 어떤 문제가 개재介在되어 있다고 생각한다. 그것은 순수 자연학적 의문의 귀결이기도 하지만, 단순히 자연학으로 한정될 수 없는 문제이기도 하다. 그것은 자연, 우주의 시작, 근원 문제다.

3. 무한無限 문제에 대한 근대적 사고법

우주의 시작이란 무엇인가? 이것은 주희의 시대만이 아니라 오늘날에도 여전히 풀리지 않은 문제다. 오늘날 사람들은 그것을 빅뱅이라 말한다. 그러나 빅뱅 이전에는 무엇이 있었는가? 이 의문에 대해 먼저 초끈(super strings)이론이 나오더니 이제는 그것을 넘어서 다중우주(multi-universe, Multiverse) 이론이 나오고 있다. 그렇다 해도 완전히 해결된 것은 아니다. 그렇다면 다중우주 이전에는 무엇이 있었는가? 또 그것이 해결되었다면, 그 이전은 무엇

---

06 이런 해석은 영향력이 컸던 펑요우란(馮友蘭)의 『중국철학사』이래 많은 중국철학연구자들이 답습하고 있다. 이 글 후반부에 논의하고 있는 야마다 케이지의 『주자의 자연학』 역시 그로부터 완전히 자유롭지 못하다. 한형조(1996)에 따르면, 이에 대한 최초의 체계적인 문제제기는 Needham(1977)으로부터 제기되었다.

인가? 일단 시작하면 끝이 없는 의문이다. 나는 주희가 이러한 문제, 이러한 의문을 아주 심각하게 품고 있었다고 추측한다.[07] 즉 무한(infinity)의 문제다. 이것을 깔끔하게 설명한다는 것은 근본적으로 곤란한 문제다. 그렇기에 주희는 실제로 매우 곤혹스러워 했던 것으로 보인다. 주희의 미덕은 이 대목에서, 제자들의 추궁 앞에서, "어허! 이 눔들! 그것은 상제上帝께서 원래 그렇게 지어 놓으신 것이야. No more questions!"하며 회피하지 않는다는 점에 있다. 이런 식으로 말하면 그걸로 종결이다. 그것이 신학적 · 신화적 우주관이다. 더 이상의 의문과 탐구가 허용되지 않는다.

주희는 상제가 아닌 리를 말한다. 그는 말한다. 리란 궁구하여 파악될 수 있는 이 세계, 사물, 우주의 이치다. 그것은 만물 속에 있다. 동시에 그런 이치가 없다면 어찌 만물이 이렇듯 질서 있게 존재할 수 있겠는가? 그렇다면 만물의 시작 이전은 어땠겠는가? 하늘의 위에는 무엇이 있는가? 필경 이치가 있었을 것이다. 이 대목에서 제자들이 묻는다. 그러나 만물 존재 이전의 이치는 어디에 발을 붙이고 있었나요? 답한다. 끝과 시작이 어디에 있겠는가……. 바로 무한이다.

주자 500년 후 17세기 화란인 스피노자는 주자와 매우 유사한 고민 지점에 대해 논리적으로 보다 깔끔해 보이는 답을 제시했다. 『윤리학』의 첫 두세 쪽에서 제시한 내용이다. "본질이 존재를 포함

---

07 주희가 어릴 적 부친으로부터 하늘 천 자를 배우고, "하늘 위엔 무엇이 있나요?"라고 물었다는 일화가 전해져 온다(기누가와, 2003:78). 그것이 꼭 문자를 처음 배웠을 때였는지의 여부는 알 수 없는 일이고, 후대의 과장도 섞일 수 있는 것이겠지만, 이 일화 자체가 비사실적으로 보이지는 않는다. 특별히 영민한 아이라면 가졌을 법한 의문으로 보이기 때문이다.『어류』는 주희 말년의 저작이다. 여기서 특히 우주, 자연론이 집중적으로 논의되는데, 소싯적부터의 깊은 관심사가 아니었던 문제를 말년에 갑자기 들고 나와 그토록 집중하는 경우는 상상하기 어렵다. 여러 지점을 상식적으로 고려해 볼 때, 꼭 어느 때부터였는지는 모를 일이지만, 주희가 이런 의문을 아주 오래 동안 품고 있었다는 건 분명해 보인다.

하는 자기원인", "자신 안에 있으며 자신에 의해 인식되는 실체", "필연적으로 무한한 실체" 등등. 제1부 신에 대하여(Of God)의 도입부 대목들이다. 즉 스피노자는 무한 속에서 자기원인으로 영원히 존재하는 오직 단 하나의 실체를 생각했고 이것이 그의 신이었다. 스피노자에게 리와 기라는 개념은 물론 없다. 그러나 주희와 같은 점이 있다. 그에게도 우주론, 실체론은 동시에 윤리론이었다. 왜 그런가. 그가 『윤리학』의 결론부인 제5부에서 밝히듯 이러한 "신 자체에 대한 지식을 기초로 삼는 세 번째 종류의 지식(第3種知)"에 도달하는 것이 바로 그의 윤리학의 목표이자 도달점이기 때문이다. 스피노자는 잇는다.

> 우리는 이러한 지식이 정서(the affects)에 맞서서(against) 무엇을 할 수 있는지 쉽게 알 수 있다. 정서가 정염(passions)인 한, 명석 판명한 지식이 절대적으로 이들을 제거하지는 못한다 하여도, 최소한 이들이 마음의 최소한의 부분을 구성할 수 있도록 할 수 있다. 그리고 명석 판명한 지식은 불변하며 영원한 것에 대한 사랑을 낳는데, 이것은 우리가 완전히 소유할 수 있는 것이며, 보통의 사랑 안에 존재하는 결점에 의해서 더렵혀지지 않고 언제나 점점 더 커질 수 있는 것이어서 마음의 가장 큰 부분을 점하여 널리 영향을 미친다. (5부 정리20, 주석)[08]

---

08 Edwin Curley의 영문 번역에 의거함. Spinoza(1985:606).

스피노자는 일원론자지만, 주희의 이기 발상과 유사한 점이 전혀 없는 것은 아니다. 위에서 보듯 제3종의 지식은 정념으로서의 정서에 맞서(against) 있다. 그 맞섬이 오히려 넓힘의 근거가 된다. 정념으로서의 정서의 자기한계를 인식하게 해주기 때문이다. 그리하여 마음은 제3종지에 이르러 가장 평안하고 넓고 높은 상태에 이를 수 있다고 한다.

스피노자보다 주희에 더욱 가깝게 느껴지는 '근대 철학자'가 있다. 스피노자 백년 이후 독일의 칸트다. 그는 이원론인 이기론에 아주 가까운 발상을 한다. 예지계와 감성계의 구분이다. 칸트는 이 둘을 날카롭게 나눈다. 그 둘은 결코 하나일 수 없다. 그러나 감성계 밖에 있다는 순수한 도덕적 요청은 오직 이해(interest)나 동기(motivation, Triebfeder)라는 감성계의 경향성을 통해서만 현실로 표현된다. 칸트의 '도덕적 이해(moral interest)' '실천이성의 전정한 동기(echte Triebfeder)'라는 개념이 그렇다. 리는 기를 걸터타고서〔괘탑〕 나타난다는 주희의 언어와 놀랍도록 흡사하다.

스피노자의 제3종지나 칸트의 예지계는 무한에 대한 인식과 깊게 연관되어 있다. 무한을 무한 그대로 탐구 대상으로 열어놓는다는 점에서 주희와 정확히 같다. 물론 주희보다 5~6백년 후 뉴턴, 케플러, 라플라스의 시대 스피노자, 칸트의 우주에 관한 지식은 주희보다 깊은 것이었다. 그러나 근본적인 것은 지식의 양이 아니라 발상 전환의 지점이다. 근원에 대한 추구를 '신의 뜻' '하늘의 뜻'과 같은 방식으로 미리 닫아버리는, 즉 더 이상의 의문을 허용하지 않는, 그리고 그렇듯 닫혀있는 폐쇄계 내에서 우주와 세계의 완결성을 도그마적으로 고집하는 방식과의 결별이 중요하다. 그래서 주희가 이기의 선재성 문제를 놓고 왔다 갔다 하는 모습이 오히려 정직해 보이고, 오늘날의 우리와 매우 친숙하게 느껴진다. 칸트의 '도덕적 이해(moral interest)'나 '실천이성의 진정한 동기'와 같은 사뭇 형용모순적으로 보이는 개념들에서도 우리는 윤리성〔理〕과 경향성〔氣〕 사이의 모순에 관해 그가 품고 있던 곤혹스러움을 어렵지 않게 공감할 수 있다. 그렇듯 무한과 윤리의 문제를 두고(신학적 도그마에 안주하지 않고) 아포리아나 딜레마를 느끼는 것이야말로 근대인, 바로 우리들의 모습이기 때문일 것이다.

앞서 말했듯 주희의 이기론은 우주론이자 생명론, 인간론, 심성론, 윤리론이기도 하고, 이 점이 오히려 그의 철학의 근대성을 보여준다. 흔히 주희는 윤리론으로 자연론을 재단하려 하였고 비판받아 왔다. 그러나 결코 그렇게 일방적이고 단순하지 않다. 주희는 그의 당대에 도달한 과학적 지식을 매우 선도적으로 그리고 광범하게 흡수하면서 이에 근거하여 그의 윤리론을 다듬고 재구성했다. 오히려 자연론으로 윤리론을 재구성하려 했다. 글 서두에서 언급한 것처럼, 윤리학과 자연학이 분리되는 것이 근대의 표징이라고 생각하는 통념은 재고되어야 마땅하다. 문제는 어떤 윤리학이냐 일 것이다. 자연학을 가로막는 윤리학이냐 아니면 자연학과 함께 성장하는 윤리학이냐. 유럽 중세 신학은 자연학을 가로막는 윤리학이었다. 주희의 윤리학은 반대였다. 주희의 시대는 중세였다는 검증되지 않은 전제 위에서, 주희의 윤리학은 당연히 유럽 중세의 신학과 같이 자연학을 가로막는 윤리학이 되어야만 한다는 결론을 내리는 셈이다.

『어류』의 구성을 보면 주희의 인간론, 심성론, 윤리론은 자연론, 우주론의 확장 적용이다. 중세 신학적 우주관은 반드시 그와 결부되는 가치관 · 윤리관을 짝으로 가진다. 중세 신학적 우주관을 철저히 해체하자면 이 짝 모두를 해체해야 한다. 따라서 주희 이기론이 우주론만이 아니라 인간론, 심성론, 윤리론을 포괄하고 있다는 것은 그만큼 그의 철학이 새로운 시대의 철학으로서 일관된 구조를 가지고 있었다는 이야기다.

이 글의 목적이 주희의 자연론, 인간론, 심성론을 자세히 소개하는 데 있지 않으니, 먼저 이 부분의 요점을 최대한 간략히 집약하고, 여기에 필자의 의견을 간단히 덧붙이겠다. 스피노자의 자기원인처럼 주희의 리도 영원한 하나다. 그러나 그 드러나는 모습에 왜 여러 차이가 생기는가. 기가 음양에서 오행으로 펼쳐지면서 기(음양)와 질(오행)의 구분이 생기는데, 이 여러 다른 기·질에 리가 붙어 나타나기 때문이다. 기·질에 붙어 나타나는 리를 성性이라 한다. 성은 리와 같지만〔性卽理〕 리가 담겨있는 기·질의 차이 때문에 여러 다른 성으로 나타날 뿐이다. 무생물, 식물, 동물, 인간의 성에 각각 차이가 있음은 이렇듯 기·질의 차이에서 비롯한다. 주희는 동물과 인간에게 마음〔心〕이 있다고 본다. 리가 동물과 인간의 몸에 발붙이고 있는 땅이 마음이다. 리는 곧 성이다. 따라서 인간과 동물의 성은 마음속에 있다. 마음속에서 성이 움직여 나타나면 그것이 곧 정情이다. 성은 리고, 정은 기다. 마음은 성정性情을 통섭統攝·주재主宰·운용運用한다. 끝으로 인간의 마음에는 도심道心과 인심人心의 구분이 있다. 리가 순수하게 작용할 때 도심으로 나타나고, 기·질의 속박을 받게 되면 인심으로 나타난다. 성性 차원에서도 그러한 구분이 가능하다. 기·질의 구속을 받은 성은 기질지성이고, 그 구속을 벗어난 순수한 성은 본연지성(천지지성, 천리지성)이다.

이상 요약에서도 항상 리가 문제적으로 드러나고 있음을 볼 수 있다. 기에 실리지 않으면 붙을 곳이 없다는 리가 어떻게 기·질의 구속을 뿌리치고 본연지성으로 존재하고, 도심으로 작용한다는 것일까. 과연 그것이 어떻게 가능한가. 이 역시 오락가락했던 리의 선재성 여부와 연관된 문제다. 스피노자는 이 문제를 어떻게 해결했던가. 그가 말하는 제3종지는 번개처럼(빛의 속도로, 아니 양자 도약과 같이) 정념의 바다를 넘는다. 그 제3종지야말로 리인 것일까. 그러나 이것은 결국 지식의 문제, 인식능력의 문제, 돈오頓悟와 같은 초월적 직관 차원의 도달이다. 반면 주희의 리는 (마음의 작용인) 인식 차원이 아닌, 그 이전의, 보다 무거운 (몸의 작용인) 존재 차원에 있다. 리란 마음속만이 아니라 우주와 만물의 모든 신체(몸)에 편재해 있는 분명한 실체다. 더욱이 스피노자의 제3종지조차 마음속에서 정서와 정념을 완전히 제거할 수 있다고 하지 않았다. 다만 그것을 최소화할 수 있을 것이라 했다. 칸트 역시 마찬가지다. 이해와 동기 없이 도덕률과 실천이성은 작동하지 않는다. 확실히 기 없이 리는 작동하지 않는다.

그러나 과연 기 · 질에서 완전히 자유로운 리는 존재 가능한가. 주희가 이 문제를 과연 완전히 깔끔하게 해결했던 것인지, 필자로서는 단언하기 어렵다. 앞서 보았듯 주희 자신이 이렇게 볼 수도 있고, 저렇게 볼 수도 있는 모순된 진술을 여러 곳에 남겼기 때문이다. 그러나 그러한 모순이 그의 자연학과 윤리학에 큰 결함이 되고 있는 것은 아니라고 생각한다. 왜냐면 우주 탄생 이전, 즉 무한의 문제를 따로 떼어 두면, 그 나머지 영역에서 이기의 관계문제는 큰 모순 없이 설명될 수 있기 때문이다. 그것은 칸트의 윤리적 요청과 유사한 것이 된다. 칸트의 요청이 그런 것과 같이, 리(도덕적 요청)는 기(경향성)의 형상을 띠고 표현된다.

4. 현대 표준과학의 시각에서 풀이해 본 주희의 이기론

이상 논의를 통해 우리는 주희 이기론이 최소한 스피노자나 칸트가 고민했던 수준의 근대적 형식의 무한 문제를 내포하고 있었음을 알 수 있었다. 이제 이러한 이해를 좀 더 진전시켜 보려한다. 주희의 이기론을 좀 더 현대적 감각에 맞게 보다 더 정합적으로 설명할 수 있는 방법의 제안이다. 이는 현대 표준과학의 입장에서 주희의 리를 이해해 보고자 하는 시도가 될 것이다. 또한 이를 통해 주희 이기론 · 우주론의 현대성 여부를 테스트해 볼 수도 있을 것이다.

이 작업을 위한 단서는 일본의 뛰어난 주희 연구자이자 과학사가인 야마다 케이지(山田慶兒)가 『주희의 자연학』의 종장에서 제시한 하나의 그림이다. 야마다는 주희의 리를 온 우주에 적용되는 패턴으로 생각한다. 그런데 그 적용 범위에 따라 리는 네 가지 층이 있다고 한다.[09] 그 범주의 적용 범위는 가장 아래층이 가장 넓고 가장 위층이 가장 좁다. 따라서 네 개의 원판을 크기에 따라 탑처럼 쌓아 놓은 모양이 된다.

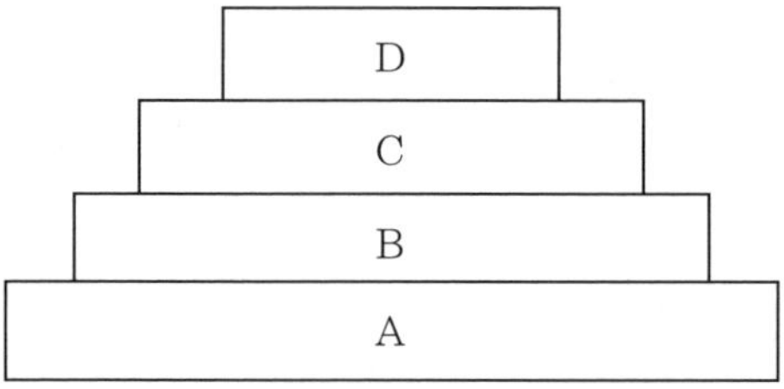

〈그림 1〉 리理의 네 층위

09 야마다(1998)는 '층'이 아닌 '범주(class)'라 했다. 그러나 층이라 했을 때 시각적으로나 개념적으로 더 이해하기 쉽다고 보여 이하 층이라 한다.

야마다는 이 그림을 다음과 같이 설명한다. 리理란,

> 가장 넓은 의미로는 질서 내지 조직의 원리를 의미한다(A:무생물 · 식물에 속함). 즉 존재의 패턴이라고 생각해도 좋다. 그것은 (주희가) 리라고 하며 절대로 성이라 하지 않는다. 그 다음 것은 작용의 패턴을 의미한다. (주희가 말하는) "葯의 性"이나 배나 수레의 리가 여기에 해당된다(B: 무생물 · 식물에 속함). 이것도 일반적으로는 리라 불린다. 그 다음 것은 행동의 패턴(C: 동물에 속함)을 의미하며, 가장 좁은 의미로는 행동의 규범적 패턴(D: 인간에 속함)을 의미한다. (야마다, 1998:370)

야마다는 이 대목을 1977년 경 썼다. 주희가 보았다면 필경 이 그림이 아주 좋다고 했을 것 같다. 리가 적용되는 넓은 범위를 잘 보여줄 뿐 아니라, 성性이나 심心의 작용 영역도 분별적으로 표현할 수 있다. 즉 성은 B, C, D에서 심은 C, D에서 작용한다. 그리고 그 모두가 역시 리이기도 하다. 모든 리가 하나라는 것, 그러나 다양한 표현 형태를 갖는다는 것을 간명하게 잘 드러냈다. 야마다가 주희의 리 이론을 위와 같이 간명하면서도 포괄적으로 통찰할 수 있었던 것은 그가 『주자어류』를 (10년이 넘는 시간 동안) 매우 꼼꼼하게 읽었다는 사실 만에 있지는 않은 것 같다. 꼼꼼히 읽되, 1970년대 당시의 과학 수준을 깊은 수준에서 이해하고 있는, 물리학 배경을 가진 과학사가로서 『어류』를 읽었기 때문인 것으로 보인다. 그렇기 때문에 주희의 자연학 수준이 주희의 당대 수준으로서는 (동서를 막론하고) 매우 높은 것이었음을 확인할 수 있었고, 그의 우주·천문·기상·지리·지도 영역에 대한 언급들이 오늘날에 비추어 보더라도 상당히 뛰어난 통찰들을 보여주고 있음을 이해할 수 있었다. 아울러 주희의 윤리론이 이렇듯 당시로서는 매우 앞선 자연학적 지식과 함께 가고 있음도 잘 알 수 있었다.

야마다가 그 글을 쓴 이후 오늘날의 시점까지에도 우주론, 물리학, 생물학 영역에 커다란 지식의 확장이 있었다. 이제 그 도달점, 지평선 위에 서게 되면, 야마다가 제시했던 위 그림을 또 다른 방식으로 더 깊게 풀이해볼 수 있을 것 같다. 우리는 이제 우리가 사는 이 우주가 대략 138억 년 전의 빅뱅에서 생겨났고, 약 46억 년 전 태양과 그리고 이어 지구가 생겨났으며, 38억 년 전에는 최초의 생명(박테리아, 고세균)이, 19억 년 전에는 진핵세포가 출현했고, 진핵세포의 합성으로 점차 큰 수중 생명체가 형성되어 이후 다양한 수중과 육상의 동식물로 진화해 갔음을 알고 있다. 2500만 년 전 육상 포유류의 한 가지에서 유인원이 나타났고, 700만년 전경 유인원에서 초기인간집단(호미니드)가 분리되었으며, 현대 인류는 불과 20여 만년 전 아프리카에서 출현했던 것으로 알려져 있다. 극미의 퀀텀, 양자 세계에서, 인류를 포함한 다양한 생물체의 DNA에 대한 상세한 정보를 거쳐 지구, 태양계, 은하계, 우주의 역사에 이르기까지, 야마다가 위 대목을 쓴 후 30여 년간 매우 큰 과학지식의 확장이 있었다.

이러한 인식을 전제로 〈그림 1〉을 다시 보면, 이제 그것은 우주의 진화사를 매우 압축적으로 표상화시킨 것으로 재해석·재구성될 수 있다. 우선 네 개의 층위는 진화적인 생성 순서에 따라 밑에서 위로, 즉 A에서 D로 형성된다. 잠정적으로 A는 물질계, B는 생물계, C는 동물계, D는 인간계라 부르기로 한다. 이렇게 진화적 시간의 차원을 부가하면 이제 A, B, C, D층은 원판처럼 각각 분리된 별개가 아니게 된다. 예를 들어 D층의 인간은 아래 세 층위에도, C층의 동물은 아래 A, B층위에도, B층의 생명은 그 아래 A층에도 동시에 속한다. 아래로 뿌리를 내리고 있다고 해도 좋다. 거꾸로 말하면 나무가 자라나듯 하나의 뿌리에서 A-B-C-D 순으로 생장해 나온 것이다.

이제 각각의 층위에 대해 간략히 설명해 보자. 먼저 A층. 여기에는 빅뱅 직후 탄생한 네 개의 힘(중력, 전자기력, 약력, 강력)과 빛과 전자 그리고 기타 여러 기본 퀀텀들에서부터 현재 지구를 포함한 전 우주를 이루는 물질들의 존재와 작용의 패턴들이 속한다. B층에는 미세생명체들과 대부분의 식물들이 포함된다. 이 속에 생명의 기본현상인 탄생, 자기유지, 자기성장, 자기복제, 재생산, 죽음에 관련된 다양한 패턴들이 속한다. C층을 편의상 동물계라 칭했지만 엄밀히 말하면 곤란함이 있다. 동물계는 극히 다양하다. 유기체의 복잡성에서 극과 극을 포괄한다. 이 스펙트럼에서 보면 낮은 단계의 복잡성을 가진 동물보다 훨씬 복잡한 유기체(organism) 구성을 갖고 있는 식물층이 매우 두텁다. 즉 식물은 결코 동물보다 덜 복잡한 것도, 덜 진화된 것도 아니다. 따라서 히드라나 말미잘 같이 운동성이 미미한 동물은 B층에 속할 수 있는 반면 상당한 운동성을 갖춘 특수한 식물은 오히려 C층에 귀속시켜야 할지도 모른다. 이 대목에서 필자가 무슨 분류학상의 정확성을 거론할 생각은 전혀 없다. 다만 여기서 운동성을 중시해 보는 것은 대부분 생물학자들이 마음은 뇌의 작용이고 뇌는 생물의 운동성에서 진화해 온 것이라고 보고 있기 때문임만을 부기해 둔다. 주희가 마음〔心〕을 동물과 인간에 한정시켰던 것을 고려한 것이다. 끝으로 최종적인 D층은 '인간

됨'을 이루는 모종의 패턴이다. 이 층에 대해 한두 줄로 간단히 정의하기 어렵다. 각 층위의 연관 관계에 대해 먼저 생각해야 D층위의 성격도 따라서 이해될 수 있다.

우선 D, C, B 즉 인간, 동물, 식물, 미생물 모두 A의 리理가 작동하지 않는다면 도대체 존재 불가능할 것임은 자명하다. 식물의 광합성 작용, 동물의 미토콘드리아 세포호흡은 A차원의 물리 · 화학적 작용의 이치가 있기에 가능하다. 수십억 년 전 초신성 폭발로 생겨난 탄소, 인, 철 등의 원자가 없다면 인간의 몸도 지구도 없다. 또한 빅뱅 순간 생긴 네 가지 기본 힘이 그 모든 입자들의 운동질서의 바탕이다. 야마다는 A를 조직의 패턴, B를 작용의 패턴으로 나눴지만(당시 유행하던 구조기능주의의 영향 때문일 것이다), 물질의 조직과 작용, 구조와 기능은 하나인 것이니 이를 모두 A안으로 넣는 것이 자연스럽다. 그러면 주희가 말한 '수레가 땅 위에서 구르고, 배가 물위에서 가는 리理'란 B층이 아니라 A층에 속하는 반면 '약葯의 성性'은 생명체의 활동 결과 생긴 성질이므로 B에 속하게 된다.

이제 D층을 설명하기로 한다. 이 부분이 주희의 리론에서 초점이다. 나머지는 층위에 대한 이해는 자연히 따라 나온다. D층은 A, B, C층의 바탕 위에서, 특히, 이제 우리가 잘 알고 있는 바와 같이, C층의 엄청나게 다양한 가지 중 오직 하나의 끝에서 나왔다.(다른 곳에서 필자가 '맹자의 땀'이라고 불렀던) DNA 돌연변이와 그러한 특이한 변이 유전자의 발현과정, 그것의 환경과의 교호와 적합도, 그로부터 형성된 해당 구석기 공동체의 힘, 그로인한 자연의 해당 개체군 선택, 이후 이에 기초한 고등문화와 문명의 장기적 발전 등의 과정이 D층이 형성되는 경로였다. 야마다는 (인간) 행위의 규범적(윤리적) 패턴이 D층에 속한다고 하였다. 주희가 말하는 인의 예지, 본연지성, 도심道心이 여기에 속한다. 주희의 본연지성, 도심은 기질지성, 인심과 규범적 대립항을 이룬다. 그렇다면 기질지성과 인심은 어디에 속하는가? 주희의 여러 언급에 따르면 주로 C층(동물성) 그리고 B층(생명유지의 기본 본능)에 속하는 것으로 보인다. 오직 D층의 본연지성과 도심이 인간에게 생겨났기 때문에 기질지성과 인심이 규범적으로 상대화된다. 그 이전 동물의 세계(C)에서 그런 것은 물어지지 않는다. 오히려 각자 이치에 부합한 것으로 설명된다. 동물계에 섭생은 있으나 살생은 없다. 그러나 이제 인간이 그저 동물에 그치지 않고 인간으로 된 것이 문제가 된다.

인간은 스스로를 문제시하는 유일한 존재다. 주희의 우주관·자연관에서 A, B, C층의 세계에는 특별히 악惡이라 할 것이 없다. 모두 하나의 우주적 리, 제 나름의 성性에 따라 존속하고 있는 자연의 영역이기 때문이다. 예를 들어 약의 경우, 약藥과 독毒은 인간에게 미치는 효과일 뿐, 그 물성物性 자체, 그 물성을 낳은 특정(주희에게는 주로) 식물 자체를 선하다 악하다 부르지 않는다. 다만 인간의 경우, C층과 B층의 기질氣質이 '과불급過不及'하여 D층의 본연本然의 발현을 저해할 때 이것이 악이 된다. 과연 리에게 이 세상에 딛고 설 터를 주는 기질 그 자체가 결코 악일 수 없겠다. 문제가 되는 것은 기질 그 자체가 아니라 오직 본연지성, 도심의 발현을 가로막고 훼손하는 '과불급'의 기질일 뿐이다. 그렇다면 본연지성, 도심이란 무엇인가? 주희가 여러 곳에서 말했듯, 우주의 리〔天理〕가 인간에게서 가장 순수하고 높게 드러나는 것이다. 심원한 우주의 리는 가장 발달한 존재인 인간에게서 가장 높고 순수한 형태로 표출될 수 있다. 그렇다면 그 리는 기질과 무관한 것인가? 아니다. 과불급하지 않은 맑고 밝고 평온한 기질을 타고〔괘탑〕 중용과 중화中和의 상태에 있는 리다.

그렇다면 '기에 선재先在하는 리'라고 하는 난제에 대한 주희의 곤란은 어떻게 풀어야 할까? 주희는 그의 당대의 인식 수준에서 무한 문제에 대해 그런 방식으로 추론할 수밖에 없었다. 이어지는 '시작 이전에는?'이라고 하는 물음에 대한 깔끔한 답이 결국 불가능했기 때문에, 이 문제에 대해 결국 서로 모순된 여러 진술들을 남길 수밖에 없었다. 그것이 문제일까? 오히려 그 모순을 드러내 보여준 것이 정직하고, 근대적으로 보인다. 오늘날에도 그 모순은 깔끔하게 해결되지 않는다. 아마도 영원히 그러할 것이다. 혹은, 이 문제를 인간이 깔끔하게 해결한다면, 이제 그 인간은 더 이상 기존의 인간이 아닌, 또 다른 종류의 인간일 것이다. 아마도 이는 현 수준에서의 인간 지성의 확대가 아닌 인간의 소재 자체, 존재의 모종의 변형에 따른 결과일 가능성이 크다.

어쨌거나 현존 인류가 여타의 생명체들과 다른 특이점(singularity)은 그들이 무한을 생각하는 존재라는 데 있을 것이다. 진화적으로 가장 늦게 온 존재가 모든 것의 시작, 또는 그 시작 이전에 관해 최초로[10] 생각하기 시작했던 것이다. 무한 개념은 결국 시공 관념을 넘어선다. 시공 관념을 넘어섰을 때, '기 이전의 리'라고 하는 발상이 가능할 것이다. 주희는 분명히 그런 생각을, 그것도 그의 당대로는 아주 합리적인 방식으로 했다. 가장 늦게 온 존재가 가장 먼저 있었던 것〔理〕을 추론하고, 그것이 지금 눈에 보이는 모든 것〔氣〕 속에 있을 뿐 아니라, 눈에 보이는 모든 것이 존재하기 이전부터 존재했다고 말한 것이다. 더 나아가 그러한 리理가 모든 존재 속에서 모든 존재를 가능하게 하였다고 하였다. 그러나 과

---

10 물론 최초인지 아닌지 분명한 것은 아니다. 우주 안에 인간과 같거나 높은 수준의 지성을 가진 또 다른 생명체가 존재할 가능성에 대해, 많은 과학자들은 그 확률이 매우 높다고 보고 있다.

연 그것이 정확히 무엇이냐는 제자들의 추궁에 주희는 명확하게 답할 수 없었다. 그러나 그것은, 반복하지만, 결함이 아니라 미덕이었다. 그런 의문에 대해 '상제다' '하느님이다' '우리가 알 수 없는 무시무시한 힘이다' 혹은 '더 이상 따지지 마라'라는 식으로 회피하거나 억압하지 않았다는 데 주희 지성과 철학의 진정한 근대성이 있다고 생각한다. 부언하면 기 이전에 존재한다는 주희의 리(=태극)란 스피노자의 신과도 칸트의 신과도 닿아있는 바가 있다. 근대적 신학 사유라고 볼 수 있다. 그렇다면 이러한 리가 기와 뗄 수 없되, 동시에 기는 아니라고 하였던 주희의 곤경 역시 분명 신학적이되 지극히 근대적 형태의 신학적 아포리아의 표현이었다고 하겠다.

끝으로 위 〈그림 1〉에 대한 한 가지 단서를 붙인다. 순전히 자연사적, 진화론적 시각에서 보면 이 그림은 오해의 여지가 있다. 마치 인간만이 진화의 꼭대기, 정점頂點에 서있는 것 같아 보이기 때문이다. 그러나 굳이 정점을 말한다면, 지금 이 순간 존재하는 모든 존재, 생명체가 모두 진화의 동등한 정점에 있다. 그렇지만 주희는 물론이고, 아마 다윈 이전의 인물들인 스피노자나 칸트도 물질계와 생물계의 위상에 대해서는 필경 위 그림과 유사한 방식으로 생각했을 것이다. 그렇게 보면 〈그림 1〉은 주희가 생각한 리를 설명하는 간단한 도해로서는 오히려 적절할 수 있다. 그러나 놀라운 것은 주희가 현대 우주·생물진화론을 알지 못하고 있었음에도, 그의 리론·우주론·자연관이 현대 진화론에 내포된 모종의 자연윤리론과 결코 피상적이라고 보기 어려울 정도의 아주 깊은 친화성을 가지고 있다는 사실이다. 리는 하나이며 그것이 만물을 관통하고 있다는 동류성, 일체성, 즉 만물일체의 관념이다. 기 하나로 만물을 통합해 내는 장재張載의 경우도 정확히 마찬가지다. 주희가 매우 높이 평가했던 장재 『서명』의 다음 구절들은 이제 우주 진화사에 대해 상당한 지식을 갖게 된 우리 현대인들에게 오히려 더욱 깊은 감동과 공감을 준다.

> 하늘을 아버지, 땅을 어머니라 부르고, 나 여기 아득히 뒤섞인 가운데 있네. 그리하니 천지가 모인 것이 내 몸, 천지를 끌어가는 것이 내 性이고, 모든 백성이 나의 동포, 온 세상 사물이 나와 함께일세.
> 乾稱父坤稱母 予茲藐焉 乃混然中處 故 天地之塞吳其體 天地之帥吳其性 民吳同胞 物吳與也

참고문헌

기누가와 쓰요시(衣川强). 2003.『하늘 天 위에는 무엇이 있는가?』. 박배경 옮김. 시공사.

린지위(任繼愈). 1990.『중국철학사』. 전택원 옮김. 까치.

북경대 철학과 연구실. 2005.『중국철학사』. 박원재 등 옮김. 간디서원.

야마다 케이지(山田慶兒). 1998.『주자의 자연학』. 김석근 옮김. 통나무.

주희. 1999.『주자어류』. 허탁 · 이요성 역주. 청계.

펑요우란(憑友蘭). 2007.『중국철학사』. 박성규 옮김. 까치.

호우와이루(候外盧). 1988.『중국철학사』. 양재혁 옮김. 일월서각.

한형조. 1996. 『주희에서 정약용으로』. 세계사.
Ginzburg, Carlo. 1976. *The Cheese and the Worms. The Cosmos of a Sixteenth-Century Miller*. Baltimore: Johns Hopkins University Press.
Needham, Joseph. 1977. *Science and Civilization in China. V2*. Cambridge: Cambridge University Press.
Spinoza, Benedict. 1985. *The Collected Works of Spinoza*. Edited and translated by Edwin Curley. Princeton: Princeton University Press.

동양사상과 현대적 가치

최한기의 기학과 한국학
| 이 영 찬

최한기의 기학과 한국학

—

이영찬

전 지구화와 다문화주의가 확산될수록 세계는 하나의 큰 질서의 흐름으로 통합되고 한국사회도 불가피하게 그 일부로 편입되어가고 있다. 근대 이후 한국학은 고유한 역사와 문화에 토대한 국학으로서의 정체성은 약화되고 세계질서에 종속된 지역학으로서의 정체성이 강화되어 왔다. 그러나 최근에는 지구화와 다문화주의의 확산이 전통문화와 가치에 대한 재발견과 회복의 욕구를 자극하여 한국학에 대한 국학적 관심이 증가하고 있다. 최한기의 기학은 한국학에서 국학의 르네상스를 위해 충분히 주목할 만한 가치가 있었다. 그는 기학의 정립을 통해 한국학의 이론적 정체성과 학문적 가치성, 그리고 방법론적 객관성을 확보함으로써 자립적 국학으로서의 정체성을 확립하는데 기여한 바가 컸다. 최한기 기학이 현대 한국학에 갖는 함의를 다음과 같이 간추려 볼 수 있겠다.

첫째, 최한기가 기학을 창립할 때 가졌던 문제의식은 현대 한국학의 이론적 정체성 확립에 시사하는 점이 많다. 최한기의 동·서 사상의 비판적 종합은 현대 한국학의 이론과 방법론 구성에서도 모범이 될 수 있을 것이다.

둘째, 최한기의 기학은 한국학의 토착적 이론 창조의 필요성을 제시한다. 그의 토착적 한국학 이론 정립은 한국학이 지향해야 할 최종적 목표이자 한국학의 학문적 독립성 확보의 관건이 된다.

셋째, 최한기의 기학은 한국학이 통합적 학문으로 자리매김할 필요성을 제시한다. 최한기의 기학에는 오늘날의 인문학과 사회과학, 그리고 자연과학이 통합되어 있다.

넷째, 최한기의 기학에는 대동의 사상이 다분히 내포되어 있다. 그는 기의 운화법칙이 동서고금에 대동하다는 것을 논증하면서 세계에 존재하는 사소한 차이와 차별을 기학적으로 해명했다.

1. 서론

한국학은 오늘날까지 뚜렷한 학문적 정체성을 갖지 못하고 외재적 혹은 상대적 관점에서 피동적으로 정의되어 왔다. 일제강점기 때에는 식민지 사관에 대응하는 민족주의적 관점에서 '대항 한국학'이 성립되었다면, 근대 시기에서는 열강의 세계경영의 필요성에서 비롯된 '한국연구(korean studies)'를 수용한 '수입 한국학'이 주류를 이루었다. 따라서 한국학은 독자적 영역이 없는 '한국에 관한 모든 연구'를 통칭하는 '명목적 한국학'이거나 각 전문 분과학문 내에서 한국에 관한 하위분야를 일컫는 '침입의 한국학'으로서 고유한 실체가 없었다. 한국이 오랜 역사와 문화를 가진 독립된 국가임에도 그것을 위한 주체적, 자생적 한국학이 정립되지 못한 것은 크나큰 아이러니가 아닐 수 없다.

본 논문에서는 최한기의 기학을 국학적 한국학의 출발점으로 보고 이를 재조명하여 한국학의 정체성 확립의 반성적 계기로 삼고자 한다. 최한기의 기학 이전에 한국학의 자생적, 주체적 토대가 전혀 없었다고는 할 수 없을 것이다. 17세기에서 19세기까지 전개된 실학적 흐름에서 한국학의 태동을 볼 수 있다. 실학은 학파에 따라 강조점의 차이는 다소 있지만 모두 '실용'을 원칙으로 삼았다. 실학자들은 학문은 반드시 쓸모가 있어야 하며 현실에 적실한 내용이어야 한다고 주장하였다. "그들이 말한 쓸모 있는 학문이란 나라를 부강하게 하고 백성을 넉넉하게 하는 정치 · 경제 · 군사 · 교육 등의 사회 개혁 문제였다. 또 자국의 역사 · 언어 · 문학 · 지리 · 풍속 등을 연구하는 것도 실학이며, 천문학 · 수학 · 지리학 · 의학 · 농학 등의 자연 과학과 기술에 관한 것도 실학이었다."(홍원식 외, 1988 : 180쪽) 실학은 현실〔實事〕에서 그 바름〔求是〕을 얻고자 하기 때문에 현실의 문제를 떠나 공리공담으로 논의될 수 없었다. 그래서 실학은 국가와 민족의 문화적 전통과 역사적 현실에 대해 먼저 반성하고 성찰하는 계기를 가졌으며 이것이 한국학 탄생의 모태가 되었다.

조선 후기의 실학은 백성의 실용적인 생활에 대한 학문적 지향, 당시의 조선의 국제 환경과 국제적 위상에 대한 자각, 서양의 과학과 제도에 대한 지식, 봉건적 정치체제에 대한 개혁 의지 등을 토대로 하고 있다는 점에서 분명 한국학 발전의 토양이 되었다. 그러나 한국학이 학문으로서의 독자적 정체성을 갖기 위해서는 고유한 이론체계를 구축해야 한다. 실학을 집대성한 정약용에 이르러서도 실학은 기존의 주자학을 극복한 새로운 이론체계를 제시하지 못했으며 다만 주자학에 대한 진지한 반성과 실용적 적용을 모색한 탁고개제托古改制에 머물렀다. 최한기의 기학은 이와 같은 실학적 이상을 공유하면서도 독창적 방법론과 일관된 이론체계를 정립하였다는 점에서 한국학의 효시라 해도 과언이 아닐 것이다.

본 논문은 최한기의 기학이 한국학 정립에 어떤 함의를 갖는지를 기학의 이론적 정체성, 학문적 가치성, 그리고 방법론적 보편성을 통해서 살펴보고자 한다. 오늘날 한국학의 정체성에 대한 논란이 복잡한 이 시점에서 다시 원점으로 되돌아가 문제의 본질을 파악해 볼 필요가 있다고 생각되며 기학은 그 반성의 출발점으로서 충분한 의의가 있다고 본다. 이를 위해서 먼저 한국학의 전개과정과 한국학 논의의 쟁점, 그리고 고유한 한국학 방법론 모색의 필요성에 대해 살펴보고자 한다.

2. 한국학의 전개와 학문적 특성

1) 한국학의 전개

역사적으로 한국학이 대두된 배경에는 한국이 학문적으로 상대화되고 대상화되는 계기가 있었다. 한국학의 선구자로 정약용을 비롯한 실학자들을 지목하는 것도 그들이 서학에 대면하여 비로소 조선의 유학을 상대적으로 성찰하기 시작했기 때문이다. 서학의 유입은 유교적 정통성에 대한 신념과 유교적 세계관에 큰 균열을 초래했다. 서학을 비판하든 수용하든 간에 조선유학은 조선의 역사적 현실에 정합적인 학문을 모색하는 계기를 갖게 되었다. 그런 의미에서 조선후기의 실학에서 한국학의 정체성이 형성되기 시작했다고 볼 수 있다. 최한기는 실학자로서 서구의 근대 과학적 성과를 적극 수용하여 유기적 기일원론에 토대한 기학을 정립하였다.

한국학은 기학으로 말미암아 고유한 논리체계와 방법을 갖춘 독립된 정체성을 비로소 갖게 되었다. 그러나 기학은 일제 식민지 시기를 거치면서 국학으로서의 자생력을 갖지 못하였으며 해방 이후 오늘날까지도 국학으로 제대로 계승, 발전되지 못하고 있다. 한편 한국학이 지역학적 정체성을 갖고 본격적으로 대두하게 된 것은 한국이 일제의 식민지가 되면서부터이다. 일제에 의한 조선 지배의 전략적 필요성 때문에 조선에 대한 연구가 시작되었다. 일본과 중국은 자국의 학문을 본국학 내지 국학으로 규정한 반면, 식민지 한국에 대한 연구는 지역학으로서 '조선학'으로 타자화하였다. '조선학'에 대항해 민족주의적 '본국학'이 동시에 형성되었지만 방법론적 자립은 이루지 못했다. '조선학'과 '본국학'은 이념적으로 구분되지만 이에 따른 방법론도 반드시 구분되는 것은 아니었다. 조선학 학자는 주로 서구적 학문방법을 사용했지만, 본국학 학자는 내부적으로 외래적 방법을 사용한 '관학파'와 우리 학문의 고유성을 강조하는 '국학파'로 나뉘어졌다.(임현진 · 정일준, 2012:464쪽) 이는 본국학을 지향하는 학자들 가운데 전통교육을 받은 사람뿐만 아니라 서구의 근대교육을 받은 사람도 많았기 때문이다.

조선학 학자들은 물론이거니와 비록 탈 식민지적 한국학을 지향했던 많은 국학자들도 여전히 방법론과 이론은 외래학에 의지하고 있었다. 그들은 대체로 서구와 일본의 제국주의적 침략으로부터 조국의 해방과 독립을 쟁취하기 위한 방법으로 자신의 전통보다는 외래의 근대 문명과 과학에서 해답을 찾았기 때문이다. "박은식이나 김교헌 · 신채호 · 정인보를 비롯한 초기 연구자들은 전통적인 유교

교육의 배경에서 성장했음에도 불구하고 서구 일본의 신사조와 아울러 이른바 신식 학문을 기꺼이 받아들였다. 이들 대부분은 국내에서 독학을 하거나 근대 학교교육을 받았으며, 일부는 일본에서 교육을 받았다." (김경일, 2003:133쪽)2차 대전 이후 미국에서 출발한 지역학으로서의 '한국학(korean studies)'이 대두될 때 별 거부감 없이 이를 받아들이게 된 것도 이와 같이 국학이 고유한 이론을 갖추지 못했고 또한 국학자들마저 일찍이 근대교육에 젖어 있었기 때문이었다. 그래서 해방과 더불어 국학이 식민지로부터 정치적 해방은 이루었지만 다시 서구의 오리엔탈리즘적 근대화 이론과 과학적 방법에 종속될 수밖에 없었다.

해방 이후 1960년대까지도 이렇다 할 자생력을 갖추지 못한 국학은 결국 미국을 중심으로 한 세계열강들의 세계전략의 필요성에 따른 지역학으로 편입되었다. "한국학은 제2차 세계대전 이후 세계질서의 중심국이라 할 미국의 대외정책 이해관계 아래 주도되었다고 해도 과언이 아니다. 미국이 세계전략이라는 구도 아래 전 지구에 대한 지식과 정보를 확보하기 위하여 지역연구에 대해 관심을 갖고 전문가를 양성하게 되면서 한국학도 그 범주의 하나로 자리 잡게 된 것이다. 주로 미국에서 교육받았거나 활동하는 미국인은 물론 한국계 출신을 포함하는 외국인 출신 학자들이 한국학을 주도하여 온 이유이다. 지역연구로서 한국학은 이후 미국뿐만 아니라 유럽, 일본, 중국 등에서 한국에 대한 정치, 군사, 외교, 경제, 사회, 문화, 환경 등에 대한 다양한 이해관계 아래 전개되고 있다."(상게서, 465쪽) 이제 '국학'이란 용어가 생소하게 느껴지고 보통 '한국학(korean studies)'으로 지칭되는 한국연구는 비록 식민지적 종속성에서 지역성으로 성격이 바뀌었을 뿐 여전히 학문적 독립성 확보는 미약할 뿐이다. 한국학이 이러한 종속성과 지역성으로부터 탈피하여 학문적 정체성을 확립하기 위해서는 이와 같은 굴곡진 역사의 산물인 현대 한국학의 주요 쟁점들에 대한 적절한 해답이 제시될 필요가 있다.

2) 현대 한국학의 쟁점

한국학은 여전히 정립과정에 있는 학문이며 내부에는 다양한 관점이 경쟁 중에 있다. 그래서 한국학은 연구의 주체, 목적, 시각, 이념, 방법 등에 따라 다양한 모습을 갖고 있다. 연구주체의 내부적 시각이 강조될수록 한국학은 국학적 성격과 민족중심적이고 과거지향적인 성격을 많이 가졌다. 반면 지역학적 연구가 강조될 때에는 오히려 외부적 시각을 통해서만이 한국학이 성립될 수 있다는 주장이 펼쳐지기도 하였다. "미국의 유명한 정치학자 로버트 달(Robert A. Dahl)과 사회학자 윌리암 돔호프(G. William Domhoff)의 연구를 보기로 들어보자. 달과 돔호프의 연구 중에는 미국 지역사회의 권력구조를 다룬 것들이 있다. 그렇다고 그들을 '미국 전공자'라고 하는 것처럼 우스꽝스러운 일은 없을 것이다. 그들은 어디까지나 미국을 대표하는 정치학자, 사회학자이지 미국학 전공자는 아니다. ... 미국학이라 하면 미국의 바깥에서 미국을 지역연구의 대상으로 하는 경우 미국학일 뿐이다. ... 마찬가지로 한국에서 이루어진 연구는 인문과학, 사회과학, 자연과학 분야의 학문체계의 일부이지 '한국학'이라 할 수 없다."(임현진 · 정일준, 전게서:463쪽) 그러나 오늘날 세계가 경계 없이 소통하는 지구화 시대에는 국학의 세계화를 통해 두 시각의 종합이 모색되기도 하였다. "'국학'의 자기중심적이고 과거지향적인 시각에서 벗어나 남들과 함께 하는 개방적이고 진취적인 학문으로서의 '한국학'이 요구되며 국내의 학문인 국학에서 세계의 학문인 한국학으로 나아가 이룬 성과의 타당성을 널리 입증하는 것이 이제부터 한국학의 할 일"(조동일, 2009:8쪽)이라는 견해가 설득력을 얻고 있다.

한국학은 또한 학문의 영역을 인문학과 사회과학 사이의 어느 지점에 위치시켜야 하는지에 대한 논쟁이 있어 왔다. 한국학의 학문적 성격은 역사적 시기에 따라 이들 사이에 비중을 달리했다. "한국학의 성립 및 발전 과정을 볼 때, 한국학의 특징은 양가성(ambivalence)에 있다고 볼 수 있다. 일제 강점기부터 국학으로 발전해온 한국학은 해방이후로는 1980년대까지 민족문화연구와 문화적 정체성을 보존하기 위하여 문 · 사 · 철 중심으로 하는 인문학으로서 입지를 가지고 있었다. 그런데 1970년대 이후로 한국사회에서 사회과학이 발전하였고, 1980년대 말 88 서울 올림픽 이후로 한국에 대한 세계적인 인지도가 높아지면서 국학이라기보다는 지역학으로서 한국학이라는 위상이 강화되기 시작했다. 즉, 사회과학자들의 한국연구가 한국학에서 비중이 높아지면서 인문학보다는 사회과학적인 한국학이 발전하게 되었다. 또 한편으로는 1990년대 이후 세계화, 전지구화라는 시대적 흐름 속에서 한국의 민족적 문화적 정체성의 정립이 절실히 요구되어져서 국학이라는 용어보다는 세계 속의 한국이라는 의미로서의 한국학이 대두되게 된 것이다." 이처럼 한국학이 역사적으로 전개되어오면서 인문학에서 사회과학(윤택림, 200:110쪽)으로 외연을 넓혀 온 반면 내부에서 두 과학적 지향 간의 관계는 더욱 단절되고 소원해졌다.

세계화, 지구화 시대의 한국학에서는 이제 '인문학적 한국학'과

'사회과학적 한국학'이라는 학문적 양가성보다 '민족학으로서의 국학'과 '지역학으로서의 한국학'이라는 학문적 양가성이 더욱 부상하였다. "민족학으로서의 국학은 주로 한국인 학자들이 민족의 전통문화를 내부의 시각으로 연구하여 문화적 정체성을 확인하기 위한 지적 작업을 말한다. 그것에 비해서 지역학으로서의 한국학은 주로 외국인 학자들이 한국의 문화와 사회를 외부의 시각에서 연구하여 타문화 이해의 폭을 넓히고자 하는 일종의 지역 연구를 일컬을 때 쓰는 말이다. 국학은 주로 문·사·철의 인문학 중심으로 전개되고 한국학은 '한국에 관한 모든 연구'를 일컫는 것으로서 인문학과 사회과학을 포함하는 좀 더 넓은 학문 영역에서 이루어지고 있다. 국학자들은 한국의 과거나 전통에 대한 이해의 틀로 현재와 미래를 조망하는 경향이 있으며 한국학자들은 대체로 한국의 현재에 대한 이해의 바탕 위에서 그 전통적 연원을 탐구하거나 미래를 투시하는 경향이 있다." (이상주, 2001:303쪽)이들 두 계열의 학자들은 서로 불신하며 상대의 연구를 존중하지 않는 경향이 있어 왔다. 국학자들은 한국학자들이 학문적으로 천박하고 피상적인 연구를 한다고 비판하고 한국학자들은 국학자들이 편협한 시각과 애국주의적 편견에 사로잡혀 있다고 비판한다.

이러한 상반된 시각과 지향성은 한국학의 정체성에 많은 혼란을 야기하지만, 상대가 지적한 약점을 보완한다면 한국학의 지평을 넓히고 한국에 대한 보다 심층적인 이해가 가능할 것이다. "국학과 한국학은 서로로부터 배우고 서로에게 도움을 주어야 한다. 국학자들은 해외의 한국학자들로부터 역사·문화 연구를 위한 보편적 이론과 객관적 방법론을 배워야 한다. 국학자들은 자국문화에 대한 자민족중심주의를 극복하고 민족주의적 배타성과 국수주의적 자기도 취로부터 벗어나는 데 외국의 한국학자로부터 도움을 받을 수 있다. 한국문화를 세계화하고 한국학을 세계 학계에 널리 전파하는 데도 외국학자들의 도움이 절대적으로 필요하다. 반대로, 외국의 한국학자들은 한국 사회의 특수성을 더 깊이 이해하고 한국문화에 대한 감정이입 능력(empathic capability)을 기르는 데 국학자들로부터 도움을 받아야 한다. 외국의 한국학자들은 지식 생산의 원료라고 할 수 있는 문헌 자료를 공급받고 한국문화를 직접 체험할 수 있는 기회를 갖는 데서도 한국의 국학자들로부터 도움을 받아야 한다."(이상주, 2001;306쪽) 한국학이 한국에 대한 지식체계라면 한국문화에 대한 인문학적 통찰과 사회과학의 보편적 이론들이 창조적으로 융합할 때 한층 발전할 수 있을 것이다. 여기서 창조적 융합이라 한 것은 단순히 한국사회와 문화의 자료를 서양의 사회과학 이론을 적용하는 차원에 머무는 것이 아니라 종국에는 한국 전통문화에 토대한 자생적 사회과학이론을 정립하는 것을 의미한다.

한편 한국학 내부에서 제기되고 있는 또 다른 중요한 쟁점 가운데 하나는 방법론에 관한 것이다. 한국학 방법론에 대한 쟁점은 한국학 내부의 다양한 방법론적 갈래에서 연유한다. 하나는 한국학에 내포된 국학과 지역학적 특성에 따른 방법론의 갈래이고, 다른 하나는 인문학과 사회과학적 특성에 따른 방법론의 차이이다. 국학과 지역학의 방법론 차이는 일제 강점기 때부터 시작되었다. "이 시기의 국학은 두 부류의 학자가 있었다. 하나는 경성제국대학이나 일본에 있는 대학에서 수학함으로써 근대학문 방법론의 세례를 받은 학자군學者群이고, 다른 하나는 한국의 전통적 학문방법론, 특히 조선 후기 실학 계열의 학문의식을 계승 · 발전시킨 학자군學者群이다. 이 둘은 각각 장단점이 있었으니, 전자는 실증성, 논리적 엄격성,

학문적 체계성이 강점인 반면, 분과과학을 강조한 결과 학문 간의 상호소통을 점점 닫아간 폐단이 있고, 후자는 논리적 엄격성과 체계성은 상대적으로 떨어지지만, 그 대신 문학 · 역사 · 사상(철학) · 언어 · 민속 · 문화를 딱히 분리시키지 않고 가능한 한 서로 연관시켜 이해하려는 태도를 갖고 있었다는 점이 장점일 터이다."(박희병, 2005;45쪽) 근대적 학문방법과 전통적 학문방법은 각각 한국학 방법론에 필수적인 부분이다. 현대 한국사회는 서구화된 영역과 전통적인 영역이 공존하는 이중적 구조를 가졌다. 전자가 대체로 한국사회의 공적 · 제도적 영역으로서 표층을 이룬다면, 후자는 사적 · 비제도적 영역으로서 심층을 이루고 있다. 한국학의 근대적 방법은 한국사회의 근대화된 영역에 정합적이라면 전통 학문적 방법은 전통적 영역에 높은 설명력을 갖기 때문에 상호 보완적인 역할을 할 수 있을 것이다.

한국학 방법론의 다른 한 갈래는 인문학적 방법론과 사회과학적 방법론의 차이에 근거한다. "한국학의 양대 줄기인 인문학과 사회과학에서 사용되어온 연구방법들을 보면, 인문학은 해방이후 문 · 사 · 철 중에서도 국사학의 주도 아래 국학이 발전해 왔다고 볼 수 있다. 국사학은 실증주의에 입각하여 문헌고증 중심의 사학을 발전시켜 왔다. 그러나 실증주의적 연구방법은 가치중립적인 방법론에 한정되어서 전근대 사회를 이해하는데 한정되어 왔다. 반면 사회과학적 한국학은 정치학, 경제학, 사회학을 중심으로 양적 방법론을 사용하여 현대 한국사회를 이해하여 왔다. 그런데 사회과학적 한국학은 그 현재성이 객관성, 비판성보다는 체제 긍정적 방법론으로 나타난 경우가 많았다고 볼 수 있다. 그래서 한국문화를 다루는 국사학과 사회과학 사이에 방법론적으로도 문헌고증적 해석학과 양적 방법론이라는 일종의 방법론적 차별성 또는 단절이 있어 왔다."(윤택림, 전게서;112쪽) 한국학에서 인문학적 방법론과 사회과학적 방법론의 차이는 문헌 고증적 해석학과 양적 방법론의 차이로 부각되지만, 개별화적 방법과 일반화적 방법 혹은 개성 기술과 법칙 정립의 방법으로 대비되기도 한다. 인문학이 인간의 개성과 주체성을 전제하는 반면 사회과학은 인간을 사물로 간주하여 자연과학적 법칙성을 추구한다. 한국학은 이와 같이 문헌 고증적 해석학과 양적 방법론, 개별화적 혹은 개성 기술적 방법과 일반화적 혹은 법칙정립적 방법을 조화롭게 통합시켜야할 과제를 해결해야 한다. 그렇지 않으면 한국학은 실제로는 인문학과 사회과학의 각 분과학문으로 해체되거나, 모든 분과학문의 한국에 관한 연구를 통칭하는 명목으로서만 존재하게 될 뿐 독립된 정체성을 갖지 못할 것이다.

3) 고유한 한국학 방법론 모색의 필요성

지금까지 한국학의 역사적 전개와 대두된 쟁점을 살펴보면서 우리는 한국학이 한 지붕 밑 다세대 가족 같다는 인상을 갖는다. 한국학이 당면한 가장 중요한 문제는 통합된 학문적 정체성을 갖는 것일 것이다. 한국학은 인문학과 사회과학의 넓은 학문적 범주를 아우르고 있다. 그래서 이를 관통하고 포괄할 공통된 관점과 패러다임을 공유할 때 여러 분야 연구들이 통합성을 가질 수 있게 될 것이다. "한국학의 여러 분야를 꿰뚫고 있되 단순히 해박하기만 한 것이 아니라 분야들 사이의 본질적 연관성과 기저원리基底原理를 거시적으로 통찰해냄으로써 그것을 자신의 정제된 언어로 개념화하고, 궁극적으로 높은 수준에서 이론과 체계를 창조해내는, 한국학의 진정한 대가도 이런 연구의 흐름 속에서 탄생될 수 있을 것이다."(박희병, 전게서;60쪽)

학문의 정체성 확립은 무엇이 연구대상인가 하는 것과 더불어 고유한 연구방법을 얼마나 발전시켰는가에 달려있다. 그러나 지금까지 국학 중심의 한국학은 학문의 이념적 지향이 분명하고 특히 통합 학문적 성격이 강했다. "이 시기의 국학을 주목하는 이유는, 그것이 분과학문에 매몰되지 아니하고 문학, 역사, 사상, 민속, 문화, 예술의 제 영역을 넘나드는 통합적 문제의식을 보여주었기 때문이다."(상게서;50쪽) 그러나 국학은 그에 걸맞은 체계적인 방법론을 개발하지 못했다. "무엇보다도 당시 국학은 다분히 파편적이고, 자료 나열적이며, 파토스가 있기는 해도 엄정한 로직과 이론이 부족하거나 결여되어 있다."(상게서;52쪽)

반면 지역학 중심의 한국학은 서구의 사회과학적 방법을 많이 활용하지만 한국적 현실과 괴리된 문제점을 안고 있었다. "비유컨대, 외국의 학문을 물고 오는 '개미'의 역할이나 외국의 학문 이론과 방법론으로 거미줄을 쳐서 사회 문제의 이해와 해결에 적용하는 '거미'의 역할은 어느 정도 해왔다고 본다. 그러나 한국 사회의 연구를 통해 한국의 사회 현실에 대한 체계적 자료를 축적하지는 못했고 독창적 이론의 발전도 이루어내지 못했다. 즉, 꿀을 만들어 내는 '꿀벌'의 역할은 제대로 해내지 못했다."(이상주, 전게서;310-311쪽) 특히 지역학으로서의 한국학은 서구의 오리엔탈리즘 관점에 근거한 방법론을 가져 한국학의 정체성을 훼손시키는 결과를 가져왔다.

서구에서 한국사회 연구에 적용된 가장 대표적인 방법론은 근대화 이론이라 할 수 있다. "1950년 말부터 1960년대를 거쳐 1970년대에 이르기까지 근대화론은 미국에서 지역연구자의 지배적인 지적 패러다임이었다. 학자들은 근대화론을 거의 모든 비서구 사회들의 사회변동을 이해하고 예언하는 분석틀로 활용했다."(임현진 · 정일준, 전게서;471쪽) 근대화론은 외국학자뿐만 아니라 국내 한국학자들도 이를 받아들여 한국연구의 이론적 도구로 수용함으로써 한국학 연구의 지배적 관점이 되어 왔다. 근대화론과 더불어 한국에 대한 지역연구 방법으로 활용되는 방법론으로 종속이론, 세계체제론, 발전국가론 등이 있는데 모두 오리엔탈리즘을 기본 시각으로 갖고 있다는 점에서 공통점이 있다.

따라서 한국학은 서구의 이러한 오리엔탈리즘에 대항할 수 있는 독창적인 이론과 방법론을 발전시킬 필요가 있다. 한국학이 서구의 이론과 방법론을 차용하여 한국의 현실을 설명하거나 이해하려고 해서는 안 된다. 한국의 역사와 문화에서 배태된 문제는 우리의 시각에서 문제 상황을 구성하고 이를 위한 해결책을 제시할 수 있어야 한다. 한국학은 이렇게 한국적 이론과 방법론이 정립되어 서구적 이론의 현실 부정합성을 드러내고 그 대안으로 자리매김할 때 독창성을 부여받게 된다. 현대 한국학의 독창적인 이론정립은 한국의 고전적 인문학 사상을 사회과학의 방법에 접목함으로써 이론적 정체성과 방법론적 보편성을 확보할 수 있을 것이다. 그리하여 한국사회와 문화의 특수성을 토대로 구성된 이론이 전 지구적 미래를 선도할 보편적 이론으로 자리매김할 때 한국학은 보편학으로서의 지위를 갖게 될 것이다.

최한기의 기학은 오늘날의 한국학이 당면하고 있는 문제와 이를 해결할 실마리를 찾는 데 많은 시사점을 제시한다. 그는 기학에서 서구의 근대 과학적 성과를 수용하지만 이를 그의 기철학 체계 안에서 재해석하여 많은 토착적 이론구성을 시도하였다. 그의 기학적 이론은 인문과학, 사회과학, 자연과학 전 분야를 가로지르는 일통적 정체성을 가지며, 세계인이 공유하는 대동적 가치를 추구하였다. 더욱이 기학의 방법론은 자연의 물리적 법칙을 최종적 원리로 간주함으로써 방법론적 보편성을 확보하고자 하였다. 아래에서는 최한기의 기학을 통해 한국학의 이론적 정체성과 학문적 가치성, 그리고 방법론적 보편성의 확립 가능성을 탐색해 보고자 한다.

3. 최한기의 기학과 한국학의 정체성

1) 이론적 정체성

한국학의 정체성이 빈곤한 이유로 임현진 · 정일준은 다음과 같이 지적하였다. "첫째, 일제식민지 공간에서 역사와 문화의 뿌리가 부정되는 상황에서 한국학이 왜곡되었다면, 해방이후 타율적 발전과정에서 한국학계가 자기중심을 세우지 못했다. 둘째, 해방이후 국토분단과 이후 한국전쟁에 따른 국민국가의 결손이 이데올로기적 제약은 차치하고라도 한국학의 발전에 커다란 장애가 되었다. 한국의 사회와 역사에 대한 온전한 연구를 기대하는 것 자체가 무리이듯 반 조각 한국학이 만들어져 온 셈이다. 셋째, 역사를 포함하는 인문학과 달리 사회과학 분야에서는 한국학의 전통이 외래이론의 범람아래 소홀히 취급되었다. 외래이론의 비판적 적용을 넘어서 우리 고유의 문제틀에 의한 한국적 지평에서의 사회과학적 이론화에 기여하지 못했던 것이다."(임현진 · 정일준, 전게서;465쪽) 이러한 이론적 정체성의 빈곤으로 말미암아 한국학은 자문화중심주의 아니면 방법론적 맹목주의에 빠지기 쉬웠다.

최한기는 기학을 유교와 서학에 대한 비판적 종합 위에 형성하였다. 그는 서학에서 과학을 수용하되 종교를 부정했다. 그리고 유교에서 심학과 형이상학은 비판했지만 인도를 밝히고 인의를 내세운 유교윤리 그 자체는 이미 검증된 진리로서 인정했다. 최한기가 비판한 것은 유학의 형이상학과 서양의 종교이념이며, 수용한 것은 서양의 과학과 유교의 인도적 규범이다. 그는 경험할 수 없고 검증되지 않은 형이상학적, 종교적 신념을 부정하고 경험과 증험에 바탕을 둔 실학을 세우고자 하였다. 그는 기존의 유교의 형이상적 기학 대신 서양과학의 대기설을 수용하여 과학적 이론체계를 수립하였다. 그러나 최한기가 말하는 기는 단순히 사물을 구성하는 물질적 구성요소가 아니라 사물의 운동 · 변화〔운화運化〕의 주체가 되는 역동적 실체이며[01] 인간에게 있어서는 신기가 되어 플라톤이 말하는 '정신'의 실체가 된다.[02] 그래서 최한기의 기학은 단순히 물리적, 객체적 존재로서의 기에 대한 인식이 아니라 대기大氣와 인기人氣의 운화에 관한 학문이며, 대기운화에 승순하는 인기운화, 즉 천인운화의 원리와 작용에 관한 학문이라 할 수 있다.

---

01 최한기의 기의 본성을 활 · 동 · 운 · 화라 규정하여 기의 물리적 역동성을 강조했다.

02 최한기는 기학적 인식론에서 인식의 주체를 신기라 규정하고, 그것의 작용으로 기역 · 명오 · 애욕을 언급하였다. 이 개념의 근원을 거슬러 올라가면 플라톤의 정신 개념에 닿아있다. 플라톤은 정신에는 사유(理性, reason) · 의지(氣概, spirit) · 욕망(appetite)이 있다고 한 것과 일치한다. 플라톤의 '정신'을 마테오 리치의『천주실의』와 삼비아소의『영언여작』에서는 '신' 또는 '영혼'으로 표현했고 "영혼에는 內三司가 있는데 첫째는 記含이라 말하는 것이요, 두 번째는 明悪라 말하는 것이요, 세 번째는 愛欲이라 말하는 것이다."(권오영. 1999.『최한기의 학문과 사상 연구』. 집문당. 139쪽 재인용)라고 했다. 최한기는 이들을 통해서 플라톤 철학의 '정신' 개념을 기학의 중심 개념인 '신기'로 변용해서 흡수했다.

천天이 대기운화함에 지구 · 달 · 별 · 태양이 차례로 공전하여 신묘한 공효를 이루는 것이다. 나라의 정치는 인기의 운화를 통솔해서 경 · 대부 · 사가 순서대로 직분을 행하여 다스림의 길〔治道〕을 이루는 것이다. 집안의 다스림〔家政〕은 일가친척의 운화를 한데 합쳐서 남녀노소가 각기 그 직분을 닦아 집안의 규범을 이루는 것이다. 수신이란 자기 한 사람의 운화를 따라서 어린이 · 장년 · 늙은이의 생애에서 먼저 할 바와 나중 할 바를 알아서 학업을 닦는 것이다. 이렇게 볼 때 대 · 중 · 소의 범위가 각각 있다. 그러나 이것들은 모두 대 범위, 곧 天〔대기운화〕과 일체를 이룬다.

수신 · 제가 · 치국 · 평천하는 인기운화와 관계되나, 만약 천기운화를 승순하여 인기운화를 행한다면, 백성들이 모두 귀의하여 순종하기가 간단하고도 쉬울 것이다. 그러나 천기운화를 내팽개치고 인기운화를 구하고자 한다면, 상하가 서로 반목하여 떨어져서 각자 사사로움만을 노출시킬 것이다. 만약 천인기天人氣의 운화를 알지 못하고 수 · 제 · 치 · 평의 일을 행하고자 한다면 우활하지 않으면 치우쳐 막히게 될 것이다. 그래서 천인기운화天人氣運化는 그 근원을 말한다면 학문의 근기根基요, 그 끝을 말한다면 학문의 표준이 되는 것이다.[03]

---

03 『기학』(1-78): 天以大氣運化而地月日星循序輪轉, 以成神功 國政統人氣之運化而卿大夫士次序遵行 以成治道 家政合親屬之運化 老少男女各修其職 以就家範 修身隨一氣之運化而少壯老衰 知所先後 以做學業 大則有大範圍 中則有中範圍 小則有小範圍 以成其

최한기가 학문의 근기이자 표준으로 삼는 천인운화는 곧 대기의 물리를 승순하는 인신人身과 통민統民의 도리를 말한다. 따라서 최한기 기학에서는 자연과학 분야뿐만 아니라, 인문학적, 사회과학적 인식도 천인운화의 근기와 표준에서 벗어나지 않는다. 그는 『대학』의 8조목도 천인운화로 해석한다. "천인운화는 여러 번 증험하여 그것을 밖에서 얻고, 모습〔象〕을 이루어 그것을 안에 간직하고, 기회에 따라 그것을 밖에서 쓰니, 곧 『대학』 8조목의 격물 · 치지는 그것을 밖에서 얻는 것이요, 성의 · 정심은 그것을 안에 간직하는 것이요, 수신 · 제가 · 치국 · 평천하는 그것을 밖에서 쓰는 것이다. 그러한 격물 · 치지의 일은 곧 수신 · 제가 · 치국 · 평천하 하는 길이다. 만약 격물 · 치지의 일이 천인운화가 아닌 다른 물건에 있으면, 수 · 제 · 치 · 평 하는 도를 본디 보존하여 기를〔存養〕 수 없을 것이니 장차 어떻게 기회가 왔을 때 쓸 수 있겠는가? 그래서 천인운화를 여러 번 증험하여 그것을 얻으면 격 · 치가 되고, 천인운화가 모습을 이루어 그것을 간직하면 성 · 정이 되고, 천인운화를 기회에 따라 쓰면 수 · 제 · 치 · 평이 되니, 8조 가운데 천인의 도가 완비되어 있는 것이다."[04] 이와 같이 최한기는 천인운화의 기학으로 대학의 8조목에 대한 통합적 학문체계를 수립했다. 격 · 치가 천기운화라면, 성 · 정이 인신운화이고, 수 · 제 · 치 · 평은 통민운화의 실현이다. 최한기의 정치이론은 통민운화에 근거하며 이를 인신운화와

大範圍之一體也 修身齊家治國平天下係是人氣運化 而承天氣之運化 而爲人氣運化 則民皆歸順簡且易焉 拂天氣之運化 要作人氣運化 則上下睽離 各逞其私 不識天人氣之運化而欲行修濟治平之事 如非迂闊 卽是偏滯 是以天人運化 語其源 則乃學問根基 語其委 則爲學問之標準

04 『기학』(1-98): 天人運化 累驗而得之於外 成形而藏之于內 隨機而用之於外 卽大學八條 格物致知 得之於外也 誠意正心 藏之于內也 修身齊家治國平天下 用之於外也 然則格物致知之事乃修身齊家治國平天下道也 若格致之事在他物 則修濟治平之道無素存養 將何以臨機須用哉 是以天人運化 累驗而得之爲格致 天人運化 成象而藏之爲誠正 天人運化 隨機而用之爲修濟治平 八條之中 天人之道完備

천기운화에 통일시키는 것이 정치의 요체라 보았다.

최한기의 운화론은 또한 경제나 교육 분야의 이론적 근거가 된다. 경제에 있어서 중요한 것은 산업을 통해 물산을 풍요하게 하는 것이요, 상업을 통해 물산의 흐름을 원활히 하는 것이다. 최한기는 산업은 기용운화를 통해, 상업은 재용운화를 통해 설명한다. 그는 산업의 발전은 기용운화[05]로 말미암는데, 이것은 곧 우주의 운화와 인민의 운화와 함께 기학의 주요 범위를 이룬다. 최한기에 있어서 산업은 단순한 경제적인 활동이 아니라 천인운화를 입증하는 중요한 매개이기도 하다. "크게는 우주운화의 기가 있으니, 역수를 정리하여 그 대강을 제시함이다. 다음으로는 인민운화의 기가 있으니, 정치와 교육을 닦고 밝혀서 바른 길로 인도하여 이르게 하는 것이다. 작게는 기용운화器用運化의 기가 있으니, 책을 지어서 간직하고 기계와 도구〔器皿〕를 제조하여 백성의 쓰임을 넉넉하게 하는 것이다. 이것을 합하면 일기一氣운화가 되고, 나누면 삼기(三氣 : 우주 · 인민 · 기용) 운화가 된다. 벼리를 들면 밧줄이 따르고, 밧줄로 인하여 벼리에 도달하니, 이것이 「기학」이다."[06] 최한기는 기용운화를 통해 기계와 도구 등 산업을 발전시키며, 이는 크게는 우주운화에 승순하고 작게는 인민운화에 승순하여 인간을 물질적으로 풍족하게 하여 사람의 도리를 지키도록 하는 법칙이 된다.

최한기는 또한 상업 활동도 재용의 운화에 순응하면서 이루어져야 한다고 보았다. "상인은 재화와 생산물을 유통하여 백성의 소비

---

05 기용학은 사실 기를 활용하고, 지키고, 증험하고, 시험하고, 저울질하여 그 무게와 부피를 달고, 헤아리고, 변통함에서 나온 것이다. 이것을 기에는 착수할 곳이 없다고 한갓되이 말하는 경우와 비교해 보면, 통쾌하게 방략을 조처하고 시행해서 이용하고 후생하는 면이 있다. 『기학』(1-53)

06 『기학』(1-93): 大則有宇宙運化之氣 理整歷數而擧其槪 次則有人民運化之氣 修明政教以導其達 小則有器用運化之氣 修藏書册 制造器皿而瞻民用 合則爲一氣運化 分則爲三氣運化 提綱而維隨 緣維而達綱 是爲氣學

를 풍족하게 한다. 물산의 풍부함과 부족함은 천지의 운화를 헤아리고, 있고 없는 것을 사고파는 일은 인사의 운화를 참작한다. 때에 앞서 주선함은 상황을 살핌에서 가능하고, 때가 지나면 저장하여 미리 대비하는 바가 있다. 백리 사이의 교역은 사람이나 말을 이용해 운반하는 데 지나지 않지만 외국과 두루 통상함에는 반드시 선박을 띄워 운송한다 … 상인들이 도서를 왕래함에 별자리를 보고 멀고 가까움을 판단하며, 선박을 띄워 운행함에 바람의 형세에 맞추어 속도를 조절한다. 여러 나라의 좋은 법과 제도, 좋은 산물들을 모두 가져다 유통시키고, 남북의 같고 다른 기풍과 풍속을 모두 경험하여 전파한다. 세상 사람들의 이목을 넓히고 천하의 산물들을 유통시키니, 천기운화가 이를 바탕으로 더욱 밝혀지고, 인사운화가 이를 통해 전달된다."[07] 이와 같이 최한기는 상업도 산업과 마찬가지로 천지운화와 인사운화와 관련시킨다. 상업을 통해 물산의 풍족함과 부족함을 살펴 천지운화를 헤아릴 수 있고, 상업을 통해 사방의 이익과 형세, 각국의 제도와 법령을 살펴 인사운화를 밝힐 수 있다. 상업은 단순히 물산의 유통만이 아니라 상업 활동을 통해 천지운화와 인사운화를 실현할 수 있다고 보아 이를 적극 수용해야 한다고 보았다.

한편 최한기의 교육사상도 천인운화에 입각해야 함을 강조하였다. 이것은 그가 제창한 운화교를 통해 살펴볼 수 있다. 운화교란 대기운화를 순응하는 가르침으로 온 세상 사람을 통합할 수 있는 보편적인 가르침이다. "온 세상의 인도와 학문을 통합하는 방법

07 『기학』(1-67): 商者 運財輸物而瞻民用 物産豊歉量天地之運化 每每有無酌人事之運化 先時周旋出於見機 後時收藏有所豫備 百理交易不過人擔馬馱 海國周通須因桅舶載重 … 島嶼往來 仰天度而指遠近 桅帆利鈍 隨風勢而爲遲速 諸國之良法制好物産 咸取而須用 南北之同風氣異俗尙 盡驗而傳播 廣天下之耳目 通天下之有無 天氣運化資此益明 人事運化賴此傳達

으로 자연 대기운화라는 준적準的과 의거依據가 있게 되었으니, 이것을 따라 인도를 참고하면 인도에 준적이 있어서 잘못된 것을 쉽게 알 수가 있으며, 학문에도 의거가 있어 취사取捨가 어렵지 않을 것이다."[08] 이렇게 최한기는 교육이란 대기운화를 인사와 인도에 실천하여 천인운화를 이루는 것으로 보았다.

최한기는 가르침에는 인사교, 인도교, 그리고 인천교의 3층의 단계가 있다고 했는데, 이것도 천인운화의 수준에 따른 것이다.[09] "배우는 사람은 자연 선후의 단계가 있어 어려서는 인사교를 배우고 자라서는 인도교 및 인천교를 배워야 하니, 그것은 지각의 진취에 있어 차서가 있기 때문이다. 또 가르치는 사람도 근기와 표준을 천인운화에 세워야 하니, 그래야 인사로 사람을 가르치면 인사가 운화에 벗어나지 아니하며, 인도로 사람을 가르치면 인도가 운화에 표준을 두게 된다. 그래서 삼층의 가르침이 일통이 되어 처음부터 끝까지 서로 응하고 본말이 체體를 이루며 착오나 배치될 우려가 없게 되는 것이다."[10] 최한기는 교육의 차원이 운화를 체득하는 수준에 따라 다르지만 모두 천인운화를 밝히는데 교육의 허실이 달려 있다고 본 것이다. 이와 같이 최한기는 기학의 패러다임을 통해 정

---

08 『인정』.「교인 서」: 於是人道學問統合之方 自有氣化之準的依據 循此而稽人道 則人道有準的而差誤易見 學問有依據而取捨非難

09 인사교란 쇄소응대와 문필산수와 사람을 사귀고 사물을 대하는 절차로부터 사·농·공·상의 직업에 이르기까지, 일찍 학습에 종사하여 신기운화와 함께 성취되는 것은 곧 인사교이다. 부자친·군신의·부부별·장유서·붕우신으로부터 정교·학술·예율·전장에 이르기까지, 현금에 적용하되 옛일을 고증하고 우리 백성에서 밝혀 타국의 백성에까지 미치게 하여 일통운화가 온 세상에 퍼지게 하는 것이 인도교이다. 천지의 회전과 운화의 착종과 인물의 생성과 위로 받들어 따르고 아래로 제어하는 것에 대하여 옛날 밝히지 못했던 것을 지금에 와서 정확히 알게 되고 만사의 조리를 추구하여 근원을 찾는 것이 인천교이다. 『인정』.「교인문1」.(三層教).

10 『인정』.「교인문1」.(三層教): 學之者 自有先後階梯°幼學人事 壯學人道°及人天 以其知覺進就 宜有次序 教之者 根基標準 得立於天人運化 教人以人事 則人事可不外於運化 教人以人道 則人道有標準於運化 使三層教爲一統 始終相應 本末成體 無差誤背馳之患

치이론, 경제이론, 교육이론을 관통하는 논리체계를 세움으로써 한국학의 이론적 정체성을 확립하는 토대를 마련했다.

2) 학문적 가치성

조동일 교수는 학문이란 무엇인가라는 물음에 네 가지로 답을 제시했다. 첫째, 학문은 진실을 탐구하는 행위이다. 진실은 검증 가능한 객관적 사실에 근거를 두고 있으며, 이를 통해 객관적 사실들의 상관관계에 어떤 원리가 있는가를 발견하는 것이 진리탐구이다(진리성). 둘째, 학문은 논리로 이루어진다. 진실을 탐구하는 행위라 하더라도 논리화되지 않은 체험에 의거하거나, 논리적 타당성이 입증되기 않은 사사로운 확신을 근거로 한다면 학문이 아니다(논리성). 셋째, 학문은 실천의 지침인 이론을 마련한다. 학문을 해서 얻는 결과가 이론이다. 어떤 실증적 학문이라도 논증한 사실을 종합해서 이론적인 일반화를 이룩한 데까지 이르러야 학문이라 할 수 있다. 이론은 실천을 위해 소용되며, 이론의 타당성은 실천에 의해 입증된다(이론화). 넷째, 학문은 독백이 아니고 대화이다. 개인이 연구한 업적은 토론의 대상으로 삼아 점검하고 비판하는 작업이 활발하게 이루어져야 비로소 타당한 성과에 이를 수 있다(보편성).(조동일, 1997;22-30쪽)

학문성에 대한 위의 정의를 한국학에 적용해 평가해 볼 때, 한국학의 학문적 가치를 손상시키는 가장 큰 요인은 민족주의적 편견과 서양 중심주의적 가치관이라 할 수 있다. 한국학의 출발이 외세의 대항 이데올로기에서 비롯되었다는 점에서 민족주의적 편향은 태생적 한계라 볼 수 있다. 그리고 한국학이 서구 열강의 지역학적 성격을 갖게 됨으로써 서구 중심적 가치가 팽배하게 되었다. 그래서 한국학이 학문성을 갖추기 위해서는 민족적 편견에서 먼저 벗어나야 한다. 한국학이 배타적, 국수주의적 편견을 가질수록 학문의 객관성과 보편성은 훼손될 수밖에 없다. 과도한 국학적 전통은 한국학 스스로의 학문적 발전을 위해서도, 한국학의 진정한 세계화를 위해서도, 그리고 궁극적으로는 한국 민족주의 자체를 위해서도 바람직하지 않다.(전상인, 2005;71-72쪽)

한편 한국학은 서양 중심의 가치관에서 탈피할 필요가 있다. 서양의 관점을 세계사적 표준으로 삼고 서양의 잣대로 한국사회와 문화를 평가하는 것은 한국학의 발전에 큰 장애가 된다. "우리는 20세기 100년간 '세계사의 표준'을 서양에 두고 한국의 역사와 전통문화를 재단해 온 습관에서 완전히 해방되지 못하고 있다. 서양과 비슷한 모습이 나타나면 '발전'이고, 그와 조금 다른 모습이 나타나면 '후진'이나 '비정상'으로 보는 시각은 상당히 오랫동안 만성병처럼 지식인의 사고를 지배해 왔다."(한영우, 2005;28쪽) 오리엔탈리즘은 한국학을 한국의 역사, 문화적 현실과 괴리시키고 그래서 학문적 진리성과 이론적 실천성을 약화시킨다.

최한기의 기학은 한국학이 갖추어야 할 중요한 가치들을 내포하고 있다. 한국학의 가치성을 기학의 실학적 이념과 대동사상을 통해 살펴보자. 최한기는 조선의 실학사상을 계승했지만 그의 실학이 이전의 실학과 다른 점은 서양의 과학적 지식을 적극적으로 수용한 점이다. "혜강은 자연과학을 구체적으로 '역산물리曆算物理'라고 표현하면서, 이 '역산물리'의 학문적 천명은 인류의식에 한 신기원을 그은 것이라고 생각하였다. 말하자면 종래의 실학이 유교 경전의 연역을 바탕으로 한 '경학의 실학'이었음에 대하여 혜강의 실학은 '역산물리'에 바탕을 둔 '과학의 실학'이라고 하겠다. 그것은 실학사상의 큰 전회轉廻였다."(이우성, 2005;59쪽)

최한기는 실학을 다음과 같이 정의했다. "천하의 학문을 통괄하여 시비를 논하고 우열을 정할 때는 천하 민생이 실제로 쓰는 바와 천하의 정치가 반드시 근거로 삼는 바를 기준으로 삼을 것이니, 잡을 수 있는 형체가 있고 물건에 조처하여 증험할 수 있으면 이는 곧 '실학'이다."[11] 이처럼 기학의 실학적 이념은 천하민생이 실제로 쓰는 공리성과 천하 정치가 근거로 삼는 실용성, 그리고 유형의 증험할 수 있는 실증성을 포함하고 있다. 최한기의 실학의 이념은 서양의 공리주의 이념과 매우 흡사하다. 예컨대 기존의 예교와 풍속은 인사人事로서 존중되어야 하겠지만 운화가 점차 밝혀짐에 따라 그것의 선악은 항상 '지금의 운화〔方今運化〕'에 비추어 이로움이 있는가 물어 판단해야 한다는 것이다. "선악은 공의公議의 이해利害이고 이해는 사세事勢의 선악이다. 처음부터 끝까지, 은미한 것에서 뚜렷한 것까지 모든 것은 선善이 리利이고 이가 선이며 악惡이 해害이고 해가 악이니, 선악과 이해에 어찌 하늘이 정한 한계가 있어서 변통할 수 없는 것이리요"[12] 실학과 공리주의는 이처럼 학문의 공리성(utility), 즉 유용성, 실용성, 효율성을 강조한다는 점에서 서로 일치한다.

그리고 최한기의 실학은 실증주의적 가치를 중시한다. 그는 참된 실학〔誠實學〕에 대해 다음과 같이 언급하였다. "예로부터 지금에 이르기까지 그 단서를 드러냈으나 정리되지 못한 이론과 투철하지 못

11 『기학』(1-25) : 統天下學問是非 論定優劣 以天下民生所實用 四海政治所必由 有形可執 處物可驗 爲實學

12 『기측체의』.「신기통3」.(善惡利害) : 善惡者 公議之利害也 利害者 事勢之善惡也 自初至終 自微至著 善爲利 而利爲善矣 惡爲害 而害爲惡矣 善惡利害 豈有天定之限截 而未有變通哉

한 말이 많은 것은 기의 광대함이 아득히 멀었기 때문이며, 또 기의 형질이 은폐되었기 때문이다. 이런 것들은 마땅히 버리고 그 드러나 작용하는 단서를 좇아, 기화氣化와 부합되는지를 증험할 수 있다면, 이것은 곧 '참된 실학'이다."[13] 참된 실학은 잡을 수 있는 형체가 있고 사물에 조처하여 증험할 수 있어야 한다고 했다. 그래서 참된 실학은 기화에 증험할 수 없는 심학, 도학, 음양학 등을 일컫는 '중고의 학문〔中古之學〕'이 아니라 '근고의 학문〔近古之學〕'인 역수학曆數學, 물류학物類學, 기용학器用學과 같은 새로운 실증학문의 성격을 가져야 한다는 것이다.

최한기 기학의 가치성은 실학적 이념과 더불어 대동사상에서 잘 드러난다. 최한기는 천하인이 모두 대동사회를 이루는 것을 기학의 이상으로 삼았다. 그리고 대동사회는 천하인이 모두 대동의 가치를 공유할 때 현실적 차이를 극복하고 조화와 통합을 이룰 수 있다고 보았다. 대동이란 '크게 같음'을 말하는 것이며 곧 동서고금의 모든 나라가 풍토와 물산의 차이는 있지만 신기운화神氣運化는 크게 같음을 말한다. "동서고금의 모든 나라에서 조금씩 다른 것은 풍토와 물산이고, 크게 같은 것〔大同〕은 신기운화이다. 여러 나라에 흩어져 사는 사람들은 그 조금씩 다른 것에 바탕을 두어 자세한 행위와 습속을 이루고, 그 크게 같은 것을 이어서 윤강倫綱과 정교政敎로 삼는다."[14] 그는 대동의 근거를 신기운화에서 찾고 천하인이 모두 신기의 천인운화를 얻음으로써 천하의 대동을 이룰 것이라고 보았다.

---

13 『기학』.(2-119) : 自古及今 發其端 而未歸整之論未透徹之言多 在於氣之遼遠廣大 叉在於氣之隱蔽形質 是當捨旃而從其發用之端 可驗氣化之符合 是爲誠實學也

14 『기학』.(1-73): 宇宙萬國小異者風土物産 大同者神氣運化 散處人民 因其小異者 以爲細行習俗 承其大同者 以爲倫綱政敎

남과 나는 비록 나뉘었어나 자연히 같은 바가 있는데, 곧 천인운화의 기氣가 그것이다. 이것을 들어 사무에 조처하면 남은 나와 같을 것이요, 또한 나도 남과 더불어 같을 수 있을 것이니, 그것을 한 나라에 베풀면 한 나라의 사람이 가히 더불어 같아질 수 있을 것이요, 그것을 천하에 베풀면 천하天下의 사람이 가히 더불어 같을 수 있을 것이다. 만약 이것을 버리고 따로 같은 바를 구해서, 어떤 이는 심성을 들어서 하늘에서 나왔으니 사람마다 모두 같은 것이라고 여기고, 어떤 이는 심성이 얻은 바의 리理를 들어서 만물이 모두 같다고 여기고, 어떤 이는 목마르면 물마시고 배고프면 밥 먹는 것과, 삶을 좋아하고 죽음을 싫어하는 마음의 작용을 들어서 천하가 모두 같다고 여긴다면, '동同'이라는 한 글자에 이와 같이 같지 아니함이 있게 된다. 그렇게 되면, 우열 · 심천은 고사하고 어찌 가히 그 '같은 것'을 얻을 수 있겠는가? 천하인이 같이 바라고 말하는 것으로써는 그 같은 것을 가히 얻을 수 없을 것이다. 반드시 천하인이 품부받아서 모름지기 쓰는 바인 천인운화로써 한다면, 곧 그 같은 것을 얻을 것이다. 그것을 천하인에게 묻는다면 운화를 아는 자는 모두 같다고 할 것이요, 운화를 알지 못하는 자는 그 같음을 알지 못하게 될 것이나, 천인운화기가 하는 바를 살피건대 같지 아니함이 없을 것이다. 이것을 일러 대동이

라고 하는 것이다.[15]

최한기는 천하의 대동을 인간의 본성이나 추상적인 이치에 근거시키지 않고 천인운화에 대한 증험되고 공유된 객관적인 지식에 근거시키고 있다. "대체로 학문은 한 가지뿐만 아니니, 허황함과 성실함, 크고 작음, 넓고 좁음을 모두 학문이라 할 수 있다. 그러나 「천인운화의 기학」만큼은 온 천하 사람들이 보고들은 것을 종합하여 귀와 눈으로 삼고, 온 천하 사람들이 경험하고 시험한 것을 통괄하여 법도로 삼아서, 천하 사람들에게서 그것을 얻고 천하 사람들에게 그것을 전하는 것이다. 따라서 이것은 온 천하 사람들이 함께 배우는 「천하공학天下共學」이지, 혼자서 배우는 「독학獨學」이 아니다."[16] 최한기는 세계 각국이 비록 정치와 풍속은 다르지만 윤리강령과 인의는 동일하다고 보았다. 이를테면 그는 유교의 오륜이 세계의 공통적 윤리강령이 될 수 있다고 주장했다.

오륜의 가르침을 각자 힘써 행하는 것이 '일신운화'라면, 천하에 통하는 것은 '통민운화'라고 말했다. 최한기는 오륜에 만 백성 사이에는 화합함이 있어야 한다는 '조민유화兆民有和'를 더하여 세계 인류의 화합의 강령으로 삼았다. "오륜의 가르침은 그 이상 더할 수 없는 진리이므로 그것을 천하에다 확충을 시키면 자연 만국이 다 화합할 것이다. 그러므로 부자유친 · 군신유의 · 부부유별 · 장유유서 · 붕우유

---

15 『기학』.(1-100): 人我雖分 自有所同 卽天人運化之氣 擧此而措處事務 人與我同 亦可我與人同 施之於一國 一國之人可與同 施之於天下 天下之人可與同 若捨此而別求所同 或擧心性 以爲出於天而人人皆同 或擧心性所得之理 以爲萬物皆同 或擧作用之渴飮飢食好生惡死 以爲天下皆同 同之一字有此不同 優劣淺深姑捨 烏可得其同也 欲將天下人言之所同 不可得其同也 須將天下人所稟受所須用之天人運化氣 乃得其同 問之於天下之人 知運化者咸曰同 不知運化者 以爲不知同 觀其所行 無非同也 是謂大同

16 『기학』.(2-25): 蓋學非一端 虛無誠實大小廣狹 皆可謂之學 然惟天人運化之氣學 合天下人之聞見 以爲耳目 統天下人之驗試 以爲法例 得之於天下之人而傳之于天下之人 是與天下共學 非一人之獨學

신의 아래에다 조민화합이라는 구절 하나를 첨가하면 오륜이 통행하게 되어 만백성이 화합하는 실효가 나타나게 될 것이다."[17](박이문, 2006;6쪽)최한기의 천인운화에 근거한 대동사상과 오륜을 확장한 조민유화의 사상은 한국학의 민족주의적 편견과 서구의 오리엔탈리즘을 극복하고 인류의 공존과 화합에 기여할 수 있을 것이다.

3) 방법론적 객관성

박이문 교수는 학문의 방법에 대해 다음과 같이 말했다. "방법은 학문의 목적, 즉 진리발견에 도달하기 위한 가장 효율적 절차이다. 이런 뜻으로서의 방법은 분야마다, 사람마다 그리고 상황마다 천차만별일 수밖에 없다. 그러나 학문의 방법론이라 말할 때 그것은 모든 경우에 한결같이 적용될 수 있는 보편성과 학문의 주장을 객관적으로 타당하게 만드는 준거의 명증확실성을 보장할 수 있는 방법을 의미한다. 대표적인 예로 철학에서 데카르트의 내면적 성찰 방법론과 자연과학에서 관찰, 가설, 연역, 증명이라는 절차를 의미하는 과학적 방법이 있다."(박이문, 2006;6쪽) 이와 같이 방법론은 진리를 발견하는 효율적인 절차이며, 보편적으로 적용되어야 하며 객관적으로 타당한 준거를 갖추어야 한다. 그런데 한국학은 아쉽게도 이러한 조건을 갖춘 방법론을 가졌다고 보기는 어려운 실정이다.

최한기의 기학은 기의 물리[18]에 기초한 학문이다. 그래서 이전까

---

17 『인정』.「선인문5」.(畎畝敎法兆民有和): 伍倫之敎°至矣盡矣°而推擴天下°自有萬國咸和°父子有親°君臣有義°夫婦有別°長幼有序°朋友有信之下°添一兆民有和一句°以著伍倫通行°兆民致和之實效°

18 서양의 물리와 기학의 물리 간에 차이가 생겨나는 가장 큰 원인은 기학의 물리가 체인될 수 있는 대상인 데 비해 서구과학의 물리는 인식의 대상에 불과하다는 데 있다.

지 주자학이 추구해 온 마음을 대상으로 한 학문, 경전에 의존한 학문, 인간의 도덕적 본성을 닦는 것을 목적으로 하는 학문으로부터 벗어나 기의 보편적 운화의 법칙에 근거한 학문을 정립하고자 하였다. 그는 기학을 통해 마음, 본성, 도덕성 등 주자학의 심학적 공부에서 탈피하여 자연의 객관세계에 대한 지식을 추구하고자 하였다. "존재의 영역과 가치의 영역이 성리학의 이론체계 속에서는 리理가 객관사물의 법칙이 아니라 다분히 윤리적인 색채를 띠고 있는 리理였기 때문에 심학心學이든 이학理學이든 인식의 대상은 몰가치적인 존재의 세계가 아니라 도덕적 가치의 영역이었다. 이렇게 심학적 방법론 아래에서는 감각경험에서 얻어지는 견문지지見聞之知가 선험적인 덕성지지德性之知에 비하여 가치적으로 하위에 있을 수밖에 없었다."(이종란, 2005;181-2쪽) 이에 반해 최한기의 기학은 일차적으로 자연의 물리物理를 인식대상으로 삼았으며 자연에 대한 객관적인 인식을 바탕으로 인간의 물질적인 삶뿐만 아니라 도덕적인 삶도 영위하여야 한다고 주장했다.

최한기의 기학적 물리에 기초한 방법론은 자연과학적 법칙의 보편성을 추구한다. 그리고 기학의 방법론적 보편성은 '인식 근거의 객관성'과 '인식절차의 보편성'에 의해 보장될 수 있다고 보았다.

즉 서구과학에서는 구체적인 개개 사물의 법칙을 실험·관찰하고 밝혀서 활용하는데 그칠 뿐 개개 사물의 법칙에 대한 인식이 아무리 많이 이루어진다 하더라도 그것을 통해서 궁극적인 진리 그 자체를 인식하는 것은 불가능하다는 이원론에 입각하고 있으므로, 자연과학이 인문·사회과학과 만날 수 있는 길은 폐쇄되어 왔다고 할 수 있다. 이에 비해 혜강의 기학에서는 물리의 궁극적인 본체의 인식은 하나하나의 구체적인 사물의 경험적인 추측(실험·관찰)의 종합에 의해 가능하며, 그렇게 해서 얻어지는 물리 즉 일기운화의 리는 모든 리의 원천으로서의 물리뿐 아니라 윤리(도덕, 의리), 사리, 수리數理, 성리, 심리, 논리 등을 내포하고 있다고 본다. 따라서 자연과학적인 법칙인 서구과학의 물리와 모든 리의 총합인 기학의 물리는 엄연히 다른 것이다. 바로 여기서 혜강의 기학이 서구과학의 단순한 수용에만 머무르고 있는 것이 아니라 그것을 동양적인 일원론의 바탕 위에서 수용·결합시킴으로써 새로운 가능성을 제시하는 독창성을 발휘하고 있음을 확인할 수 있다."(손병욱, 2005;297쪽)

우선 최한기는 인식근거의 객관성을 보장하기 위하여 학문의 이치를 유행지리流行之理와 추측지리推測之理로 구분하고 유행지리의 객관적 물리를 사람의 추론에 의존하는 추측지리의 준칙으로 삼았다. "천지와 만물이 유행하는 이치는 건순(健順:천지의 덕을 말한다)의 덕으로 화육(化育:천지가 만물을 생육함을 말한다)하는 가운데 들어 있는 것이라 사람이 능히 거기에 간섭할 수 없는 것이다. 그러나 추측의 이치는 사람마다 익숙하냐 서투르냐 하는 것과 그 득실에 따라 구별이 있는 것이므로, 그것을 조정하고 변통할 수 있으니, 이학理學의 리理나 태극의 리理 등 모든 전적典籍에서 논한 리理는 전부 추측의 리이다. 그러나 추측의 리는 유행의 리로써 표준을 삼고, 유행의 리는 기氣와 질質로써 분별한다."[19] 추측지리는 인간의 추측에 의해 밝혀지는 이치이며, 유행지리는 기의 물리적 법칙에 근거한 이치이다. 그래서 유행지리가 자연의 세계에 존재하는 이치라면 추측지리는 당연의 세계에 존재하는 이치라 할 수 있다.

그리고 최한기는 기학의 방법론적 보편성을 확보하기 위해서 이와 같은 인식근거의 객관성과 더불어 경험과 추측, 그리고 증험 등의 절차적 객관성을 강조하였다. 그는 기학적 인식의 출발은 오직 경험을 통해서 이루어진다는 사실을 강조한다. "사람이 하늘에서 받은 것이란 한 덩어리의 신기와 기를 통하는 제규와 사지이니, 사용해야 하는 도구는 이것뿐이요, 다시 별도로 다른 것에서 얻어 온 것이라고는 아무 것도 없다."[20] 신기가 경험의 주체라면 제규제촉은 경험의 수단인 기계器械에 해당한다. 신기가 경험한다는 것은 외

19 『기측체의』.(推測以流行理爲準): 天地萬物流行之理°付諸健順化育之中°非人之所能增減°若夫推測之理°自有生熟得失之分°可以裁制變通°理學之理°太極之理°凡載籍之論理者°儘是推測之理也°推測之理°以流行之理爲準的°流行之理°以氣質爲分別

20 『기측체의』.「신기통1권」.(知覺推測皆自得): 人之所稟于天者 乃一團神氣與通氣之諸竅 四肢則須用之具 如斯而已 更無他分得來者矣

부적 자극을 인체의 감각기관인 제규제촉을 통해 신기에 '물들여져〔습염〕' 저장되는 것인데 이를 형질지통이라 한다.

형질지통은 인식의 첫 단계이자 인식을 마지막으로 검증하는 근거이기도 하다. "이목구비와 손발 그리고 모든 촉각을 다 버린다면 어찌 한 터럭만한 이치인들 얻을 수 있을 것이며 또 한 가지 일인들 증험할 수 있겠는가."[21] 그래서 최한기에게 있어 경험은 인식의 알파요, 오메가가 되는 셈이다. 최한기는 경험을 기학의 출발점으로 삼음으로써 기학적 인식을 주관적 · 도덕적 관념으로부터 일단 벗어나게 했다. 그리고 경험적 인식의 객관성을 담보하기 위해서는 여러 감각기관에서 얻은 지각을 비교하여 종합하고 또 타인의 것과 대조함으로써 보다 완전한 객관적인 지각을 얻을 수 있다고 했다. 경험은 개인적 차원뿐만 아니라 사회적 차원에서 축적되며 이로써 지식의 진보가 이루어진다. "대개 옛사람이 단서만 조금 밝히고 끝까지 연구하지 못한 것을, 후세 사람이 이제까지 쌓아 온 경험을 가지고 그 다하지 못한 것을 뒤쫓아 점차로 인식해 가는 것이 밝은 진리를 이룩하는 것이다."[22]

형질지통은 추측지통의 토대가 된다. 추측은 경험에 의한 형질지통을 근거로 경험하지 못한 것을 추리하는 인식방법이다. 신기는 인식의 주체로서 경험과 형질지통을 위한 습염지능과 더불어 추측활동을 할 수 있는 추측지능을 갖추고 있다. 추측의 능력은 형질지통을 양적 · 질적으로 확장하는 기능을 한다. 추측의 인식을 논한 『추측록』의 항목을 보면 추측지통의 내용을 엿볼 수 있다. 즉 「추기측리推氣測理」, 「추정측성推情測性」, 「추동측정推動測靜」, 「추물측사推物

---

21 『기측체의』.「신기통서」.: 捨此耳目口鼻手足諸觸 有何一毫可得之理可驗之事乎

22 『기측체의』.「신기통1권」.(古今人經驗不等): 蓋古人 微發其端而未及究竟者 後人 將積累之閱歷 追明其未盡 漸次得通 以成光明之道 古今人協贊而通 幷力而達 乃經常大道也

測事」등의 항목에서 나타난 것처럼 감각기관으로 지각한 경험내용인 기氣, 정情, 동動, 물物을 추리하여 감각적 경험이 불가능한 리理, 성性, 정靜, 사事에 대한 질적으로 다른 차원의 인식이 가능하다.

최한기는 추〔미룸〕· 측〔헤아림〕을 향상시키는 방법에 대해 다음과 같이 말했다. "미룸을 배양하는 방도는, 박학 · 심문으로 듣고 보며, 성경誠敬으로 거두어드리며, 강습講習하여 깨달으며, 철저히 구명하여 익숙히 알아서, 그것을 누적하여 크게 성취하고, 확충하여 명철하게 되는 것이다. 헤아림을 배양하는 방도는, 타물他物과 나를 서로 참고하고 마땅하게 변통하여, 앞을 바라보고 뒤를 돌이켜보며, 형상을 보고 그림자를 살펴서, 가국家國의 규모와 천지의 범위를 가슴에 거두어들이고 펴내되 모두 근거가 있게 하는 것이다. 대개 천리에서 미루고 천리에 순하게 헤아리려면, 헤아림으로 미룸을 배양하고 미룸으로 헤아림을 배양하여 반드시 하늘과 사람의 도리에 바른 데로 돌아가야 한다."[23] 말하자면 지식은 미룸을 통한 지각과 헤아림을 통한 추론을 반복하여 상호 검증하고 보완함으로써 천리를 얻을 수 있다는 것이다.

최한기는 기학의 방법론은 경험과 추측에 더하여 증험의 절차가 필요하다고 보았다. 증험은 개인적 차원에서 이루어지는 경험과 추측의 지식에 객관성과 보편성을 부여하는 인식과정이다. 증험을 통해 지식의 객관성을 확인하고 증명하게 된다. 증험을 통해 나의 신기에 습염된 추측지리가 수리적 법칙성을 통해 객관적인 자연의 법칙인 유행지리와 일치를 이루게 된다. "기의 운동에는 모두 일정한 법칙이 있으므로, 그 빠르고 느린 것이 자연히 차이가 있다. 큰 것

---

23 『기측체의』.「추측록1권」.(養推養測): 養推之方 以博學審問爲聞見 以誠敬爲收斂 以講習爲提惺 以窮格爲溫繹 積累而成大 恢擴而生明 養測之方 物我相參 隨宜變通 瞻前而顧後 見形而察影 家國規模 天地範圍 捲舒胸次 皆有根緣

으로는 오위(伍緯: 금 · 목 · 수 · 화 · 토의 다섯 별, 28수宿는 왼쪽으로 돌아 경經이 되고 오위는 오른쪽으로 돌아 위緯가 된다)의 궤도, 작은 것으로는 일상적인 일까지 모든 것이 실로 범연한 헤아림이나 억측으로는 다할 수 없는 것이다. 여기에서 기의 운동을 측량하는 산수算數의 학문이 있게 되며, 그 가운데 리理가 있어 한번 더하고 한번 빼는 것이 리理 아닌 것이 없다. 이를 궁구함에 정밀함이 여기에서 더할 수 없고 사물을 마름하여 재는 것도 이것을 벗어나지 않는다."[24] 최한기가 추구하는 지식은 경험되고 증험된 지식이 법칙으로 정립된 지식, 곧 실증적 지식이고 그래서 기학은 결국 산수算數의 학문, 즉 실증과학을 지향하고 있음을 알 수 있다. 다만 최한기가 추구하는 실증과학은 자연을 대상시하는 이원론적 지식이 아니라 자연과 인간이 공유하는 일원론적 지혜라 하겠다. 기학은 자연의 물리를 밝혀 인간과 사회에 대한 지식을 실증화를 지향하였다.

4. 맺는 말

전 지구화와 다문화주의가 확산될수록 세계는 하나의 큰 질서의 흐름으로 통합되고 한국사회도 불가피하게 그 일부로 편입되어가고 있다. 근대 이후 한국학은 고유한 역사와 문화에 토대한 국학으로서의 정체성은 약화되고 세계질서에 종속된 지역학으로서의 정체성

24 『기측체의』.「추측록2권」.(數理): 氣之運動迭興 皆有攸軌 疾速徐遲 自有其差 大而伍緯之躔 小而日用之事 實非凡計臆度所能盡也 於是有算數之學 以齊氣之運動 而理在其中 一加一減 無非理也 究理精緻 無過於此 事物裁度 不外于是

이 강화되어 왔다. 그래서 한국학의 내적, 자생적 토대는 성장하지 못하고 외부의 타자적 시각이 지배적 관점으로 자리하게 되었다. 그러나 최근에는 지구화와 다문화주의의 확산이 전통문화와 가치에 대한 재발견과 회복의 욕구를 자극하여 한국학에 대한 국학적 관심이 증가하고 있다. 최한기의 기학은 한국학에서 국학의 르네상스를 위해 충분히 주목할 만한 가치가 있었다. 그는 기학의 정립을 통해 한국학의 이론적 정체성과 학문적 가치성, 그리고 방법론적 객관성을 확보함으로써 자립적 국학으로서의 정체성을 확립하는데 기여한 바가 컸다. 최한기 기학이 현대 한국학에 갖는 함의를 다음과 같이 간추려 볼 수 있겠다.

첫째, 최한기가 기학을 창립할 때 가졌던 문제의식은 현대 한국학의 이론적 정체성 확립에 시사하는 점이 많다. 현대 한국학이 국학/인문학적 지향과 지역학/사회과학적 지향 사이에서 정체성 혼란을 겪듯이 당시의 기학도 안으로는 유교와 밖으로는 서학과 대립하는 상황에서 정립되었다. 최한기는 기학을 통해 유교의 심학과 리학의 주관성과 추상성을 비판하면서 서학의 과학을 주체적으로 수용하였고, 서학의 혹세무민하는 종교를 비판하면서 유교의 인도를 계승하였다. 최한기의 이러한 동·서 사상의 비판적 종합은 현대 한국학의 이론과 방법론 구성에서도 모범이 될 수 있을 것이다.

둘째, 최한기의 기학은 한국학의 토착적 이론 창조의 필요성을 제시한다. 기학은 신기통의 방법과 추측의 방법, 삼층운화와 천인운화 등의 패러다임을 제시하고 이를 토대로 고유한 이론을 발전시켰다. 현대의 한국학도 서구 학문의 이론만 맹신할 것이 아니라 한국인의 우주관과 세계관(자연관과 인간관)을 반영한 이론의 생산이 필요하다. 서양 의학만이 아니라 한의학의 지식체계도 한국인에게 의미가 있듯이 역사와 문화적 존재로서 한국인을 위한 한국학 이론체계가 필요한 것이다. 토착적 한국학 이론 창조는 한국학이 지향해야 할 최종적 목표이자 한국학의 학문적 독립성 확보의 관건이 된다.

셋째, 최한기의 기학은 한국학이 통합적 학문으로 자리매김할 필요성을 제시한다. 최한기의 기학에는 오늘날의 인문학과 사회과학, 그리고 자연과학이 통합되어 있다. 기학에서는 인문학, 사회과학, 자연과학의 모든 대상은 일기一氣에 통합되어 있기 때문에 만물은 단절되어 있지 않고 연속적이며 불가분의 관계로 파악한다. 한국학도 그 안에 인문학과 사회과학, 자연과학, 예술 등의 광범위한 연구영역을 포함하고 있다. 그래서 이들 과학들을 관통할 메타 과학적 시각이 필요하며, 이를 위해 최한기의 포괄적이고 다양한 기 개념을 계승할 필요가 있다. 이들 전문분야의 연구결과를 하나로 묶을 통합적 이론체계가 요구되기 때문이다.

넷째, 최한기의 기학에는 대동의 사상이 다분히 내포되어 있다. 그는 기의 운화법칙이 동서고금에 대동하다는 것을 논증하면서 세계에 존재하는 사소한 차이와 차별을 기학적으로 해명했다. 한국학이 민족학이나 지역학의 한계에 머물지 않고 지구화 시대에 다문화주의적 가치를 실현하는 보편적 학문으로 진화하기 위해서는 기학적 대동의 보편적 논리체계가 요구된다. 조동일의 생극론이 좋은 예가 될 것이다. 생극론은 생성과 극복, 화해와 갈등이 둘이면서 하나이고, 하나이면서 둘이라고 주장하는 철학이다. 그는 모든 싸움의 의의를 그것대로 인정하면서 화합을 이루는 방법으로 이것만한 것이 없어, 세계문화총괄론일 수 있고, 민족모순 해결의 지침일 수 있다고 했다.[25]

---

25 조동일. 1997.『인문학문의 사명』. 서울대학교출판부. 88-89쪽 참조.

참고문헌

최한기. 1986.『氣測體義』. 민족문화추진회 번역. 민족문화추진회.

_____. 2004.『氣學』. 손병욱 역주. 통나무.

_____. 1985.『人政』. 민족문화추진회 번역. 민족문화추진회.

권오영. 1999.『최한기의 학문과 사상 연구』. 집문당.

김경일. 2003.「한국학의 기원과 계보」.『사회와 역사』 64집.

박이문. 2006.「학문으로서 한국학의 개념과 방법론 및 지표」.『한국학논집』 제40집. 한양대학교 동아시아문화연구소.

박희병. 2005.「통합인문학으로서의 한국학」.『21세기 한국학, 어떻게 할 것인가』. 푸른역사.

손병욱. 2005.「혜강 최한기 철학의 기학적 해명」.『혜강 최한기』. 예문서원.

윤택림. 2003.「한국학 연구방법의 모색: 문화기술지적 방법(ethnographic method)을 중심으로」.『정신문화연구』 통권 90호(봄).

이상주. 2001.「인문·사회과학의 위기와 한국학의 전망」.『정신문화연구』 통권 84호(가을).

이우성. 2005.「증보 명남루총서 해제」.『혜강 최한기』. 예문서원.

이종란. 2005.「최한기 인식이론의 성격」.『혜강 최한기』. 예문서원.

임현진·정일준. 2012.「사회학에서의 한국학 연구동향: 한국학의 세계화 전략 모색」.『한국학연구』 43집. 고려대학교.

전상인. 2005.「한국학과 사회과학의 대화」.『21세기 한국학, 어떻게 할 것인가』. 푸른역사.

조동일. 1997.『우리학문의 길』. 지식산업사.

______. 1997.『인문학문의 사명』. 서울대학교출판부.

______. 2002.「한국학 연구의 새 방향」.『한국학논집』제29집. 계명대학교 한국학연구원.

한영우. 2005.「민족, 민주, 산업화의 우상과 그 극복」.『21세기 한국학, 어떻게 할 것인가』. 푸른역사.

홍원식 외 지음. 1998.『실학사상과 근대성』. 예문서원.

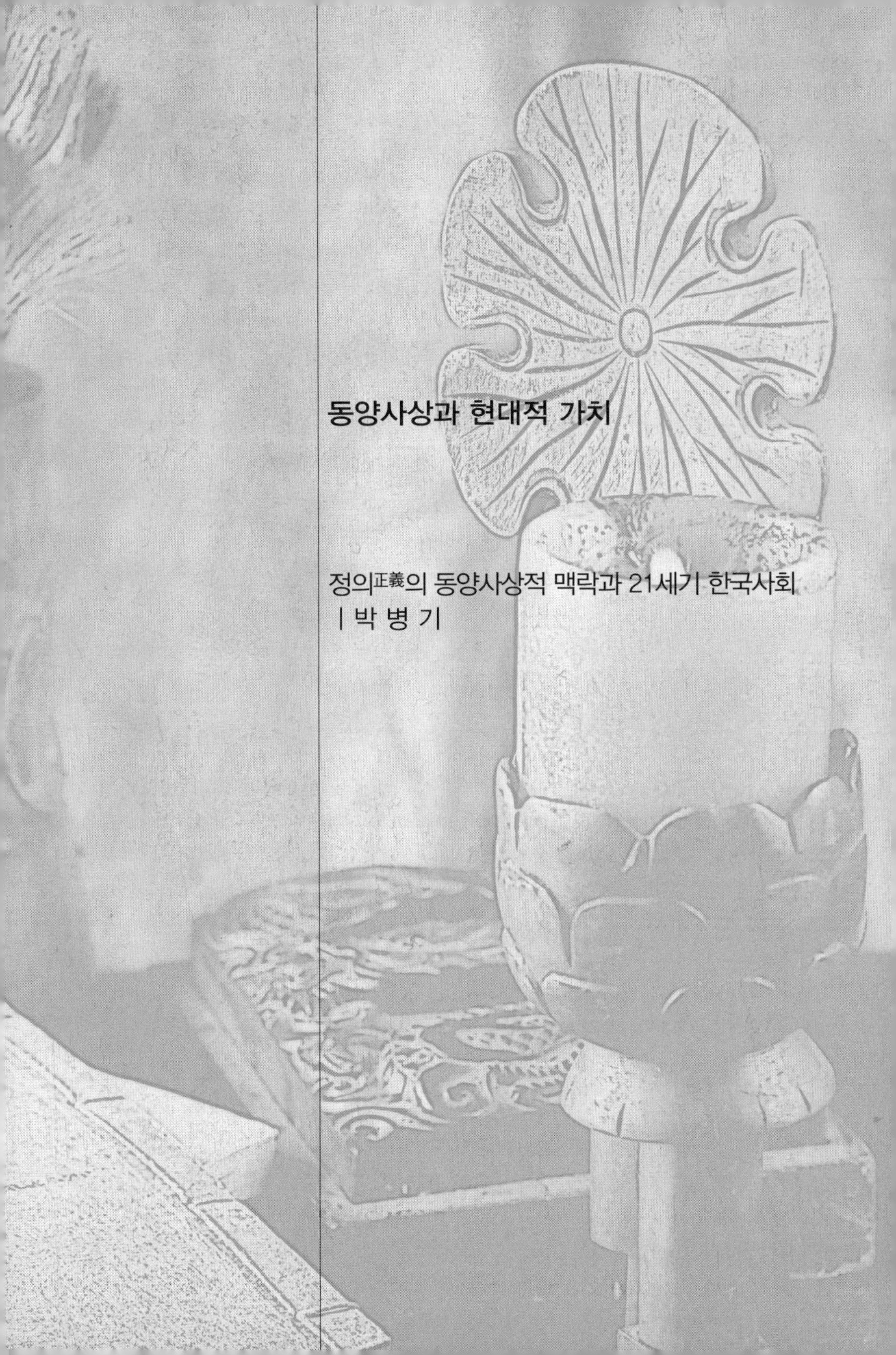

동양사상과 현대적 가치

정의正義의 동양사상적 맥락과 21세기 한국사회

| 박 병 기

정의正義의 동양사상적 맥락과 21세기 한국사회

—

박병기

정의正義(justice)에 관한 논의는 연역적 맥락과 함께 담론공동체가 존재하는 장소의 특수성을 반영하는 귀납적 맥락을 지닌다. 연역적 맥락의 논의는 대체로 플라톤의 대화편에서 연원하는 서구적 맥락의 그것과 초기불교 또는 선진유교에 뿌리를 대는 동양사상적 맥락의 그것으로 나뉘어 전개되어 왔고, 귀납적 맥락의 논의는 '21세기 초반 한국사회'라는 시 · 공간을 토대로 삼아 우리 사회의 정의 문제를 어떻게 인식하고 해결할 것인가 하는 실천적 논의로 전개될 필요가 있다.

동양사상적 맥락의 정의 논의는 인간다움과 올바름을 지향하는 보편적 맥락과 관계성 또는 연기성緣起性을 전제로 삼는 관계적 맥락을 지닌다는 기본 전제를 바탕으로 삼아 21세기 초반 한국사회가 과연 정의로운 사회인지를 물으면서 전개될 필요가 있다. 그 답을 찾는 과정에서 서구 정의론의 자유주의적 맥락에 관한 비판적 해석이 필요할 뿐만 아니라 이미 시민사회로 진입한 한국사회에서 여전히 작동하고 있는 전통적 맥락의 정의론에 대한 정당한 고려가 전제되어야만 합당한 정의 논의가 가능하다.

의義로 상징될 수 있는 유교의 정의관이나 다르마(dharma)로 상징될 수 있는 불교의 정의관 모두 올바름 자체의 지향과 올바른 관계 지향이라는 공통점을 지니고 있고, 그것이 21세기 초반 한국사회에서 구체화되는 과정은 그 보편적 맥락이 여전히 유효한지와 관계적 맥락이 어떤 방식으로 재구성되어야 하는지를 묻는 과정이어야 한다. 이러한 과정을 거친 전통적 정의관은 21세기 초반 한국인들에게 삶의 의미 추구 과정에서 하나의 준거로서 활용할 수 있는 유효성과 사회적 차원의 분배기준과 훼손된 공정성을 시정할 수 있는 시정적 정의의 준거로서의 유효성을 여전히 지니고 있다. 이 결론의 타당성을 좀 더 실천적으로 확보하기 위해서는 자라나는 세대가 전통의 맥락을 정당하게 인식할 수 있는 능력을 기르는 균형 잡힌 교육 기회의 보장과 함께 그 교육의 과정을 결여했을 가능성이 높은 기성세대들 자신의 성찰적 삶이 전제되어야만 한다.

1. 논의를 시작하며

인간의 정의正義(justice)에 대한 열망은 보편적이지만, 정의를 판단하는 기준은 시대적 · 문화적 상대성을 지니는 것처럼 보인다. 고대의 정의관과 근대의 정의관이 다르고, 이슬람 문화권과 유교와 불교 문화권, 그리스도교 문화권의 정의관 역시 상당 부분 달라 보인다는 점에서 그러하다. 그런데 21세기에 접어들면서 각 문화권 사이의 교류가 파격적으로 확대되고 자본주의 사회질서라는 비교적 단일한 이념이 전 세계를 지배하는 이른바 세계화를 맞아 이러한 다름 보다는 오히려 유사성 내지 동일성이 더 부각되고 있는 추세이다.

서양사상적 맥락 속에서 정의에 관한 논의는 대체로 플라톤의 『국가』 1권 트라시마코스와 소크라테스 사이의 대화에서 본격화한 것으로 받아들여지고 있다. 강한 것이 곧 올바름이라는 트라시마코스의 논변에 대해 소크라테스는 현실에서 작동하는 그런 정의관 배후에 숨어있는 보편적 기준 내지 정의관을 찾아야 한다는 당위적 요청을 제안하고자 한다.

그에 비해 동양사상적 맥락 속에서 정의에 관한 논의는 언제부터 본격화되었다고 볼 수 있을까? 이 물음에 대한 답을 찾아 제시하는 과정에서 우리는 일정한 망설임을 경험하게 된다. 그 망설임의 양상은 정의에 관한 논의가 대체로 서양사상적 맥락에서 이루어져 온 데서 비롯되는 낯설음과 그럼에도 우리의 가치판단 과정에서 작동해온 전통적인 정의 관련 감정들에서 비롯되는 기시감이다.

동양사상적 맥락에서 정의는 논자가 보기에 대체로 다음과 같은 두 가지 맥락을 지니고 있다. 하나는 그 사람다움과 올바름 자체를 포함하는 도道 또는 다르마(dharma)를 향하는 실천적 열망이라는 진여적眞如的 또는 보편적 맥락이고, 다른 하나는 타자와의 관계 또는 연기성이 인간의 존재성을 규정짓는 핵심 요소라는 명제를 전제로 그 관계를 바람직한 방향으로 이끌어가는 과정에서 올바른 원칙 또는 기준이 존재한다는 관계적 맥락이다. 이 둘의 관계는 하나도 아니고 둘도 아니거나 섞이지도 않고 분리되지도 않는다는 불이적不二的 관계론으로 다루어져 왔고, 그것이 한국사상 속에서는 성리학과 불교라는 이름으로 학문적 · 실천적 토대를 쌓는데 성공했다.

21세기 초반을 살아가고 있는 우리 한국인들에게 이런 전통적 맥락의 정의관은 어떤 의미를 지닐 수 있을까? 이 물음이 본 논문의 중심 화두를 이룬다. 한국전통사상의 중심을 이루고 있다고 평가되는 불교와 성리학을 중심으로 이 물음에 대한 답을 찾아보고자 하고, 그 과정에서 서양사상적 맥락의 정의론 또한 함께 논의될 수밖에 없을 것이다. 그러면서 중심에 두고자 하는 것은 그 정의관이 작동할 수 있는 공간으로서의 21세기 한국사회에 대한 사회윤리학적 성찰이고, 그것은 다시 어떻게 살 것인가와 관련된 구성원 각자의 해답과의 연계로 이어질 수 있기를 기대할 수 있다.

2. '21세기 초반 한국사회'의 정의正義 문제

1) 한국 사회 정의 문제

우리 자신이 몸담고 살아가고 있는 시간과 공간에 대한 분석은 스스로를 그 주체와 대상으로 동시에 설정해야 한다는 점에서 주관성의 오류로부터 온전히 자유로울 수 없다. 그런 점을 고려한다면 외부자의 시선이 더 많은 객관성을 담보할 수 있지만, 그 시선은 내부자의 체험세계를 온전히 수용할 수 없다는 한계를 지닐 수밖에 없고 그나마 우리 사회의 경우 그런 시선마저 쉽게 찾기 어렵다는 점에서 스스로 분석의 주체이자 대상이 되는 시도를 포기하기 어렵다.

서력기원을 일반적인 표준으로 채택하고 있는 우리는 현재를 21세기 초반으로 규정짓는데서 큰 어려움을 경험하지는 않는다. 그러나 우리에게는 동시에 음력이라는 시간구분법이 동시에 작동하는 공간이 남아있을 뿐만 아니라 불기佛紀라는 붓다의 탄생을 기준으로 삼는 구분법 또한 일부의 공간에서는 살아남아 있다. 설날이나 추석이라는 명절을 통해 체험하는 굴절된 음력의 시간은 여전히 양력의 달력이나 휴대전화의 시간표 속에서 희미한 흔적으로 남아 있고, 불자 집안에 걸려있는 달력에는 그 음력의 시간과 함께 불기의 흔적이 가득 담겨 있는 비현실적인 시간이 동시에 새겨져 있다.

공간으로 시선을 옮기면 상황은 좀 더 명료해진다. 건축물로 상징되는 물리적 공간은 아파트와 고층빌딩, 양옥집과 거미줄 같은 도로망으로 구체화되어 우리 삶의 세계에 자리하고 있다. 시민사회로 상징되는 구조적 공간은 일단 평등과 자유를 근간으로 삼아 민주자본주의의 구현으로 구체화되고 있다. 단순한 정치경제 이념으로서의 민주자본주의를 넘어선 생활원리로서의 경쟁의 정당화, 최소안전망으로서의 복지의 불안한 착근 등으로 구현되어 있다. 거기에 분단구조의 고착으로 인한 불안정에의 익숙함으로 남북의 대립 양상과 통일 지향 사이의 갈등이 반복되고 있는 상황이기도 하다.

그렇다면 이러한 21세기 초반 한국사회는 정의로운 사회일까? 이 물음에 대한 답은 기준을 어떻게 설정하느냐에 따라 달라질 수 있다. 만약 이승만 정권이나 박정희, 전두환 정권 같은 독재적 성향을 지닌 정권의 시대를 비교 기준으로 삼는다면 현재 우리 사회는 상당한 정도의 정의를 구현한 사회로 분류될 수 있다. 그러나 현재 우리의 사회운영 과정 자체에 초점을 맞춘다면 누구도 쉽게 긍정적인 답을 하기는 어려워진다. 이 답을 찾아가는 과정에서 우리는 2010년 베스트셀러로 등장했던 마이클 센델의 『정의란 무엇인가』(김영사, 2010)를 떠올려볼 수 있다, 이 책은 그것이 읽히는 이유에 대한 분석이 또 하나의 단행본을 만들어낼 정도로 많은 관심의 대상이 되었다.(이광택 외, 2011)

도서평론가 이권우는 그동안 제시된 여러 의견들을 종합해서 '정의라는 키워드가 민감하게 다가오는 사회분위기', 보다 구체적으로는 재화 획득과정의 불공정과 소득의 불균등, 공공영역의 사유화와 탐욕 등 사회 부정의 현상에 대한 시민들의 인식이 이 책을 베스트셀러로 만든 핵심 요인이라고 주장하고 있다.(이권우, 2011) 그의 주장을 판단하기 위해서는 좀 더 치밀한 검토가 필요하지만, 확실한 사실은 우리 사회가 정의문제에 대해 상당히 민감한 반응을 지속적으로 보여왔다는 점이다. 우리 현대사 속에서 광주민주화 운동을 폭압적으로 진압하고 등장했던 전두환 정권이 자신들의 핵심 구호로 '정의사회 구현'을 내걸었던 것도 거꾸로 보면 자신들이 결여한 절차적 정당성을 보완할 수 있는 핵심어가 정의라고 판단했기 때문이라는 분석이 가능하다.

한국사회와 한국인들이 보이는 이러한 정의에 관한 관심은 일단 광복 이후 정착한 공교육 중심의 교육체제를 통해 실시된 민주시민교육의 성과라고 볼 수 있고, 급속한 경제 성장의 과정과 결과 속에서 갖게 된 공정하고 정의로운 사회에 대한 열망 또는 현실적 불만족에서 비롯된 것이라고 볼 수도 있다. 그런데 그런 요소들 말고 모든 인간에 대한 연민과 자비를 강조하는 불교나 각각의 직분에 맞는 역할도덕성을 강하게 요구하는 유교윤리의 영향이라고 말할 수 있는 부분은 없는 것일까?

논자는 민주시민교육의 성과와 경제성장에 따른 시민의식의 자각이라는 현대적 요소 못지않게 불교와 유교윤리를 관통하는 '타자의 인간다운 삶에 대한 최소한의 공감과 자비'와 '직분에 맞는 공정한 기회 보장과 역할 도덕성'이라는 전통적 정의관이 21세기 한국 사회와 한국인들의 정의관에 일정한 영향력을 행사하고 있다는 가설을 전제하고자 한다. 이 가설을 온전히 검증하기 위해서는 경험연구를 기반으로 삼는 다층적인 분석이 필수적이겠지만, 이 글에서는 다만 한국불교와 유교의 윤리를 현재의 정의 문제를 중심으로 재구성하는 수준의 시도를 하면서 논의의 출발점을 마련하는데 그치고자 한다.

2) 현대 정의론의 자유주의적 경향과 한국사회

우리의 정의관에 영향을 미치고 있는 정의론을 한둘로 정리해내는 일은 가능하지 않겠지만, 21세기 초반을 살고 있는 한국인이 어떤 상황과 직면하여 부정의하다고 느끼거나 정의의 기준에 부합한다고 판단하는 과정에서 작동할 가능성이 높은 정의관이라는 프리즘을 통해 일정하게 추론해내는 일은 가능하다.

우리 사회에서 많은 사람들을 공분으로 몰고 가는 정의 관련 사안은 많고 또 다양하기도 하지만, 2010년 이후 가장 많이 등장한 사례는 힘 있는 자의 특권 또는 힘 있는 자에게만 유난히 관대한 법 집행이다. 이명박 정권 시절 공정성 시비를 불러온 장관 자녀의 특채 의혹이라든지, 박근혜 정권에서 불거진 재벌 그룹 회장의 벌금을 대체하는 일당의 과도한 책정 문제 등이 그 대표적인 사례들이다.[01]

이 두 사례에서 작동하고 있는 정의의 기준은 공정한 기회의 보장과 처벌의 공평한 분배라고 볼 수 있다. 이런 기준들은 모두 헌법에 보장된 것들이고, 따라서 비난여론은 헌법정신에 위배되는 채용과정과 법집행 과정에 대한 비판이기도 하다. 한국인의 이러한 정의관은

---

01 한 재벌그룹 회장에게 부과된 벌금을 대체하는 노역의 일당으로 5억원을 책정한 법원의 판결을 비난하는 여론이 고조되자 검찰이 노역형을 중단하고 벌금을 회수하겠다고 밝힌 사건이다. 여기서는 www.asiae.com/news, 20140329 검색.

외면적으로는 현대 자유주의 정의론을 대표하는 롤즈(J. Rawls)의 정의관과 달라 보이지 않는다. 롤즈의 정의관의 핵심은 일차적으로 계약을 전제로 하는 시민사회에서 인간의 자유와 존엄성을 평등하게 실현하는 정의의 두 원칙으로 요약될 수 있고, 그것은 다시 '시민사회의 포괄적 교리들 간의 합당한 불일치를 조율할 수 있는 공적 정의'로 규명해볼 수 있다.(장동진, 2009;408, 424쪽)

그런데 그 외적 원칙의 내면에서 작동하는 정의감에 초점을 맞추면 일정한 정도의 차별성이 부각된다. 롤즈가 전제로 하는 사회계약의 산물로서의 사회관이 민주시민교육의 정착에 따라 우리들에게서도 일정 부분 작동할 가능성을 배제할 수는 없지만, 더 강하게 작동하는 것은 상호의존적 인간관일 가능성이 훨씬 더 높다. 장동진은 이 문제와 관련지어 롤즈 정의관의 핵심내용인 기본적 자유의 평등과 차등의 원칙이 다문화와 다인종, 다언어화되어 가는 한국적 현실에서 적극적인 해결의 원칙들을 제시하지 못하고 있다고 말하면서 그의 정의관이 한국사회의 기반이 되고 있는 가족의식과 공동체의식, 민족의식과 끊임없는 갈등의 관계로 진행될 수도 있다고 우려한다.(장동진, 2009;426쪽 참조)

물론 이런 갈등의 관계는 장동진도 유념하고 있는 롤즈 자신의 반성적 평형의 과정을 통해 해소될 수 있는 가능성이 있지만, 가치관 또는 세계관의 갈등이 그것을 뒷받침하는 사상적·문화적 범주를 전제로 한다는 점에서 쉽게 결과를 낙관할 수는 없다. 이 지점에서 좀 더 깊은 관심을 가져야 하는 문제 중 선행되어야 하는 것은 21세기 초반 한국인의 정의관을 형성하고 있는 두 축, 즉 자유주의적 맥락의 정의론과 불교와 유교를 전제로 하는 전통적인 정의론을 좀 더 심도 있게 논의하고 비교해보는 일이다. 그렇지 않을 경우 자칫 서구적 맥락의 자유주의와 공동체주의 논쟁에 섣불리 합류하는 오류를 범하거나 두 맥락 중 어느 하나에만 집착함으로써 문제의 본질을 흐리는 공허한 이론적 수준에만 그쳐 한국사회의 정의문제를 분석하고 실천적 대안을 찾는 실천적 힘을 상실할 수 있는 가능성이 높아질 수밖에 없다.[02]

3. 전통적 정의관의 보편론 · 관계론적 맥락

1) 올바름의 지향으로서의 정의正義: 보편론적 맥락

현재의 우리에게 전통은 구체적으로 무엇을 지칭하는 개념일까? 전통의 정의를 어떻게 내리느냐에 따라 이 질문에 대한 답도 달라질 수 있겠지만, 일반적인 관점에서 우리의 전통은 조선시대를 기점으로 삼아 고려와 통일신라, 삼국을 거쳐 단군조선으로 이어지는 역사적 맥락 속에서 형성되어 현재에 이르고 있는 정신적 · 물질적 유물들을 가리키는 것으로 정의해볼 수 있다. 여기서 조선시대를 기점으로 삼는 이유는 두 가지인데, 하나는 현재의 우리와 가장 가까운 역사라는 점 때문이고 다른 하나는 바로 그 때문에 현재의 우

---

02 이 주제와 관련하여 이승환(1999)은 "한국사회는 자유의 과잉으로 인하여 신음하고 있는 것이 아니라 오히려 자유의 결핍으로 인하여 고통 받고 있으며, 더욱 정확하게는 유사 자유주의와 유사 공동체주의의 폐해로 인하여 건강한 사회질서가 위협을 받고 있다고 여겨진다."는 주장을 펼친 바 있다. 그 후 15년 정도의 시간이 흐른 지금 어떤 변화가 있었는지에 대해 더 고려해보아야 하겠지만, 우리 사회의 상황을 전제로 하는 이론과 논쟁이 필요하다는 주장은 여전한 유효성을 지닌다. 이승환. 1999.「한국에서 자유주의 공동체주의 논의는 적실한가?」.『자유주의와 공동체주의』. 철학연구회 1999년 춘계학술대회 자료집. 103쪽.

리에게 가장 강력한 형태로 남아 있을 가능성이 높다는 점 때문이다. 전통적 정의관은 그 중에서도 정신적인 유물로 살아남아 현재 우리에게서 작동하고 있는 관점이다.

그렇다면 우리는 조선시대를 지배했던 정의관이 무엇이었을지를 추론해보는 노력을 할 필요가 있다. 우리가 잘 알고 있는 것처럼 일차적으로 조선은 성리학 또는 주자학을 통치이념으로 삼아 500년의 역사를 지니게 된 양반 또는 선비들의 나라이다.[03] 양반이나 선비를 명료하게 정의하는 일이 쉽지는 않지만, 대체로 그들은 성리학적 소양을 지니고 있으면서 수기치인修己治人의 자세를 견지하고자 했던 소수의 지배층이었다. 다시 말해서 도덕과 정치의 통합을 지향하면서 자신의 개인적 삶의 영역과 공동체적 삶의 영역을 분리시키지 않았던 지배층이자 학자였던 것이다.

그러한 선비들의 정의관은 선진유교의 의義 개념에서 유래하여 성리학의 의리義理로 이어지는 유교적 정의관이라고 규정지을 수 있다. 선진유교의 의는 '인仁의 실현에 필요한 객관적 규범으로서의 의'라는 공자의 관점과 '가족관계에서 확장하여 인간관계 전반에서 지켜야 할 마땅한 도리 또는 바람직한 행위 양태'라는 맹자의 관점으로 정리될 수 있다.(백경환, 2005;192, 194쪽 참조) 선진유교의 핵심원리로서의 인仁과 의義가 타자와 자신을 동시에 비추면

03 정광호는 선비를 하나의 계층으로 전제하면서 '책을 보는 사람, 혹은 글을 짓는 사람, 혹은 학식은 있되 벼슬길에는 나가지 않는 사람, 한 마디로 그때 지식인을 범칭해서 이루는 말'이기도 했지만, 퇴계와 율곡 등을 거치면서 '언제나 세상을 세상답게 만들어야 하는 책무를 걸머지고 있어야만 진정한 선비'로 평가받을 수 있었다고 말하고 있다. 이에 비해 양반이라는 개념에 더 주목하는 미야지마 히로시는 양반이 본래 동반文班과 서반武班을 통틀어 일컫는 개념에서 출발했지만, 조선사회의 정착과 함께 하나의 신분을 일컫는 개념으로 자리잡았고 후기에 이르면 누구나 양반이 되고 싶어하는 양반 지향 사회라는 독특한 특성을 지니게 되었다고 분석하고 있다. 정광호, 2003,『선비: 소신과 처신의 삶』. 눌와. 3~4쪽 참조; 미야지마 히로시. 2014.『미야지마 히로시의 양반』. 노영구 옮김. 너머북스. 29~31쪽 참조.

서 인간이라면 마땅히 지켜야 하는 도리 또는 규범으로 정착했고, 그것은 다시 인의 정신에 입각해서 대상의 자격에 따라 차등있게 대우함으로써 마땅함을 찾는 덕으로 정착하게 된 것이다.(김낙진, 2003;497쪽)

성리학의 의 개념은 이러한 선진유교의 의미를 계승하면서도 좀 더 실천성을 더하는 방향으로 발전한다.

> 의義와 이利는 서로 상대를 이루는 것이지만 실상은 상반되는 것이다. 의에서 벗어나면 바로 이로 들어가게 된다. 즉 둘 사이의 간격이 매우 미세하므로 공부하는 사람은 마땅히 정밀하게 살펴보아야 한다. 글의 뜻으로 말하자면 의는 천리天理의 마땅한 것이고, 이는 사람의 감정〔人情〕이 욕망하는 것이다. 욕망한다는 것은 얻기를 바라는 것이다.(진순, 2005;215쪽)[04]

주희의 제자 진순은 의는 천리의 마땅함이 구현된 것인 반면에 이利는 인간의 욕망이 드러난 것이라고 대조시킴으로써 의의 윤리적 보편성을 좀 더 부각시키고자 했음을 알 수 있다. 그는 더 나아가 의는 공公이고 이는 사私라고 대비시키면서 재물과 이름, 지위, 작록 등 그 자체로는 이로 간주할 수 없는 사물들에 빠지는 인간의 경향성이 곧 이利라고 규정짓고 있기도 하다.[05]

이상과 같이 유교의 정의正義는 천명 또는 천리가 마땅하게 드러난

---

04 義者天理之所宜 利者人情之所欲.

05 天理所宜是公 人情所欲是私. 위의 책 같은 곳.

것, 즉 하늘의 도를 전제로 하는 올바름 그 자체라고 규정지을 수 있다. 그 올바름은 한편으로 하늘에 뿌리를 두고 있으면서도 다른 한편 인간의 내면세계 속에도 자리 잡은 원리 또는 규범이다. 내면화의 정도가 일정 수준을 넘어서면 우리는 그것은 덕성으로서의 정의로 분류해볼 수 있다. 덕성을 갖춘 인간으로서의 군자君子 또는 선비士는 반드시 올바름으로서의 정의를 내면화하고 있어야 하고, 그렇지 못할 경우 소인小人으로 전락하고 만다. 그런 점에서 유교의 정의는 인격체의 덕성을 이루는 실천적인 덕목의 하나이자 다른 모든 덕목들을 이끌어 갈 수 있다는 점에서 올바름의 실체 자체라고 할 수 있다.

불교의 경우에도 정의는 다르마dharma를 향하는 올바름의 지향과 깊은 관련성 속에서 논의된다. 고타마 붓다, 즉 깨달은 자로서의 고타마는 "전륜성왕으로 정의로운 분이요 법다운 왕이었고 사방을 정복한 승리자였으며 나라를 안정되게 하였고……. 그는 바다를 끝으로 전 대지를 징벌과 무력을 쓰지 않고 법으로써 승리하여 통치한 자"이다.(각묵스님 옮김, 2006;122쪽) 여기서 법은 진리, 즉 다르마dharma이다. 전륜성왕이라는 상징적인 통치자로서의 붓다가 정의롭고 진리로 통치하는 자라는 초기경전의 규정을 통해서 우리는 다르마와 정의, 깨달음 사이의 연계성을 확인할 수 있다.

이러한 불교의 정의관은 보다 구체적인 계율의 차원에서 보다 잘 드러나고 있다.

> 만약 율의계와 정법계를 모두 갖추고 있다고 해도 중생계를 갖추고 있지 못하면 자신의 이익을 위한 행동이 이타행을 포함하지 못하게 된다…….만약 중생계가 있다고 해도 율의계와 선법계를 갖추지

> 못하면 오직 이타행만 있고 자리행이 없게 되어
> 다시 범부로 돌아가게 된다.[06]

대승계를 상징하는 삼취정계를 중심으로 자리自利와 이타利他 모두가 보살이 되기 위해 필요하다는 주장을 펴는 원효를 통해서 우리는 불교의 정의론이 나와 타자를 분리하지 않으면서 모두의 깨달음으로 이끌어가고자 하는 보살심菩薩心을 근간으로 하고 있음을 알 수 있다. 그에게서 보살이 지켜야 하는 계인 보살계는 "(한 마음) 돌이켜서 큰 율의 근원으로 돌아가는 일임과 동시에 사악함을 버리고 올바름正을 취하는 핵심 통로"이기도 하기 때문이다.[07]

정의는 올바름이고 이 올바름은 보살계를 통해서 비로소 얻을 수 있다는 원효의 계율관은 수행을 통한 지혜의 추구와 자리와 이타의 구분을 허용하지 않는 동체同體의 자비행慈悲行으로 구체화된다. 깨달음을 지향하는 보살이 지녀야 하는 바라밀은 내면적인 깨침을 향하는 지계와 인욕, 정진, 수행, 지혜와 타자와의 관계 속에서 보살심을 실천하는 자비로 나눌 수 있지만, 이 구분은 상대적인 것일 뿐 모두 다르마를 향하는 과정에서 지녀야 하는 것들이라는 점에서 서로 긴밀한 연계성을 지니게 된다.

올바름으로서의 정의는 팔정도八正道를 통해서 보다 분명하게 드러난다. 바른 행동과 언어, 직업 등 여덟 가지의 바른 도를 통해서 깨달음을 얻을 수 있다는 생각은 개인과 사회에 요구되는 정의가 다름 아닌 바로 이러한 올바른 생각과 행동들 자체라는 전제를 깔고

---

06 若雖有攝律儀戒及攝正法戒 而無攝衆生戒者 唯有自利行而無利他行 ......若雖有衆生戒 而無攝律儀及攝善法戒者 唯有利他 而無自利行故 環同於凡夫; 원효. 1998.「범망경보살계본사기」권상.『韓佛全』권1. 동국대출판부. 589상.

07 菩薩戒者 返流歸源支大律 去邪就正之要門也; 원효. 1998.「보살계본지범요기」.『한불전』권1. 동국대출판부. 581상.

있다고 볼 수 있다. 다시 말해서 팔정도를 통해 유추해낼 수 있는 불교의 정의는 개인과 사회 또는 공동체의 구분을 허용하지 않는 가운데 깨달음을 지향하는 길의 올바름 자체라는 것이다.

2) 올바른 관계 지향으로서의 사회정의: 관계론적 맥락

불교와 유교에서 사회는 인간들 사이의 관계와 다르지 않다. 불교의 경우 인간의 존재성을 규정짓는 핵심 요소는 인간을 비롯한 모든 존재자들과의 연기적 관계 또는 연기성緣起性이다. 다른 존재자들과 의존적 관계를 맺지 않고서 존재한다는 것은 불가능하고 그 의존적 관계마저 고정된 실체가 아니라 끊임없이 변화하는 것일 뿐이라는 공空의 진리가 불교 존재론의 근간을 이룬다. 그런 점에서 공은 곧 연기이고 연기는 곧 공이다.

공은 근간으로 삼는 불교철학에서 사회는 그럼 무엇으로 볼 수 있을까? 초기불교 시절부터 승가공동체는 물론 재가신도를 포함하는 사부대중공동체가 확립되어 있었다는 점을 상기해보면 불교에서 사회란 대중들의 공동체라고 규정해볼 수 있다. 이 공동체는 수행에 전념하는 수행자들의 공동체인 승가공동체와 그 승가공동체를 외호하면서 일상적 깨침을 추구하는 재가공동체로 분류될 수 있지만, 고타마 붓다는 그 범위를 벗어나 존재하는 정치공동체 등과의 원만한 관계에 대해서도 깊은 관심을 보였다. 지금까지 존재하는 상좌불교 공동체 계율의 상당 부분은 그러한 공동체들 사이의 관계를

훼손하지 않기 위한 목적으로 제정된 것들이다.[08]

불교 공동체의 경우 외형적으로는 그 공동체 자체의 고유한 존재성을 상정하고 있다고 볼 수도 있지만, 그 공동체란 구성원들의 연기적 의존성이 잠정적인 경계선 안에서 작동하는 임시적 실체일 뿐 뒤르껭 식의 유기체성을 갖는 것은 아니다. 고타마 붓다 스스로 늘 사회참여적 자세를 잃지 않았다고 전제하는 로이(David R. Roy)도 불교 사회이론(Buddhist social theory)이 우리 자신과 공동체 또는 사회 사이의 미분리성에 근거할 수밖에 없다고 말하면서 사회적 고통(social dukkha) 개념을 중심으로 좀 더 실용적인 사회이론을 구축해갈 필요가 있다고 주장하기도 한다.(David R, Roy., 2003;16-19 참조)

이런 전제 속에서 도출해낼 수 있는 불교 사회정의관은 동체적 연기성에 대한 자각인 지혜智慧를 바탕으로 하는 자비慈悲의 시선과 손길 자체이다. 다시 말해서 나와 타자가 서로 분리되지 않는다는 동체同體의 연기성緣起性을 깨닫기 위해 노력하면서 그것에 근거한 자비의 눈길과 손길을 보내고자 노력하는 성향 또는 태도가 곧 정의이자 사회정의이기도 한 것이다. 이런 불교 정의관에 근거한 정의로운 행위는 사회적 차원의 악이 실체로 존재하는 것이 아니라 내 안의 무명無明의 그림자, 즉 서로간의 연기적 의존성을 제대로 보지 못하는 데서 오는 자신의 어리석음과 탐욕과 분리될 수 없다는 전제 속에서 이루어지는 행위라는 차별성을 지니게 된다.

유교의 공동체 개념은 불교의 그것과 유사하면서도 공동체 자체의 일정한 존재성을 인정한다는 점에서 차별화된다. 유교에서 인간

---

08 남방불교라고 통칭되기도 하는 상좌불교 공동체의 계율이 제정된 배경과 목적, 현재적 유효성 등에 관한 보다 상세한 논의는 졸저. 2013.『의미의 시대와 불교윤리』. 씨아이알. 6장 '상좌불교 공동체 계율의 현재적 의미와 한계'를 참조할 수 있다.

은 한편으로 하늘의 명령天命을 수용할 수 있는 능력을 갖춘 자이지만, 다른 한편으로 그 명령을 타자와의 감응感應이라는 관계적 맥락 속에서 받는 존재자이고 그 관계적 맥락은 다시 인간들의 도덕공동체로 확장되어 교육과 정치의 원천을 이룬다.

이와 관련하여 유교적 사유 속에서 인간 또는 개인의 위상을 자기 성찰과 수양이라는 개인적 차원과 사회적 역할이라는 공동체적 차원으로 나누어 고찰하고 있는 션(Kwang-loi Shun)은 유교에서 개인은 그가 공동체 안에서 맡고 있는 사회적 역할과 분리될 수 없다고 주장한다. 그는 자신의 주장을 정당화할 수 있는 근거를 다음과 같은 네 가지로 제시한다.(kwang-loi Shun, 2004;191-193 참조) 첫째는 인간과 동물의 차별성 근거를 사회적 규범을 수용할 수 있는 능력으로 보고 있다는 것이고, 둘째는 유교가 강조해온 전통적인 사회체제를 전제로 하는 윤리적 이상을 수용하고 있다는 점이며, 셋째와 넷째는 자신이 자라난 사회의 영향력에 강하게 의존하는 존재라는 점과 그 사회의 질서를 사회적 역할 수행을 통해 스스로 바꿔갈 수도 있는 가능성을 열어두고 있다는 점이다.

이승환은 유교에서 추구하는 이상적인 사회란 "구성원들이 서로를 보살펴주고 서로의 복지를 위해주는 덕인德人들로 구성된 화목한 공동체"이고 그런 대표적인 사례가 다양한 유교 경전을 통해 보여지는 '화목한 가족'이라고 말한다.(이승환, 2010;245쪽) 자유주의와의 대비를 통해서 그는 유교적 자아정체성 또한 타인과의 관계 속에서 차지하는 자신의 위치를 확인함으로써 얻어진다고 강조한다.(위의 책;244쪽 참조) 유교의 인간관이 지니는 관계론적 맥락을 전제로 할 때 이승환의 이런 주장에 대해서는 동의하지 않을 이유가 없지만, 다만 여기서 주의해야 할 점은 유교의 인간관과 사회관에서 모든 관계를 정당한 것으로 받아들이지는 않는다는 사실이다. 관계론적 맥락은 천명을 전제로 하는 보편론적 맥락과 긴밀한 연계성 속에서 존재하고, 그 결과 후자에 어긋나는 관계에 대해서는 거부할 수 있는 가능성을 열어놓고 있다. 바로 이 지점에서 유교의 사회정의관이 작동할 수 있는 공간도 확보된다.

존재하는 것들 사이의 연기적 관계성에 주목하는 불교의 경우에도 그 연기성은 자각의 대상이자 극복의 대상이기도 하다는 점에 유의할 필요가 있다. 우리의 일상 속에서 제대로 알아차릴 수 없는 연기성을 자각하는 일이 불교 수행의 주된 목적이고 그 자각은 자비의 윤리로 확장되어야 하지만, 다른 한편 연기성은 다음과 같은 두 가지 차원에서 극복의 대상이 되기도 한다. 하나는 연기성의 극복인 해탈과 열반의 차원이고 다른 하나는 연기성을 자각하는 과정에서 지니고 있어야 하는 중도中道의 차원이다.

해탈과 열반은 연기성의 극복이다. 연기성의 시간적 전개인 윤회로부터의 벗어남이 불교 수행의 궁극적 목적이고, 그 목적 달성은 연기성에 대한 자각에서 시작해서 결국은 벗어남을 목적으로 한다. 그러나 이런 목적 달성은 쉽게 이루어질 수 있는 일은 아니기 때문에 우리는 오히려 수행과 일상 속에서 지니고 있어야 하는 중도의 지향에 더 많은 관심을 가질 필요가 있다. 중도는 다르마를 전제로 하는 걸림없음〔無碍〕의 지향으로 구체화될 수 있다. 이 걸림없음은 연기적 관계에 충실하면서도 동시에 그 연기성을 넘어서고자 하는 자세로 현실화되고, 그 과정 속에서 불교적 사회정의관이 지닌 특성이 드러난다. 다시 말해서 불교적 사회정의관은 개인의 그것과 온전히 구분될 수 없다는 전제를 바탕으로 삼아 다르마를 전제로 하는 연기적 관계성에의 충실과 극복이라는 이중적 특성을 지닌다는 것이다.

4. 21세기 초반 한국사회의 정의관 확립을 위한 몇 가지 과제

21세기 초반 한국사회의 정의관은 한편으로 우리 사회에서 현재 작동하고 있는 정의를 바라보는 관점이지만, 다른 한편으로는 우리 한국인들 개개인의 삶 속에서 구현되고 있거나 구현될 가능성이 있는 정의관을 의미하기도 하다. 그렇게 본다면 '21세기 초반 한국사회의 정의관'이라는 개념 자체가 애매성은 물론 모호성까지도 풍부하게 지니고 있는 불명료한 개념일 수밖에 없다는 사실을 받아들여야만 하고, 그 인식의 정도가 심해질 경우에는 우리의 논의 자체는 적실성은 물론 실효성까지 상실할 우려도 있다.

그럼에도 우리가 이런 논의를 전개해가야 하는 근거 또는 필연성을 찾고자 한다면, 아마도 우선 그것은 우리 일상을 가끔씩 엄습하는 '부정의한 사회 현상'과 '부정의한 개인의 행위'가 지니는 파괴성과 거부감에서 찾아질 수 있을 것으로 보인다. 우리는 세계화 시대에 살고 있으면서도 실제적인 삶은 대한민국이라는 국가공동체를 전제로 해서 영위해가고 있고, 그 대한민국은 국방의 의무나 사회복지, 부정의한 행위에 대한 법적 제재 등의 주체로 엄연하게 작동하고 있다. 물론 그 대한민국이 각각의 구성원에게서 지니는 의미나 비중은 다를 수 있지만, 모든 대한민국 사람들의 최소한의 기반을 공유하게 하는 사회적 기반이라는 사실 자체를 부인할 수는 없다는 것이다.

21세기 들어서서 우리 사회는 이미 사교육 팽창으로 인한 교육의 기회 격차 문제나 의료 복지 배분의 방식과 기준 등을 놓고 격론을 벌이고 있고, 무상급식 등 보다 구체적인 보편적 복지 문제를 놓고 정치적인 논쟁을 거듭해 오고 있기도 하다. 그런 과정에서 어떤 정의관이 작동하고 있고 또 작동해야 하는가에 대해서 여러 의견들이 나오고 있지만, 그 중 상당수는 롤즈나 센델 식의 자유주의와 공동체주의 논쟁을 전제로 전개된 서구식 정의관을 적용하는 수준을 벗어나지 못하고 있다. 물론 그런 논의들이 이미 자유주의와 자본주의를 삶의 방식이자 원리로까지 받아들이고 있는 우리 사회에서 지닐 수 있는 적실성을 애써 부정할 필요는 없지만, 그렇다고 해서 그런 접근들이 우리 정의 문제의 모든 것을 온전히 해소해줄 수 있을 것으로 기대하는 자세 또한 비현실적이다. 왜냐하면 그 정의관들이 포용할 수 없는 한국인들 내면의 전통적인 정의관이 어떤 방식으로든지 동시에 작동할 것이기 때문이다.

이런 기본적인 문제의식을 바탕으로 삼아 지금까지 살펴본 유교와 불교 기반의 전통적인 정의관이 현재 우리 사회에서 지닐 수 있는 의미와 한계를 동시에 정리해보는 것으로 논의를 마무리하고자 한다.

1) 보편론적 정의관은 여전히 유효한가?

전통적 정의관은 보편적 진리의 존재를 당연히 받아들이는 전제 위에서 천명天命 또는 다르마를 향하는 올바름의 열망으로 구현된다. 이 보편적 진리는 물론 동양 전통사상만의 고유한 전제는 아니다. 이데아와 신으로 상징되는 서구의 보편성에 대한 믿음도 오랜 시간 존속해온 보편적 진리에 대한 인간의 헌신을 상징한다. 분배적 정의와 시정적 분배 개념을 중심으로 서구적 정의관의 토대를 구축했던 아리스토텔레스의 경우는 "정의란 옳은 사람으로 하여금 그 선택에 의하여 옳은 일을 하게 하는 덕"이고 그 옳음의 구체적인 내용은 디까이온, 즉 균등하게 나누는 것이라고 강조함으로써 이러한 보편적 신에 대한 믿음을 직접 언급하지 않는다.(아리스토텔레스, 1991;157쪽) 그러나 그 덕이 "올바른 이치를 따른 상태일 뿐만 아니라 올바른 이치를 머금고 있는 상태"라고 정의하는 과정을 통해 올바른 이치라는 보편적 진리의 영역을 배제하지 않는다.(위의 책;193쪽)

동양사상적 맥락의 정의관은 종교적 차원의 신보다는 올바름의 원천인 이법적 하늘이거나 다르마를 전제로 해서 성립된 것이기는 하지만, 그렇다고 해서 21세기 한국에서 과연 하늘의 도리나 보편적 법인 다르마에 대한 전제가 통용될 수 있는 것일까? 우리의 일상어에서 '그런 법은 없다'는 말을 통해 흔적을 남기고 있는 전통적 정의관이 가치상대주의 또는 다원주의 사회로 급속히 편입되고 있는 현재의 한국사회에서 온전히 통용될 수 있다고 판단할 근거는 거의 없다. 오히려 그 보편적 믿음의 대상으로 무신론을 전제로 하는 자연주의와 과학적 합리성이 떠오르고 있다는 판단이 가능할 정도이다. 눈으로 볼 수 있는 직접적인 이득의 추구나 자신의 이익을 따지고 계산하는 능력에 대한 과신 등이 21세기 한국인의 삶을 이끌어가는 핵심적인 원칙으로 받아들여지고 있는 상황 속에서 보편적 하늘이나 진리를 전제로 해야만 성립 가능한 전통적 정의관이 어느 정도 받아들여지고 있고 또 받아들여져야 하는지는 충분한 논쟁의 대상이 될 수 있다.

그렇다면 우리는 이 지점에서 보편론적 전제를 지닌 전통적 정의관을 포기해야 하는 것일까? 이 물음에 대해서 우선 우리 자신의 가치관 구조 어느 곳에 새겨져 있는 전통적 정의관을 임의로 포기하는 일이 생각만큼 쉽지 않다는 사실을 떠올릴 필요가 있지만, 그렇다고 해서 그것이 작동하는 모든 영역을 허용해줄 수는 없을 것이다. 오히려 그 실체를 일정 부분 인정한다는 전제 속에서 보편론적 정의관을 적극 인식하면서 할 수 있는 일을 찾아보는 것이 더 현명한 대안일 수 있다. 그 일의 하나가 올바른 삶에 대한 열망, 즉 삶의 의미 지향의 문제를 좀 더 적극적으로 담론의 장에 끌어들이는 일이다.

급속한 경제성장과 민주화 과정을 통해 최소한의 생존 기반을 마련하는데 성공한 21세기 한국인들의 삶은 이제 생존과 이념, 문화의 시대를 넘어서 그 의미 자체를 갈구하는 단계로 접어들고 있다.[09] 전 국민의 50%로 나타나는 종교인구수와 명상 열풍 등을 통해 미루어 짐작할 수 있는 이러한 삶의 의미 물음에 대한 관심은 당연히 각 개인의 고유한 영역이다. 그런 이유로 어느 누구도 쉽게 간섭할 수 없지만, 그 의미 물음을 올바르게 자신에게 던질 수 있는 능력을 갖게 하는 일까지 불간섭의 대상일 수는 없다. 오히려 교육의 의무 범위 안에 시민으로 하여금 그런 능력을 갖추게 하는 일이 포함된다고 보는 것이 타당하다.

그렇게 본다면 올바름으로서의 정의라는 동양사상적 맥락의 보편론적 정의관은 삶의 의미 물음과 관련지어 각 개인의 삶 속에서 여전히 살아 있을 수 있는 전통이라고 할 수 있다. 자연과학적 배경의 과학적 배경의 합리성에 대한 믿음과 함께 이법적 하늘이나 다르마로 상징되는 보편적 진리의 세계에 대한 믿음을 간직하는 일은 충분히 병행할 수 있고, 그런 병행을 가능하게하기 위해서는 학교교육의 목표로 의미 물음을 스스로에게 던질 수 있는 능력으로 상징되는 철학함이 포함되어야 마땅하다.

학교교육의 목표 안에 철학함이 포함되어야 한다는 주장은 자신

---

09 졸저. 2013. 앞의 책. 씨아이알. 제1장 '의미시대가 오고 있는가' 참조.

의 일상으로부터의 거리를 전제로 하는 내면적인 성찰 능력과 더불어 살아갈 수 있는 능력을 기르는 일을 교육목표로 설정해야 한다는 것으로 구체화될 수 있다. 올바름의 지향이라는 추상적인 차원의 지향점에 대한 합의가 쉽지 않은 우리 상황 속에서 자본주의적 광고와 소비문화의 지배를 떨쳐버리고 스스로 삶의 의미를 찾아가는 일은 이러한 철학함을 전제로 해서만 가능하다. 그런 점에서 우리 학교교육 전반에 철학함이 스며들 수 있게 하는 교육목표 설정은 물론 그것을 가능하게 하는 교육과정 내용 체제 구성, 평가 방안의 마련 등이 이루어져야 하고, 그 철학함을 통해 서구적 맥락의 정의 논의뿐만 아니라 올바름의 지향이라는 전통적 맥락의 정의 논의 또한 의미 있게 살아날 수 있을 것이다.

2) 관계론적 정의관의 재구성 과제

올바른 관계 지향으로서 사회정의라는 전통적 정의관은 사회를 구성하는 핵심 요소를 관계성 또는 연기성으로 보는 관점이라고 요약될 수 있고, 이제 우리에게 남은 과제는 현재 시점에서 그 관계성 또는 연기성을 어떻게 인식하고 받아들일 것인가 하는 실천적 문제이다. 현대 자유주의 정의관과 근본적으로 충돌할 수 있는 지점이기도 한 이 문제는 인간관 자체의 차이에서 비롯되는 것이기 때문에 쉽게 그 접점을 찾기 어려울 수도 있다. 고립되고 이기적인 개인의 경제적 합리성을 논의의 출발점으로 삼는 자유주의와 관계적 또는 연기적 연결망을 인간 존재성의 출발점으로 삼는 유교와 불교의 관점이 충돌할 경우 남는 문제는 각 개인의 선택일 수밖에 없는지도 모른다.

그러나 그 개인이 진공 속의 개인이 아니라 '한국'이라는 공간과 역사 속에서 성장한 '전통의존적인 개인'임을 떠올려보면 개인의 선택은 온전히 개인의 몫일 수 없고, 설령 그 개인의 몫으로 인정해준다고 해도 그 맥락을 고려하지 않은 선택이 합당한 것이 되지 못할 가능성도 높다. 이 지점에서 우리는 21세기 초반 한국인의 삶 속에서 관계가 지니는 의미를 다시 생각해볼 필요성과 직면하게 된다. 오랜 시간 효孝라는 가치를 중심으로 하는 가족관계에 익숙해져 있던 한국인들에게서 가족은 이제 조부모에서 손자녀에 이르는 대가족적인 관계망 보다 부모와 자식으로만 구성되는 핵가족의 관계망을 의미하는 개념이 되었고, 더 나아가 그런 관계망으로부터도 일정 부분 자유로울 수 있는 1인 가족도 갈수록 늘어가는 추세이다. 자연마을 중심의 전통적 지역공동체망은 대부분 해체되어 버렸고, 전라도와 경상도로 상징되는 광역의 지역감정은 선거철이 되면 완고하게 모습을 드러내는 정도의 왜곡된 모습을 갖추고 있을 뿐이다.

우리 사회에서 모든 타자를 자비의 대상으로 바라보는 연기적 관계망이라는 다른 맥락의 관계망이 어느 정도로 작동하고 있는지에 대해서도 부정적인 결론을 내릴 수밖에 없다. 그것의 원천인 한국 불교계의 상황만 보아도 승가공동체와 재가공동체 사이의 연기적 관계망은 형식적 · 편의적으로만 작동한다고 전제하고 있을 뿐 진정한 의미의 사부대중공동체는 현재 존재하지 않는다. 그것의 사회적 확산인 한국사회 전반의 연결망은 불완전한 가상공동체의 양상으로 가끔 출현하기도 하지만, 그것 또한 동체적 전제를 가진 연기적 연결망과는 거리가 멀다.

이런 상황 속에서 우리에게 요구되는 정의관은 무엇으로 규정할 수 있을까? 이 물음은 지속적으로 답을 찾아가야 하는 열린 질문이자 동시에 그 정의관이 지니는 실천적 힘으로 인해 쉽게 포기할 수 없는 실존적 차원의 물음이기도 하다. 그 답을 찾아가는 출발점으로 자유주의와 관계론 모두를 설정할 수 있지만, 전통적 정의관이 지닌 관계론적 맥락을 논의의 출발점으로 삼는 일은 최소한 두 가지 점에서 여전한 유효성을 지닌다는 판단이 가능하다. 우선 그것은 이미 우리 삶에서 작동하고 있는 정의관의 하나라는 실천적 유효성을 지니고 있고, 우리 삶 자체가 관계성을 온전히 떨쳐버릴 수는 없다는 점에서 실존적 유효성을 지니기도 한다.

첫 번째 유효성에 대해서는 경험 연구를 통한 보다 엄밀한 검증이 필요하기 때문에 더 이상의 논의는 삼가야 하겠지만, 두 번째 유효성에 대해서는 좀 더 진전된 논의가 필요하다. 현재 우리 한국인들의 삶에서 관계 또는 관계성이 차지하는 비중이나 위상은 각각 다를 수 있지만, 그 누구도 관계성으로부터의 온전한 탈피라는 목표를 달성할 수는 없다. 설령 그가 자신을 둘러싸고 있는 모든 관계망으로부터 벗어나 산골에 들어가 홀로 살고자 한다고 해도 그의 실존 국면 속에서 감내해야 하는 고독감이나 고립감까지 떨쳐내지는 못할 것이기 때문이다.

우리 삶의 본질적인 관계적 맥락에 대한 적극적 수용으로서의 전통적 정의론이 21세기 한국사회의 정의론으로 여전히 유효할 수 있는 가능성이 바로 이 지점에서 찾아질 수 있다. 우리에게도 사회 정의는 일차적으로 희소한 자원에의 공평한 접근 기회 보장과 공정한 분배 기준으로 다가오지만, 다른 한편 그것은 스스로 인간답고 올바른 삶을 살아가야 한다는 개인윤리적 차원의 열망임과 동시에 나와 관계를 맺고 있는 사람들 또한 최소한의 인간다운 삶이 보장받아야 한다는 사회윤리적 차원의 요청이기도 하다. 관계적 맥락 속의 인간들의 삶이 지니는 온전성이 나의 그것과도 긴밀하게 연계되어 있다는 전제를 갖는 전통적 정의관이 자유롭고 경쟁적이며 이기적인 개인을 전제로 해서 주로 공정한 분배의 기준을 찾고자 하는 서구의 정의관과 어떻게 접점을 찾아갈 수 있을 것인지에 대한 개인적·학문적 고민이 본격화되어야 하는 구비의 어느 지점을 우리는 통과하고 있다.

이 지점에서 우리가 할 수 있는 일은 한편으로 자본주의적 질서가 내포하고 있는 개체주의적이고 몰인격적인 속성을 통찰하는 일이지만, 다른 한편으로는 이미 우리 일상 속에 중층적인 방식으로 스며들어 있는 관계성 또는 연기성에 대한 열망을 성찰의 대상으로 삼는 일이다. 관계성에 대한 열망은 인간의 본성 속에 내재해 있는 것으로 볼 수도 있지만, 다른 측면에서 보면 그러한 본성이 구현되었던 전통의 맥락을 통해 우리 문화유전자 속에 새겨져 있는 것에 대한 희구로 해석될 수 있는 여지도 충분히 있다. 다만 여기서 우리가 반드시 유의해야 하는 사실은 그 관계의 맥락 자체 또는 양상이 바뀌어야만 한다는 점과 그 바뀌는 방향에서 지향해야 하는 것이 각 인격체의 자율성이라는 점이다. 그렇지 않을 경우 관계성과 연기성은 개인의 삶을 불필요하게 억압하는 기제로 작동할 가능성이 항상 열려있기 때문이다.[10]

---

10 논자는 이런 점에 유의하면서 우리가 택할 수 있는 사회 이념으로 연기적緣起的 독존주의獨尊主義를 제안한 바 있다. 연기성緣起性에 유의하면서도 각 개인이 존중받아야 하는 독존성獨尊性의 토대를 그 연기성 또는 관계성에서 찾는 이념으로 일정한 범위 안에서는 각 개인들의 독존성獨存性까지도 존중해주는 지향을 갖는다. 졸저. 2013. 앞의 책. 12장 '한국사회의 새로운 이념으로서의 연기적 독존주의' 참조.

5. 맺음말

동양사상과 서양사상의 전통은 물론 서구 계몽주의 이후 형성된 근대성의 영향을 모두 받고 있는 21세기 초반 한국사회와 한국인들에게 정의는 일차적으로 사회적 가치와 자원에 대한 공평한 접근기회 보장과 공정한 분배라는 사회적 정의관으로 다가온다. 그런 점에서 롤즈와 센델로 상징되는 현대 정치철학과 윤리학의 정의론은 충분한 시의성을 지닐 수 있고, 이미 우리는 그 시의성에 기반한 공감을 일정 부분 공유한 기억을 갖고 있기도 하다. 그러나 다른 한편 올바름과 진리를 향한 보편적 열망과 인간다운 삶을 전제로 하는 올바른 관계 지향으로서의 정의라는 전통적 정의관 또한 '최소한의 복지와 공정한 경쟁'을 전제로 하는 자본주의를 공식적인 삶의 원리로 채택하고 있다고 보이는 한국사회와 한국인들의 실존적 삶의 영역에서 어떤 방식으로든지 작동하고 있다는 사실을 부정할 길은 없다. 물론 그 작동 양상 속에는 이른바 전두환식의 조직폭력배 의리문화나 개인의 자유로운 사적 영역에 대한 폭력적 간섭이라는 부정적 양상이 포함되어 있고, 그것은 자유와 프라이버시라는 가치를 포기할 수 없는 한국인들에게서 전통에 대한 무조건적 적대감을 불러일으키는 요인으로 작동하고 있을 가능성도 있다.

우리의 정의관이 지니고 있는 그러한 중첩적인 맥락에 유의하는 일은 매킨타이어(A. MacIntyre)가 말한 '비교의 다원성을 확보하지 못한 윤리적 탐구가 명백한 결함을 지닐 수밖에 없는 시대'를 살고 있는 우리들에게 필수적인 과제로 다가온다.(A. MacIntyre, 2004;203) 그 과정에서 우리에게 더 강하게 요구되는 것은 급속한 경제발전 속에서 부정적인 극복의 대상으로만 상정해왔던 전통적 정의관에 대한 최소한의 관심과 재구성이다. 보편론적 열망과 관계론적 지향을 특성으로 삼은 불교와 유교적 배경의 전통적 정의관은 21세기 초반 한국인들에게 삶의 의미 추구 과정에서 하나의 준거로서 활용할 수 있는 유효성과 사회적 차원의 분배기준과 훼손된 공정성을 시정할 수 있는 시정적 정의의 준거로서의 유효성을 여전히 지니고 있다는 것이 이 작은 논의의 결론이다. 이 결론의 타당성을 좀 더 실천적으로 확보하기 위해서는 자라나는 세대가 전통의 맥락을 정당하게 인식할 수 있는 능력을 기르는 균형 잡힌 교육기회의 보장과 함께 그 교육의 과정을 결여했을 가능성이 높은 기성세대들 자신의 성찰적 삶이 전제되어야만 한다.

참고문헌

각묵스님. 2006.『디가니까야3』. 초기불전연구원.

원효. 1998.『보살계본사기』/『보살계본지범요기』.『한국불교전서』 권1. 동국대출판부.

진순. 2005.『북계자의』. 김영민 옮김. 예문서원.

김낙진. 2003.「義理: 공존과 공익을 위한 모색」.『조선유학의 개념들』. 한국사상연구회. 예문서원.

미야지마 히로시. 2014.『미야지마 히로시의 양반』. 노영구 옮김. 너머북스.

박경환. 2005. 「의義, yi/rightousness」. 『21세기 동양철학』. 이동철 엮음. 을유문화사.

박병기. 2013. 『의미의 시대와 불교윤리』. 씨아이알.

아리스토텔레스. 1991. 『니코마코스윤리학』. 최명관 옮김. 서광사.

이권우. 2011. 「'정의'가 읽혔던 2010년 한국사회의 풍경」. 『무엇이 정의인가?; 한국사회, 〈정의란 무엇인가〉에 답하다』. 이택광 외. 마티.

이승환. 2010. 『유가사상의 사회철학적 재조명』. 고려대출판부.

_____. 1999. 「한국에서 자유주의 공동체주의 논의는 적실한가?」. 『자유주의와 공동체주의』. 철학연구회 1999년 춘계학술대회 자료집.

이택광 외. 2011. 『무엇이 정의인가?; 한국사회, 〈정의란 무엇인가〉에 답하다』. 마티.

장동진. 2009. 「롤즈 정의론과 한국사회」. 『롤즈의 정의론과 그 이후』. 황경식 · 박정순 외. 철학과 현실사.

정광호. 2003. 『선비: 소신과 처신의 삶』. 눌와.

MacIntyre, A. 2004. *"Questions for Confucians: Reflections on the essays in comparativestudy of self, autonomy, and community". Kwang-loi Shun & David B. Wong(eds.). Confucian Ethics.* Cambridge University Press.

Roy, David R. 2003. *The Great Awakening: A Buddhist Social Theory*. Boston: Wisdom Publication.

Shun, Kwang-loi. 2004. *"The person in Confucian thought". Confucian Ethics*. Cambridge University Press.

www.asiae.com/news. 20140329 검색.

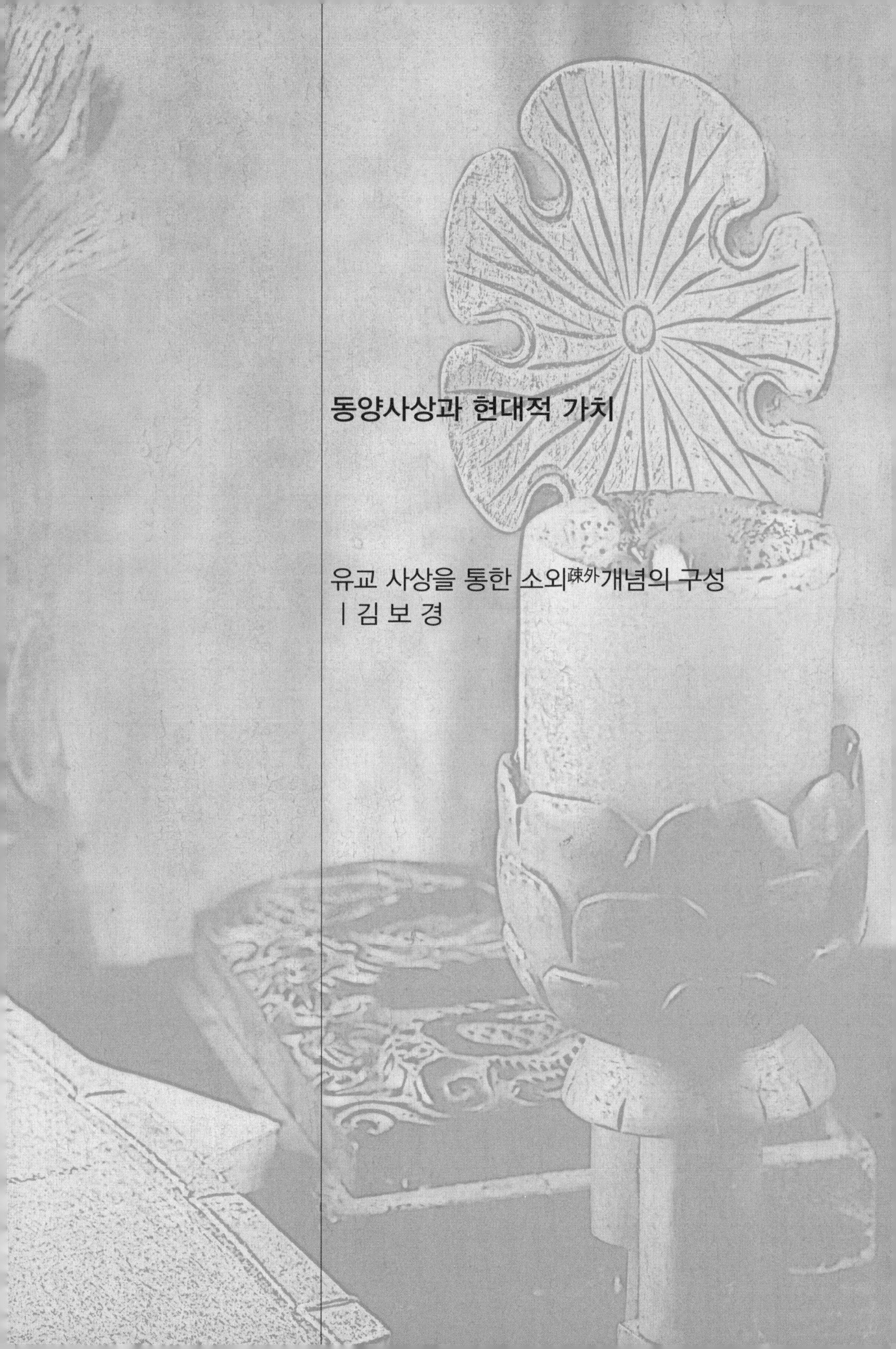

동양사상과 현대적 가치

유교 사상을 통한 소외疎外개념의 구성

| 김 보 경

유교 사상을 통한 소외疎外개념의 구성

—

김보경

현대사회에서 나타나는 많은 문제는 인간 소외와 깊은 관련성을 갖는다. 일찍이 이러한 인간소외현상에 대한 분석은 근대이후 많은 학자들에게서 이뤄져왔고, 이들 중 마르크스와 프롬 등의 인간소외 담론은 이후 전개되는 소외론의 주축이 되기도 했다. 이들은 사회 속에서 나타나고 있는 인간의 소외현상들을 사회 구조와 인간 심리의 문제들과 관련하여 복합적으로 해석해 냈다. 이처럼 기존의 소외론은 근대문명이 발생시킨 인간 소외현상을 해석해내는데 유용성이 있다. 그러나 그 이론이 보편적인 인간소외 담론이 되기에는 부족한 점이 많다. 역사와 문화가 다른 문화권에서까지 이들의 이론들을 적용하기에는 한계가 있는 것이다. 본 글에서 제시한 유교 사상을 통한 인간소외개념의 구성도 일차적으로 이러한 문제의식에서부터 시작되었다.

유교 사상은 일원론적이고 유기체적인 세계관을 기초로 자연과 인간의 삶을 설명하고 있다. 모든 인간은 하늘로부터 부여받은 도덕적 본성을 내재한 존재로서, 모든 인간은 현실 세계에서의 학문과 수양을 통해 성인聖人이 될 수 있음을 강조한다. 인간의 삶과 사회의 관계 대부분을 이러한 관점의 바탕위에서 설명하고 있다. 따라서 유교사상은 현대사회에서 상실된 인간본성을 주체적으로 회복시켜 줄 수 있는 관점을 제공함과 동시에 실천론도 함께 제시한다.

유 · 불 · 도교로 대표되는 동양사상이 모두 동일한 세계관을 출발지점으로 갖지만, 본 글에서 유교 사상에 주목한 것은 인간이 현실세계에서 처하게 되는 상황과 문제가 인간의 도덕적 본성과 어떤 관련을 맺으며 발현되고 왜곡되어 나타나는 지를 정치하게 설명하고 있기 때문이다. 이는 지금까지의 인간 소외론의 주축을 이루고 있던 서구 소외론의 관점을 새롭게 접근할 수 있는 관점을 제시함과 동시에 새로운 문명을 설계하는 관점이 절실히 필요한 현 시점에서 그 유용성이 크기 때문이라 할 수 있다. 또한 서구와는 역사와 문화를 달리하는 우리 문화에서 인간 소외현상을 다른 관점으로 해석할 수 있는 관점의 토대를 제시하기도 한다.

1. 문제제기

지금 내 손 안의 스마트폰은 시공간을 초월하여 내가 원하는 것을 이뤄준다. 찾는 정보는 실시간으로 나에게 접수되고, 원하는 장소에도 나를 데려다 준다. 이는 소위 카페트(카카오스토리, 페이스북, 트위터)라 불리는 SNS(Social Network Service)와 e-메일은 실시간으로 상호 연동이 되어있다. 기술의 발전은 앞으로도 사람들 간의 소통을 더 빠르게 해 줄 것이며, 더 많은 대상과 연결해 줄 것이다. 마음껏 소통할 수 있는 물질적 기반은 우리에게 이미 주어졌다 해도 과언이 아니다. 그러나 과연 현재 우리가 진정한 소통을 하고 있는가라는 물음에는 긍정적인 답을 쉽게 내리지 못한다. 개인은 손 안의 스마트폰으로 언제 어디서든 원하는 세계와 소통하고 있지만, 정작 내 옆의 사람이나 또 마땅히 소통해야 하는 가까운 관계의 사람들과는 소통하지 않는 아이러니한 상황이 벌어지고 있다.

소통의 반대말이 불통不通이다. 불통은 개인적인 차원에서는 사회적 고립을 야기하여 인간다운 삶과 거리를 멀게 하며, 사회적인 차원에서는 사회해체의 원인이 된다. 일군의 학자들은 이러한 문제점들을 간파하여 개인과 개인, 개인과 사회, 나아가 개인과 자연의 긴밀한 상호관계를 위한 소통론을 제기하기 시작했다. 이들은 현대사회를 개인적 관점에서든 사회적 관점에서든 불통의 시대로 전제하면서 철학에서부터 사회정책적인 부분까지 소통을 위한 논의를 꾸준히 전개하고 있다.

소통을 막는 원인은 무엇일까? 불통의 원인은 관점에 따라 다양한 원인을 들 수 있겠지만 논자는 그 출발을 인간의 소외에서 시작해야 한다고 본다. 인간은 삶〔生〕의 과정에서 수많은 지위와 역할을 가지며, 그에 걸맞게 대응하는 관계 인자와 끊임없는 소통을 하고 있다. 개인들이 진정한 소통을 이룰 때 행복, 기쁨, 삶의 의미, 진리의 추구 등 삶의 질을 높이는 긍정적인 감정을 가진다는 점에 소통의 당위성이 있다. 그러나 상승하는 자살률과 하강하는 생활 만족도가 나타내듯이 삶의 외형적인 조건의 향상과 무관하게 현대인은 내적 문제에 시달리고 있다. 이는 바로 약해지거나 막혀버린 소통에서 기인하는 것이다. 소통이 되지 않는 시대, 삶의 의미와 방향을 찾지 못한 인간은 소외된 삶을 살아가고 있다. 소외는 현대인의 자화상으로서 사회에서 발생하는 많은 사회문제들이 소외와 직·간접적으로 관련되어 있다. 따라서 인간의 소외를 극복할 수 있는 실마리를 찾기 위해서는 소통의 시작이 전제되어야 하는 것이다.

소외라는 개념은 지난 200여 년 동안 다양한 방면의 사상가들이 사용해 왔다. 소외의 사전적 의미는 "사회와 문화로부터의 소격 또는 불개입의 감정, 타인에 의해서 분담된 가치와 사회규범의 무의미성, 좌절, 무력감"(G.A. Theodorson and A.G. Theodorson, 1969;9쪽)이다. 또 정문길(1979)은 "오늘날 소외란 현대인의 사회에 대한 지나친 동조와 사회로부터의 일탈 현상을 지칭하는데, 대중의 정치적 피동성과 소수 과격파의 정치적 소유를 표현하는데, 대중문화의 저속성과 고급문화의 타락을 규탄하는데, 자기중심적 지위 추구형의 인간과 염세적인 은둔자의 행동을 나타내는데, 또 타인지향성이나 히피형의 생활양식을 가리키는데 두루 쓰이고 있는 것이다. 그리하여 소외는 결핍 · 상실 · 부정否定 · 분리 · 상품성 · 물화物化 · 불안 등을 나타내는 포괄적인 개념으로 이용되고 있다"(정문길, 1979;200쪽)라고 정의하고 있다. 오늘날에는 소외라는 개념이 사회적 또는 존재론적 불평등에 대한 경각심을 유발하려는 의도로 많이 사용되고 있다. 이처럼 학자들은 인간 소외에 대해 다양한 관점에서 고민하였으며 사회, 역사적 배경의 소외론을 제기함과 더불어 나름의 소외 극복의 방안도 제시하였다.

기존의 지배적인 소외에 대한 담론들은 서구 근대이후에 제기된 소외론이 주를 이룬다. 19세기 초 피이테(Fichte)와 헤겔(Hegel)에 의해 처음 소외라는 용어가 사용되기 시작하였고, 그 전통이 마르크스로 전승되었으며 그의 이론으로부터 사회학, 심리학, 경제학 등으로 확장되기 시작했다. 이러한 기존 소외론을 통해 공통적으로 발견할 수 있는 사실은 인간의 본성에 대한 내용이 전제되어 있다는 사실이다. 기존의 소외론에는 인간이 이성적인 존재, 노동하는 존재, 욕망을 추구하는 존재, 집단에 소속되고자 하는 존재라는 점이 전제되어있다. 이러한 인간에 대한 정의에는 역동적이고 괄목할만한 사회 변동의 바탕이 되는 서구 근대적 세계관이 강하게 영향을 미쳤다. 따라서 이 이론들은 근대문명의 문제로 발생한 인간소외현상을 해석하는데 어느 정도의 해답을 제시하나, 인간 소외에 대한 보편적인 설명에는 한계가 있다. 특히 역사적으로 다른 전통의 내용과 세계관이 다른 문화권에서 일어나는 인간소외 현상을 모두 설명하는 것에는 한계가 있다. 유 · 불 · 도의 세계관과 문화 위에서 생활 세계가 형성된 동아시아 지역을 위의 이론들이 얼마만큼이나 포괄할 수 있을까. 이들의 이론들은 서구의 사회적, 역사적 맥락에서 형성된 개념들로서 모든 사회 특히 동양적 세계관을 가진 사회에서 발생하는 인간 소외를 설명하기에는 한계가 있다.

동양사회는 서구사회와는 다른 역사와 문화적 전통을 가졌으며 다른 세계관에 기초한 가치관과 인식구조를 가졌다. 그러므로 동양문화권에서 발생하는 인간소외는 서구와 다르게 진단할 수 있으며 그 처방도 달라질 수 있다. 이러한 문제의식을 출발로 한 본 연구는 개인과 사회의 소통을 위하여 인간소외 개념을 유교 사상을 통해 재구성, 분석해보고자 한다. 유교사상은 인간의 도덕적 본성을 강조하며, 모든 인간이 이상적 인간상인 성인聖人이 될 수 있는 평등한 존재임을 전제한다. 이러한 유교적 특징을 통해 인간 소외에 대한 분석을 재구성해보고자 함이다. 유교적 인간소외의 개념 구성은 인간이 도덕적 본성을 내재한 존재이며, 이러한 도덕적 본성을 내재한 소우주적 인간 존재들의 관계로 형성된 것이 사회라는 전제로부터 출발한다. 따라서 유교적 소외는 도덕적 본성으로부터 소외와 대대적 관계로부터 소외로 나뉘어 볼 수 있다.

이러한 인간 소외에 대한 규정은 비도덕화 되어가는 인간들의 도덕적 본성의 회복과 관계들 간의 소통과 조화를 이루게 정의라 할 수 있다. 이것은 시들어가는 나무를 살리기 위해 노력하는 많은 치료행위 중 나무의 성장 근거가 되는 뿌리와 흙에 대한 치료와 같다고 할 수 있다.

2. 유교의 세계관

동양사상의 세계관은 일원론적이며 유기체적인 세계관을 지닌다. 이러한 세계관을 토대로 불교는 유有와 무無의 무차별성을 강조하면서 세계를 이해하며, 도교는 무無사상을 통해 세계를 이해한다. 유교는 유有를 중심으로 생활세계를 설명하며, 인간의 도덕적 본성에 기초하여 현세에 대한 긍정과 발전적인 삶을 위한 논의를 전개한다. 유불도의 특징들로 봤을 때 현상적 일들을 설명하기에는 유교의 사상이 용이容易하다.

유교 사상은 세계에 존재하는 모든 존재들은 근원적으로 하나로 연결되어 있다는 세계관을 토대로 삼고 있으며, 여기서 인간은 소우주적 존재, 도덕적 본성을 실현하는 존재로 가정되어 있다.[01] 이런 유교의 세계관은 유교적 의미의 인간 소외를 이해하는데 선행되어야 한다. 특히 유가의 '자연의 존재원리'는 인간 삶의 규범이 되

01 홍승표(2011)의 "동양사상과 새로운 소외론"에서는 통일체적 세계관에 입각하여 현대인간소외에 대한 새로운 이론을 전개하고 있다.

는 근거이기 때문[02]에, 인간의 행동을 이해하고자 하면 마땅히 인간과 늘 함께 하는 자연·사물 및 그 법칙 자체를 진지하게 연구해야 한다.(양적, 1997) 자연에 대한 이해는 곧 인간이 무엇을 하며 어떻게 살아가야 하는가 하는 방향성에 대한 물음을 갖게 한다.

유교에서의 자연관은 자연과 인간을 하나의 통합된 일체로 인식하는 '생명의 유기적 우주관'이다. 이유는 유교에서 '자연'이란 하늘과 땅, 그리고 끊임없이 교감하여 순환적으로 재생산되는 만물을 의미하기 때문이다.(이상익, 2001;15-31쪽) 다시 말해서 우주에 존재하는 만물은 대립되는 존재와 감응의 관계를 형성하며 상반상성相反相成의 원리에 따라 생명〔生生〕을 지속하는 원리를 가졌다.

한편 유교에서의 인간은 주체성을 지닌 '소우주小宇宙'이다. 이것은 "대우주(macrocosm)-소우주(microcosm)의 평형관계, 즉 소우주로서의 인간이 대우주 즉 천지의 축소판이라는 관념"(김영식, 2005)에 근거한다. 인간은 자연과 마찬가지로 물질〔氣〕로 이루어진 통일체이다. 인간의 행위와 우주는 서로 영향을 주고받는 관계로서, 인간은 우주 자연의 주체이자 객체이다. 인간은 하나의 소우주로서 우주 자연 그 자체이자 그것의 일부라고 할 수 있는 것이다. 심층생태학자들이 말하는 자연 속의 인간 즉 인간, 동물, 대지가 영적인 상호 관계에 놓여 있음을 인식하는 인간과 의미상통한다고 볼 수 있다.(구승희, 1995) 이러한 인간은 우주의 한 존재로서 우주의 운행에 참여할 의무와 책임을 부여받게 된다.

소우주로서의 인간 개념은 유교가 강조하는 하늘〔天〕과의 관계를 통해 쉽게 이해된다. 유교에서의 하늘은 자연을 대표한다. 『중용』의

---

02 이러한 논리는 중요 1장을 통해 쉽게 이해될 수 있다. 『中庸』(1장): 天命之謂性 率性之謂道 修道之謂教.

첫 구절에서 "하늘이 인간에게 부여한 명命을 본성本性이라고 한다"[03] 했듯이 인간의 본성은 하늘로부터 나왔다. 즉 자연의 이치는 인간의 본성과 동일선상에서 이해되고 있다. 그리고 공자가 "하늘이 나에게 덕을 주었다"[04]라고 말한 바와 같이 하늘은 인간을 초월하여 존재하는 것이 아니라 인간 내면에 존재하는 덕성이다. 맹자孟子 역시 천을 도덕성의 근원[05]으로 여긴다. 맹자는 천을 인간이 인간답게 사는 것을 가능하게 하는 근거라 보았고, 천명天命은 진리의 자각, 자기 본래성의 자각을 통해 구현해야 할 당위 법칙이라 보았다. 이렇듯 인간은 거대한 대우주가 지닌 질서와 조화의 이치를 지닌 소우주로서 자리한다.

소우주로서의 인간은 세 가지 존재 방식을 역동적으로 통일하며 살아간다. 그것은 자연적 존재, 주체적 존재, 사회적 존재로서의 삶이며, 이를 좀 더 구체적으로 표현하면 대우주에 대한 소우주로서의 인간, 도덕적 본성의 실현자로서의 주체적인 인간, 타인과 조화를 이루는 인간으로서의 존재방식이다.(이영찬, 2001) 이러한 인간이 자연, 자기 자신, 타인과의 관계라는 세 가지 관계 방식에서 도덕적 본성이 근원적으로 발현되지 않을 때 인간은 존재론적인 소외상태라 할 수 있다.

---

03 『中庸』(1장): 天命之謂性.
04 『論語』(述而, 23장): 天生德於予.
05 『孟子』(盡心上, 1장): 盡其心者 知其性也 知其性 則知天矣 存其心 養其性 所以事天也.

3. 유교적 소외의 의미와 현상

1) 유교적 소외의 의미: 도덕적 본성으로부터의 소외

개인이 세계와의 소통을 위해서는 가장 먼저 자신과 소통해야 한다. 이 부분에 대해 줄리아 크리스테바(Julia Kristeva, 2004)는 우리의 자아 속에 우리를 낯설게 하는 이방인이 있음을 역설하였으며, 이를 '나 자신 속의 이방인성'이라고 이름을 붙였다. 따라서 그녀는 나는 내 속의 이방인들과 끊임없이 소통을 해 나가야 함을 주장했다. 그 중에서도 내 속에 있는 많은 이방인들과의 만남에 앞서 나를 주체적 존재로 자리하게 하며 나아가 자신과 관계를 맺는 세계와 진정한 소통을 하게 하는 도덕적 본성과의 소통은 우선시 되어야 한다.

기든스는 삶의 진정성을 회복하고 삶의 깊은 지평을 확장하기 위해서는 '자아 정체성'에 대한 '성찰적 기획'이 필요하다고 주장하는데,(앤서니 기든스, 2010;82쪽) 자아정체성에 대한 성찰적 기획은 도덕적 본성과 깊은 관련이 있다. 이처럼 성찰적 현대성의 논의는 유교의 도덕적 본성에 대한 논의와 일맥상통한다. 유교에서는 인간의 선한본성을 긍정하며, 성인으로 거듭날 수 있는 희망의 인간관을 제시한다. 근대적 세계관을 기초로 하는 홉스와 마키아벨리의 인간관은 인간의 갈등과 경쟁을 정당화하고 있으며, 갈등과 경쟁의 긍정은 도덕적 본성이 발현되는 사회적 실천을 이끌어낼 수 없다.

유교에서는 인간을 하늘로부터 도덕적 본성을 부여받은 존재로 보고 있다. 인간의 본성은 천리天理가 마음에 구현된 것이다. 따라서 본성을 실현하는 것이 곧 천리를 실천하는 것이다. 본성으로부터의 이탈은 천리를 벗어나는 것이며, 본성의 계발로부터 사회적 이상도 함께 현실화될 수 있다고 보았다. 내성외왕內聖外王, 수기치인修己治人, 추기급인推己及人, 혈구지도絜矩之道 등은 모두 도덕적 자아의 실현을 통해 이상사회를 건설해야 함을 강조한 것이다.[06]

유교의 인간본성에 대한 이해는 '성性' 개념의 이해로부터 출발한다. 유교의 성性 개념은 하나로 일반화하기 쉽지 않다. 크게 봐서 '타고난 그대로의 것〔生而自然〕'으로서의 성, 사람이 사람답게 되는 원인으로서의 성〔사람이 지닌 보편적인 원인〕, 인생의 궁극적인 근거로서의 성 등의 의미를 내포하고 있다.(이영찬, 2002) 유교에서는 인간의 본성을 천리天理가 마음에 구현된 것으로 보고, 인간은 내면적 성찰과 사회적 관계를 통해 본성을 실현하는 존재이다.

맹자는 인간의 본성을 불인지심不忍之心, 또는 불인인지심不忍人之心의 성선性善으로 규정한다.[07] 불인지심과 불인인지심은 남의 고통과 불행을 보면 차마 견딜 수 없는, 차마 그대로 지나쳐 버리지 못하는 선한 마음을 말한다. 맹자는 우물에 빠지려는 아이의 예를 통해 성선의 의미를 잘 설명하고 있다.[08]

우물에 빠지려는 아이를 구하고자 하는 마음은 인심仁心이다. 인仁의 마음은 누구에게나 존재하며, 인간에게 내재된 도덕적 본성을 남김없이 발휘하는 사람만이 참다운 인간이다. 어린아이의 부모와

---

06 안으로 성인됨을 추구하며 밖으로 왕의 덕을 갖추는 '내성외왕', 자기를 닦아 다른 사람을 다스린다는 '수기치인', 자기 자신의 처지를 미루어 남의 처지까지 생각할 줄 아는 '추기급인', 자〔尺〕로 물건을 재듯이 내 마음을 잣대로 삼아 남의 마음을 재고 내 처지를 생각해서 남의 처지를 헤아리는 '혈구지도', 이는 모두 인간의 내적 본성을 출발로 삼아 이상사회를 구현해야 한다는 점을 강조한 것이다.

07 순자가 주장한 화성기위化性起僞는 인간의 본성을 성악에 두고 있음을 보이지만 본 논의에서는 성선설을 기본으로 전제한다.

08 『孟子』(公孫丑上, 6장): 今人乍見孺子將入於井 皆有怵惕惻隱之心 非所以內交於孺子之父母也 非所以要譽於鄉黨朋友也 非惡其聲而然也. 지금 사람들이 갑자기 어린아이가 막 우물로 빠지려는 것을 보면 모두 깜짝 놀라고 측은해 하는 마음이 일어난다. 이것은 어린아이의 부모와 교분을 맺으려고 해서도 아니고, 향당과 친구들에게 명예를 구해서도 아니며 나쁜 소문을 싫어해서 그러한 것도 아니다.

교분을 맺고자 하는 마음, 향당과 친구들에게 명예를 구하고자 하는 마음, 나쁜 소문을 싫어해서 행하는 행위는 유교사상으로 보았을 때 소외된 행위가 아닐 수 없다. 인간 본성을 인간의 천리天理라 본다면 이해나 명예에 의해 본성이 왜곡된 상태는 분명 인간의 존재론적 소외상태라 할 수 있는 것이다.

인간이라면 응당 선善한 본성을 실현해야 하는 의무와 권리를 가진다. 이것이 금수禽獸와 구별되는 가장 큰 특징이며 인간이 주체적 삶을 영위하는 기준이 된다. 그런 이유로 본성이 억압되거나 왜곡된 마음의 상태는 분명 인간의 존재론적 소외상태라 볼 수 있는 것이다. 도덕적 본성이 억압되거나 왜곡된 상태의 모습으로 이기적 모습, 욕망 추구적인 모습, 악한 모습 등을 들 수 있다. 이러한 인간 소외의 모습들이 현대사회에서 발생하고 있는 다양한 사회문제들의 출발점이 되는 것이다.

인간은 육체를 지닌 존재이기 때문에 누구나 기본적인 욕구를 채우는 과정에서 발생하는 자연스런 감정들이 있다. 식욕, 수면욕, 배설욕, 성욕 등 육체적 욕구들은 인간을 소외된 마음 상태에 놓이게 하는 주요한 원인이 된다.[09] 이들 욕구는 도덕적 본성과 끊임없는 갈등 관계에 놓여있다. 이에 대한 설명은 주희의 심성론心性論을 통해 잘 파악할 수 있다. 주희의 인심도심설人心道心說[10] 은 인간이 지닌

---

09 이러한 신체의 기본적인 욕구충족에 대해서 미국 심리학자 매슬로(A.H. Maslow)는 생리적 욕구로 규정하였다. 그는 인간의 욕구를 다섯 가지(① 생리적 욕구로부터, ② 안전의 욕구, ③ 사회적 욕구, ④ 자기존중의 욕구, ⑤ 자아실현(自我實現)의 욕구)로 나누어 설명하고 있는데, 욕구는 계층에 따라 순차적으로 생겨난다고 보고 있다.(에이브러햄 매슬로. 2008)그러나 유교에서는 매슬로의 입장과는 다르게 이러한 욕구들을 순차적으로 일어나는 것으로 보지 않는다. 인간에게 이러한 욕구는 언제든지 발생할 수 있으며, 인간은 이러한 다양한 욕구들을 도덕적 본성과의 조율과 조절을 통해 중용의 상태를 찾고자 하는 존재로 보고 있다.

10 '인심도심'이란 말은 『書經』「大禹謨」에서 연원한다. 순임금이 우임금에 전해준 16자 심법〔人心唯心 道心惟微 惟精惟一 允執闕中〕을 주희는 『中庸章句序』에서 언급하며 도통의 근원으로 설명한다. 이러한 인심도심에 대한 개념은 이후 논쟁의 대상이 되

욕망에 대한 유교의 입장을 잘 설명한다. 주희는 인간의 마음〔心〕을 인심人心과 도심道心으로 나누고[11]있다.

마음은 형이하학적이며 감각적인 것을 지각하는 기능과, 형이상학적이며 이념적인 것을 지각하는 기능을 가진다. 인심은 사물의 감각적인 속성을 지각하는 것이요, 도심은 사물의 본질적인 리를 지각하는 것이다. 인심은 귀나 눈으로 좋은 것을 듣고 보려는 욕심의 측면에서 지각하고, 도심은 의리義理라는 도의적인 측면에서 지각한다.(이영찬, 2002) "도덕이성에 대한 자기인식이 바로 도심으로, 의리지심義理之心이라고도 부른다. 이에 비해 생리적 필요에 따라 발생하는 감성을 인식하는 것이 인심으로, 물욕物慾의 심이라고도 부른다."(蒙培元, 2008;585쪽)

인심이 소외된 상태로 규정될 때는 인심이 인욕人慾으로 흘러갔을 때를 말한다. 인욕의 상태로 접어들기 전에 인심 상태를 어떻게 조절하는가가 소외된 상태에 있는가 아니면 본성을 실현하는 상태가 되는가를 결정하는 것이다.

주희의 인심도심설은 유교가 인간이 가진 욕망에 대해서 전면적으로 부정하지는 않는다는 사실을 보여준다. 인간의 본성으로 '자기애'와 '연민'을 언급했던 루소도 육체를 가진 인간은 생존을 위해 최소한의 욕망을 추구한다고 언급했다.(루소〔이영찬 역〕, 2001) 마찬가지로 유교사상에서도 인간이 느끼는 욕망을 자연스러운 감정으로 파악하고 있다. 『예기禮記』와 『중용』에 나오는 희喜 · 노怒 · 애哀 · 구懼 · 애愛 · 오惡 · 욕慾에 대한 설명을 통해 알 수 있듯이 이 감

었으며, 조선유학에서도 '인심도심설'에 대한 논의가 활발히 전개되었다. 유학자들은 인심과 도심을 사단과 칠정과 어떤 관련으로 설명하느냐에 따라 그 입장을 달리했다.

11 『朱子語類』(卷 62): 其覺於理者 道心也 其覺於欲者 人心也. "도심은 도리를 자각하는 마음이고, 인심은 욕구를 자각하는 마음이다."

정들은 인간이라면 누구에게나 자연스럽게 발생하는 마음이다. 단지 이러한 감정을 상황에 따라 적절하게 조절하고 표출하여 전체와의 조화〔和〕를 깨뜨리지 않는 마음까지를 인심人心으로 인정하고 있다. 인심이 도심의 부분으로 회귀하지 못한 상태를 인욕의 상태로 보며, 이러한 상태가 바로 소외된 모습인 것이다.

여기서 인심이 도심의 영역으로 되돌아올 수 있게 하는 것을 유교에서 '중용'으로 보았다. 주희는 '중中은 편벽되지 않고 치우치지 않으며, 과過와 불급不及이 없는 것의 이름이요, 용庸은 평상平常함이다'라고 했다. 인간의 행위에 있어 치우침이 없는 상태인 중中이 일상생활에서 항상성을 가지는 것이 중용이라면 중용이란 중도中道의 항상성·불변성·일상성을 의미한다 하겠다.(이영찬, 2002) 중용은 인심의 영역을 도심의 영역으로 복귀시켜 주는 역할을 한다. 중용 또는 시중적時中的 태도에서 벗어나는 태도는 도덕적 본성으로부터 소외된 상태로 간주된다.

요컨대, 도덕적 본성으로부터 소외된 인간은 욕망하는 삶이 진정한 삶인 줄 알면서 비인간적이고 행복하지 못한 삶을 살아갈 수 있다. 고독감, 우울감, 존재감의 상실, 무의미성, 열등감 등과 같은 소외적 심리상태는 현대사회에서 발생하는 많은 병리적 문제들을 초래하는 원인이 되고 있다. 이는 도덕적 본성의 실현을 통해 얻어지는 인간의 주체적인 모습을 상실하였기 때문이다. 이런 관점에서 본다면 현재 한국사회에서 발생하는 많은 사회적 문제는 도덕적 본성으로부터 소외된 모습과 밀접한 관련이 있다고 할 수 있다.

2) 유교적 소외의 현상

유교 사상으로 말할 수 있는 소외의 의미가 도덕적 본성의 상실에 있다면, 소외적 현상은 그 도덕적 본성이 인간이 맺는 관계들 속에서 발현되지 않을 때와 인간이 속한 공동체 속에서 발현되고 실현되지 않을 때 발생한다고 할 수 있다.

오늘날 현대인의 삶에서 발견할 수 있는 많은 관계의 성격은 경쟁과 갈등의 특징을 지녔다고 해도 과언이 아닐 것이다. 더욱이 한국사회를 움직이는 보이지 않는 손인 자본주의와 신자유주의 체제는 오늘을 살아가는 우리들이 관계를 맺는 대부분의 대상과 경쟁과 갈등을 부추기고 있다. 이런 관계관은 인간이 도덕적 본성으로부터 소외되며 행복한 삶과 멀어지게 된다.

유교에서는 도덕적 본성이 발현되는 관계가 대대對待적 관계이다. 대대적 관계가 이뤄지는 않는 상태는 관계가 경쟁과 갈등의 속성을 띠며 그 관계관이 확장되면 한 사회의 축을 이루는 도덕 공동체를 해체시키는 역할을 한다. 인간이 도덕적 본성을 통한 상생과 호혜의 관계인 대대적 관계를 실현하지 못한 상태 즉 소외된 상태에서는 자신과 타인, 자연, 사회와 경쟁과 갈등의 대립적 관계에서는 많은 문제들을 낳는 원인이 된다.[12] 주희도 『대학장구』에서 유교의 핵심 이념을 '전체대용全體大用'에서 찾았다.[13] 주희는 인간의 도덕심에

---

12 이는 『周易』(文言傳) 중 "利者는 義之和也"라는 구절에서 잘 알 수 있다. 천도가 만물의 생육을 완성하여 이루어지는 '이利'는 사사로운 이익〔私利〕이 아니라 공공적인 이익〔公利〕을 행하여 모든 사물이 각각의 마땅함을 얻게 만들어주고 서로 조화하게 만들어준다. 이러한 천도의 이치는 인간의 행위에도 적용하고 있는데, 인간도 자신의 욕심을 버리고 모든 사람이 다 같이 지켜야 할 의무나 정의에 따라야 비로소 진정한 이익을 얻을 수 있다는 관점을 가진 것이다(정병석, 2010).

13 『大學 · 中庸集註』(大學, 5장): 是以大學始教 必使學者 卽凡天下之物 莫不因其已知之理而益窮之 以求至乎其極 至於用力之久而一旦豁然貫通焉 則衆物之表裏精粗 無不到而吾心之全體大用 無不明矣 此謂物格 此謂知之至也 참조.

갖추어져 있는 인仁의 본체와 그 본체의 발현이 애愛라고 보고 있으며, 이것이 만사萬事에 적용되는 대용大用을 논하고 있는 것이다. 이는 그의 사상이 단순히 인의 본체만을 강조하는 것이 아니라 구체적 현실인 공동체에서 인仁이 어떻게 실현되어야 하는 가에도 관심을 두고 있다는 점을 말한다. 또한 『대학』의 '수신제가치국평천하修身齊家治國平天下'라는 명제는 개인적 차원에서 이뤄지는 본성의 실현과 공동체 본질의 실현이 동시성의 원리를 가지는 상호 단계적이며 계기적임을 말해주고 있다.

도덕적 본성으로부터 소외된 관계인 대대적 관계의 해체와 도덕공동체의 해체에 대해서 좀 더 자세히 살펴보자.

(1) 대대적 관계의 해체

홍승표는 '우리들이 살고 있는 사회는 얼마나 건전한가?'라는 의문에 대한 답변은 '우리들은 어떤 방식으로 관계 맺음을 하고 있는가?', '우리들이 맺고 있는 관계는 얼마나 건강하고 튼튼한가?'에 달려있다(홍승표, 2002)고 했다. 인간들이 살아가면서 맺게 되는 관계의 성격은 인간의 삶을 행복하게도 불행하게도 하는 결과를 가져온다. 현대사회에서 남녀의 불평등문제, 빈부격차의 문제, 범죄문제 등 다양한 사회문제들은 갈등과 경쟁의 관계로부터 발생하였다.

경쟁과 갈등은 모든 존재들이 근원적으로 분리되어 있다는 대립적 관계관에 기초한다. 대립적 관계관에서 상대는 자신의 생존을 위해 이기고 극복해야 하는 대상으로 규정된다. 모든 대립물들은 살아남기 위해서 치열한 경쟁을 벌여야만 하며 이로써 어느 한 쪽의 파멸과 소멸이 살아남은 존재의 존재성을 확보하게 한다. 객체적 존재는 외부의 세계를 자신과는 아무런 관련이 없는 오직 자신의 욕망을 충족시키는 대상으로 여긴다. 그러므로 상대와 마주하고 있는 모든 존재는 개인이 자신의 욕망을 충족시키기 위한 수단으로 이용하는 대상일 뿐이다.

이러한 경쟁과 갈등의 대립적 관계관은 유교사상에서 제기하는 상보상생의 대대적 관계관과는 그 성격이 대조적이다. 『주역』의 '송괘訟卦'는 갈등의 관계를 극복하는 데 있어서 대상을 이기는 것이 진정한 이김이 아니라는 것을 잘 보여준다.

> 송사라는 것은 좋은 일이 아니고 마지못해 하는 것이니, 어떻게 송사를 끝까지 하겠는가? 송사에 끝까지 마음을 쓰면 흉하므로, '이룰 수 없다'고 한 것이니, '이룬다〔成〕'는 것은 송사를 끝까지 함을 말한다.[14]

> 초육은 일하는〔訟事〕 바를 길게 하지 않으면, 조금 말을 들으나 마침내 길하리라.[15]

'송괘'에서는 쟁송爭訟의 문제를 다룬다. 갈등이 첨예하게 대립되어 있는 문제에 대해 어떻게 일을 처리하는가를 다루고 있다. '송괘'에서 말하려는 것은 결국 사람들에게 어떻게 쟁송하여 이길 것인가를 이야기하려는 것이 아니라 쟁송을 그치고 싸움을 하지 않도록

14 『周易傳義大全譯解』(訟卦, 傳): 訟非善事 不得已也 安可終極其事 極意於其事 則凶矣 故 曰不可成也 成 謂窮盡其事也.

15 『周易』(訟卦): 初六 不永所事 小有言 終吉.

하는 것을 가르치려는 것에 그 궁극적 목적이 있는 것이다.(정병석, 2010) 송괘 전체에서 일관되게 보여주는 관점은 쟁송은 좋지 않은 일이며, 부득이한 경우에는 쟁송에서 중용의 덕을 가져야 함을 강조한다. 만약 쟁송이 극단에 이르게 되면 흉하게 된다는 것을 말해준다. 공자도 "소송에 관해서야 나도 남만큼만 하지만 가장 좋은 것은 소송을 일으키지 않게 하는 것이다"[16]라고 했다. 대대적 관점에서 보면 쟁송은 이기기 위한 것이 아니라 갈등을 해소하는 행위일 뿐이다. 따라서 쟁송은 대대적 관계에서 이탈된 소외된 현상를 말한다. 그러므로 송사를 오래 끌고 가면 외형적으로는 이겼다 하더라도 실제적으로는 이겼다고 할 수 없는 것이다.

'송괘'에서 볼 수 있는 바와 같이 대대적 관계는 근대 서구의 이원론적 세계관의 특징인 대상에 대한 배타적이며 대립적인 관계관과는 전혀 다른 관점으로서 호혜, 감응, 상보상생적 특징을 가진다. 대상은 도덕적 본성의 실현을 위해 성장시켜 줄 수 있는 추동력으로 설정된다. 대상은 나의 존재를 성장시켜주는 은혜로운 관계 즉 호혜적 관계로서의 대상인 것이다. 또 마주하는 두 존재가 서로 느껴서 하나의 마음이 되는 감응적 관계이며 나아가 생명을 창조하는 관계이다. 서로가 부족한 부분을 보완하며 존재의 성장과 화육을 돕는 상보상생의 관계는 대대적 관계의 핵심적 내용이라 할 수 있다.

대대적 관계에서는 주체와 객체의 이원적 구분도, 지배와 착취의 대립적 관계도 없다. 그래서 인간소외는 이러한 대대적인 존재관계가 발현되지 않은 상태라 할 수 있다. 다시 말하면 상대방을 부정하는 것이 곧 자신을 부정하는 것이기 때문에 상대방을 긍정함으로써 자신

16 『論語』(顏淵, 13장): 聽訟吳猶人也 必也使無訟乎.

의 삶을 긍정하게 될 뿐만 아니라 성장의 전제조건이 되게 한다. 이렇게 볼 때 소외는 자기 자신의 부정이며 이는 자기 밖의 존재에 대한 부정으로부터 시작되는 것임을 알 수 있다. 결국 호혜 · 감응 · 상보상생의 특징을 전제로 한 유교사상의 대대적 관계관의 해체는 도덕적 본성으로부터 소외된 인간들의 관계라고 할 수 있는 것이다.

(2) 도덕 공동체의 해체

소외의 현상으로 지적할 수 있는 또 한 가지는 도덕 공동체의 해체를 들 수 있다. 실존적으로 공동체적 존재인 인간은 언제 어디서나 집단을 이루어 특정한 지리적 공간 안에서 가치를 공유하며 살아왔다. 인간과 공동체 양자 간의 불가분의 관계에 대한 통찰은 공동체가 인간의 사회화를 돕는 주요 기능들을 수행한다는 이해에 기초하고 있다.(송재룡, 2010;71-100쪽) 공동체에서 태어나 양육되어 성장해가는 인간은 공동체의 언어와 문화를 통해 정체성을 확립해가며, 그 언어와 문화를 통해 공동체를 유지하며 재생산한다.(Taylor. C., 1985)

이렇듯 한 인간의 삶의 시작과 삶의 구성 및 전개 과정에서 공동체는 불가분의 요소이자 토대가 된다. 공동체의 중요성을 강조했던 많은 사회학자들과 마찬가지로 유교에서도 공동체의 중요성은 강조된다. 예를 들면 인간 삶의 다차원적 상황을 보여주는 『주역』에서도 공동체의 중요성은 강조된다. 많은 괘에서 공동체성의 강조가 비일비재하게 나오지만 특히 '비괘比卦'는 공동체의 중요성을 언급하고 있다.

하늘과 땅 사이에 사는 모든 것이 서로 친하여 돕

> 지 않고 스스로 보존할 수 있는 것이 없으니, 비록 강하고 굳셈이 지극하더라도 독립해서 살 수 있는 것이 없다. 비比의 도는 두 뜻이 서로 구해야 하니, 두 뜻이 서로 구하지 않으면 어긋날 것이다.[17]

위 비괘의 괘사卦辭에 나타난 인간의 모습은 비록 강하고 굳셈이 지극하더라고 혼자 살 수 없는 존재로 묘사된다. 인간이라면 응당 관계를 맺는 모든 것과 서로 돕고 의지하면서 살아가야 하며, 특히 타인과의 상부상조하는 삶을 살아야 한다는 당위를 말해주기도 한다.

그런데 공동체적 모습이 어떠하냐는 인간의 삶의 질과 깊은 관련이 있다. 『예기禮記』의 '예운禮運'편에서 유교가 추구했던 이상적 공동체가 자세히 묘사되어 있다.[18] 『예기』에서는 유교의 전형적 이상사회를 '대동사회'로 보고 있다. 대동사회는 모든 사람들이 자신의 덕성을 발휘하는 장으로서, 신분적 평등과 재화의 공평한 분배가 이루어진 평화로운 사회이다. 대동이란 말은 인仁을 바탕으로 모두가 하나라는 의식을 가지고, 지知를 바탕으로 각각 자기의 개성을 발휘해 조화를 이룬 상태이다. 이러한 대동사회는 인간의 본성을 충분히 발휘할 수 있는 장場인 것이다.

'대동'이라고 불리는 이상사회를 지탱해주는 원리는 공의公義의 구현이다. 공의는 사회구성원들의 삶의 장場인 천하가 어느 한 개인이나 집단의 사유물로 귀속되는 것이 아니라 천하사람 모두에게 공유

17 『周易傳義大全譯解』(比卦, 傳): 凡生天地之間者 未有不相親比而能自存者也 雖剛强之至 未有能獨立者也 比之道 由兩志相求 兩志不相求 則睽矣.

18 『禮記』(禮運): 大道之行也 與三代之英丘未之逮也 而有志焉 大道之行也 天下爲公 選賢與能 講信 修睦 故人不獨親其親 不獨子其子 使老有所終 壯有所用 幼有所長 矜寡孤獨廢疾者皆有所養 男有分 女有歸 貨惡其弃於地也不必藏於己 力惡其不出於身也 不必爲己 是故謀閉而不興 盜竊亂賊而不作 故外戶而不閉 是謂大同.

되는 원리인 것이다. 따라서 대동사회는 그 사회의 모든 정신적·물질적 가치가 구성원들에게 공유되며 향유되는 사회를 말한다.

'예운'편의 대동사상은 선진先秦시대 여러 학자들의 사회이상社會理想이 종합되어 형성된 것이라 할 수 있다. 이 대동사회의 모습은 과거 역사 속에서 개인들이 추구해온 이상사회에 대한 소망들이 집약된 것이며 그 이후로 사회진보를 추구해온 사람들을 고무하고 결집시키는 상징적인 역할을 해온 것이다.(안병욱, 2003) 이처럼 대동사회가 사회이상으로 추구되어온 이유는 공의의 구현을 통해 인간본성이 억압을 받지 않는 사회이기 때문일 것이다.

이렇게 볼 때 "공공성의 확보라는 기본원칙이 대동사회론의 전반을 지탱하는 기본명제"(박원재, 1994)이다. 공공성의 확보는 구성원 간의 상호신뢰에 기반을 둔 화해와 호혜를 전제로 한다. 공의의 구현은 개개인들의 사익私益을 목표로 하는 관계를 맺고 상호 갈등과 경쟁의 관계관이 팽배해져 있는 사회에서는 불가능하다. 즉 공의가 실현되지 않는 공동체는 인간소외 문제가 팽배해져 있을 수밖에 없다.

퇴니스(Tonnies) 뿐만 아니라 뒤르케임(Durkheim), 쿨리(Cooly)와 같은 집단주의적 관점의 사회학자들도 인간관계의 약화와 악화를 현대사회에서 인간소외의 근본적인 원인으로 인식했다. 이들은 산업화와 그에 따른 도시화가 공동체적 인간관계를 해체하고 인간소외를 초래하게 되었다고 본다. 반면에 유교사상이 추구하는 이상사회의 모습에서 보면 인간소외는 인간의 도덕적 본성이 실현되지 않고 공의를 구현하지 못하는 공동체의 모습에서 그 원인을 찾을 수 있다. 『주역』의 '동인괘同人卦'의 효사를 통해 공의의 구현으로부터 이탈된 공동체 즉 공동체의 소외된 모습을 잘 살펴볼 수 있다.

'동인同人'은 천하가 대동〔크게 같이함〕하는 도로

써 하는 것이니, 성현의 크게 공된 마음이다.[19]

동인괘의 의미는 대동大同에 있다. '동인'은 위의 설명과 같이 대동大同과 조화 및 단결을 의미한다. 「계사전繫辭傳」에서는 "군자의 도리는 나가기도 하고 머물기도 하며 침묵하기도 하고 말하기도 하지만, 두 사람이 마음을 같이 하면 그 날카로움은 쇠를 끊을 수 있고, 마음을 함께 하는 사람의 말은 그 향기가 난초와 같다"[20]고 하여, 다른 사람과 조화〔大同〕를 이루었을 때의 결과를 언급하고 있다. 반면에 육이의 효사는 동인을 가로막는 것이 무엇인지를 잘 말해주고 있다.

육이는 동인을 일가〔宗〕끼리 함이니 인색하도다.[21]

종宗과 함께 하면 인색하다는 의미는 사람과 함께하는 데 있어서 공적인 상태를 견지하지 못하고 사적인 관계로 치우쳤을 때 그것이 문제가 된다는 것을 말한다. 사적인 이익을 추구하기 위해 맺는 관계는 인색한 상태에 놓인다고 경계하고 있다. 공동체에서 사람들과의 관계가 공의의 구현에서 이탈되어 사사로운 개인적인 이해관계에 놓일 때 결국엔 공동체도 개인도 소외의 상태에 직면하게 된다.

공의보다는 사욕이 앞서는 사회, 대립과 경쟁의 관계가 팽배한 사회, 개인의 도덕적 본성 실현을 억압하는 사회는 동인의 공동체를 이루지 못한다. 근대 서구의 개인주의적 입장에서는 이러한 유교의 공동체를 개인적 자유를 침해한다는 이유로 비판할지도 모른다. 그러나 유교에서 공의의 구현은 개인의 도덕적 본성의 실현과 분리되

---

19 『周易傳義大全譯解』(同人卦, 傳): 夫同人者 以天下大同之道 則聖賢大公之心也.
20 『周易』(繫辭上傳): 君子之道 或出或處 或黙或語 二人同心 其利斷金 同心之言 其臭如蘭.
21 『周易』(同人卦): 六二 同人于宗 吝.

지 않기 때문에 공동체의 회복은 인간의 도덕적 본성 회복과 그 맥을 같이 하는 것이다.[22]

유교가 지향하는 공동체의 근본 원리로 현대사회의 공동체를 비춰 보자면 오늘날은 인간 소외를 가져올 수밖에 없는 특성을 지니고 있다. 서구적 공동체[23]는 공의의 구현을 공동체의 실현목표로 하는 것이 아니라, 개인의 욕망과 개인주의 가치를 최우선으로 여기며 추구한다.[24] 서구적 가치는 기계와 분업의 발달로 인해 개인주의를 긍정하고, 인간의 자유와 평등[25]이라는 천부적 권리를 내세워 공동체적 삶에서 필요한 화해의 기술과 공의에 대한 가치를 등한시하고 있는 것이다.

결과적으로 공동체가 갖는 성격이 도덕적 본성을 실현하는 장場으로서의 역할을 하지 못한 채 갈등과 경쟁에 의해 개인화되고 이익추구에만 초점이 맞추어져 있어 현대사회의 인간소외를 극복하는데 한계를 드러내고 있다.

---

22 서구에서도 오랫동안 개인주의와 공동체주의가 대립적 관계에서 전개되어 왔다. 개인의 자유와 공동체의 질서가 어떻게 타협을 이룰 것인가가 오랫동안 논쟁의 대상이 되었다. 그런데 서구적 개인과 공동체 개념은 유교의 것과는 큰 차이가 있다. 근대 서구적 관점에서 보는 개인의 자유는 이성이 잘 발휘되고 욕망이 충족될 때 얻는 것인 반면에 유교에서 정의내릴 수 있는 개인의 자유는 도덕적 본성이 회복되고 실현될 때이다. 유교에서 말하는 개인의 자유는 개체적이고 독립적인 존재로서 얻게 되는 자유로움이 아니라, 전체의 질서와 조화가 전제된 자유이다. 그러므로 공동체의 회복은 곧 개인의 도덕적 본성의 회복과 깊은 관계에 있을 수밖에 없다.

23 여기서 말하는 공동체는 광의적 표현이다. 개별적 결사체뿐만 아니라 국가, 더 나아가 지구촌까지 모든 집단을 포괄하는 의미이다.

24 물론 근대화가 가져온 사회문제들을 극복하기 위한 대안공동체 운동가들이 존재한다. 그들은 19세기 후반 및 20세기 초반의 근대 산업자본주의의 확산에 대한 강력한 비판으로 시작하여 대안 공동체 운동들을 벌였다. 그들은 모두들 새롭고 완벽한 사회의 구축 가능성에 대한 유토피아적 소망을 가졌다. 따라서 기존 사회 체계 및 국가 권력에 급진적으로 저항하고 비판하는 '탈현세적' 경향을 가지기도 했다. 최근에는 그들의 공동체운동도 시대의 흐름에 긍정하며 '친 현세적' 성향을 보이고 있다(송재룡, 2010).

25 서구의 근대문명에서 중요한 인간의 권리로 생각하고 있는 자유와 평등의 개념도 동양사상으로 비춰본다면 달리 정의 내려질 수 있을 것이다. 그러나 여기에서는 서구에서 정의하는 자유와 평등의 개념을 말한다.

4. 소외 극복을 위한 유교사상

인간소외의 의미와 현상에 대한 유교적 진단에는 인간소외를 극복할 수 있는 방법들도 함께 내포되어 있다. 유교적 앎〔知〕은 실천〔行〕을 그 목적으로 한다. 유교에서의 앎은 근대 서구의 경험 법칙적 지식과는 달리 바람직한 삶에 대한 지식, 자신을 완성하기 위한 지식, 도덕적이고 규범적인 생활을 위한 지식을 강조한다.[26] 생활과 실천으로부터 분리된 진정한 지식은 존재할 수 없다. 유교에서 진리를 탐구하는 목적은 앎 그 자체의 진리성에 있는 것이 아니며, 삶 속에 그 진리를 실천하는데 있는 것이다.[27]

"유교적 사유에서는 논리나 추론보다는 체험적 · 직관적 요소를 더 중요시한다. 즉 유교적 사유에 있어서는 실천이 지식의 출발점인 동시에 종착점이다."(이영찬, 2001;176쪽) 유교의 관점으로 밝힌 소외에 대한 앎도 소외를 극복할 수 있는 구체적 실천으로 이어짐으로써 완성된다. 소외극복에 대해 유교가 제시해 줄 수 있는 실천적 방법론은 다음과 같다.

첫째는 도덕적 본성의 상실에서 오는 소외극복의 방법으로 수신修身을 제시할 수 있다. 유교에서는 도덕적 본성을 회복하여 살아가는 이상적 인간상을 군자君子 또는 성인聖人으로 묘사한다. 이것은 인간의 본성을 회복한 인간상으로서 모든 인간들이 지향해야 할 모습이

26 이영찬(2011)은 유교의 지식을 인지적 지식, 도덕적 지식, 인격적 지식을 포함하고 있다고 본다.

27 『孟子』(離樓下, 14장): 孟子曰 君子深造之以道 欲其自得之也 自得之 則居之安 居之安 則資之深 資之深 則取之左右逢其原 故君子欲其自得之也. 맹자가 말하였다. "군자가 깊이 나아가기를 도道로써 함은 그 자득自得하고자 해서이니, 자득하면 거居함에 편안하고, 거함에 편안하면 이용함이 깊고, 이용함이 깊으면 좌우에서 취하여 씀에 그 근원을 만나게 된다. 그러므로 군자는 자득하고자 하는 것이다."

다. 모든 인간은 군자 또는 성인의 가능성을 지닌 존재들로 스스로 실천하고자 하는 의욕과 성의誠意를 통해 군자와 성인의 모습을 실현할 수 있다.

둘째는 대립적 경쟁으로 말미암아 발생했던 인간이 소외를 극복하는 방법으로서 혈구지도絜矩之道를 제시할 수 있다. 혈구지도는 도덕적 본성을 바탕으로 한 시중時中과 중용中庸적인 판단과 행위로서 호혜, 감응, 상보상생의 원리를 현실 속에서 구체적으로 실현하는 지침의 역할이라 할 수 있다.

셋째는 도덕적 본성이 다양한 관계 맺음에서 실현될 때 어떠한 형식과 절차를 따라야 하는가에 대한 실천적 덕목으로서 예禮와 정명正名을 제시할 수 있다.

1) 수신修身을 통한 도덕적 본성의 회복

유교에서는 이상적 인간상인 군자君子를 강조함과 함께 군자 됨을 지향한다. 유교에서는 군자와 함께 이상적 인간으로 성인聖人, 현인賢人 등을 제시한다. 이들은 "도덕성 혹은 인격성에 따라 서열지어 볼 수도 있지만, 모두 인성을 이상적으로 실현한 사람들을 가리키는 명칭이다."(이영찬, 2001;252쪽) 여기서 군자는 좁은 의미로는 이상적인 인격의 한 유형이지만 넓은 의미로는 모든 이상적 인간을 통칭하는 일반적인 명칭으로 사용되기도 한다. "군자君子란 천天의 계승자, 협찬자로서의 인간의 원형 또는 이상적 인간상이며 회복되어야 할 인간의 본래적인 모습이다."(신오현, 1981:66쪽) 군자가 인간이 회복해야 할 본래의 모습이라는 측면에서 유교사상은 인간의 도덕성 본성이 누구에게나 내재되어 있으며 이를 회복할 수 있는 가능성을 제시하고 있다.

인간소외는 인간이 지닌 도덕적 본성이 억압받거나 통제되어 군자됨으로부터 멀어진 상태라 할 수 있다. 특히 도덕적 상실과 관련하여 소외된 현대인들의 모습은 군자와 대비되는 소인의 모습에서 찾을 수 있겠다. 『논어』에서 소인小人은 이익에 밝으며[28], 하달下達하며[29], 남에게 구하며[30], 마음은 언제나 근심으로 가득하며[31], 남의 아름다운 점을 시기하고, 남의 나쁜 점은 들춰내는 사람[32]으로 묘사되어 있다.

이상에서 언급된 소인의 특징은 다음과 같은 군자의 모습과 대비된다.

첫째, 군자는 삶의 가치를 천명天命 · 천리天理의 실현에 두는 반면에 소인은 인욕 · 부귀의 추구에 둔다.

둘째, 군자는 덕으로 나아감을 수양의 목적으로 삼는다. 자기 자신에 대해 반성하지 않음이 없으며, 모든 일의 결과와 원인을 자신에게서 찾는다. 그래서 항상 마음이 떳떳하다. 반면에 소인은 모든 일의 원인과 책임을 타인으로부터 구하고자하기 때문에 언제나 마음이 고통스럽고 편안하지 못하다.

셋째, 인仁을 마음에 지니고 있기 때문에 자기가 서고자 할 때는 남도 세워주려 하고, 자기가 영달하면 남도 영달하기를 바란다. 반면에 소인은 남의 재주를 질투하는 자로서 자기의 성장만을 꾀하려 하지 남의 성장에 대해선 질투하며 방해한다.

---

28 『論語』(里仁, 16장): 君子喻於義 小人喻於利.
29 『論語』(憲問, 24장): 君子上達 小人下達.
30 『論語』(衛靈公, 21장): 君子求諸己 小人求諸人.
31 『論語』(泰伯, 31장): 君子坦蕩蕩 小人長戚戚.
32 『論語』(顔淵, 16장): 君子成人之美 下成人之惡 小人反是.

넷째, 군자는 모든 행위가 때에 적절〔時中〕하며 어느 때도 중도中道에 일치하지 않음이 없지만 소인은 중화의 도를 행할 수 없어서 모든 일이 군자의 행위와 상반된다.[33]

이렇듯 이상적 인간의 모습으로 제시되는 군자의 모습은 태어날 때부터 타고나는 것이 아니다. 인간은 끊임없는 도덕적 자율의지를 통해 군자의 모습으로 향해가야 하는 존재이다. 그러므로 군자는 완성된 인격이 아니라 쉼 없이 천리와 본성을 회복하려 노력하는 수행인이라 할 수 있다.

『주역』에서 언급된 군자도 성인을 닮으려고 노력하는 현실적 인간이다. 『주역』 64괘 가운데 53개 괘의 『상전象傳』에서 '군자는 이를 본받아……'라고 하여 구체적인 상황에서 실천에 힘쓰는 군자의 모습을 그리고 있다. 즉 현실의 삶 속에서 부딪히게 되는 각 상황마다 인간의 본성을 최대로 구현하고 실현하기 위해서 끊임없이 노력하는 개별 인간들에게 요청되는 이상적 인간형이 군자인 것이다.[34]

이와 같이 설명되는 성찰적 인간상인 군자는 도덕적 상실로 인해 소외된 현대인들이 모범으로 삼아야 할 대상이라 하겠다. 군자의 모습을 지향하며 도덕적 본성의 실현을 위해 나아가는 인간의 모습은 스스로 주체적 존재로서 실천성을 요구한다. 도덕적 본성은 인간에게 자율성을 부여하는 것으로서, 스스로 실천하고자 하는 강한 의욕과 성의誠意를 통해 드러난다.

그렇다면 인간을 도덕적 본성을 지닌 주체적 자아로 회복하게 하

33 『中庸』(2장): 君子中庸 小人反中庸 君子之中庸也 君子而時中 小人之中庸也 小人而無忌憚也. 군자는 중용中庸을 지키지만 소인은 중용에 거스른다. 군자가 중용을 할 수 있음은 군자이기 때문에 시중時中할 수 있기 때문이며, 소인이 중용을 어기는 것은 소인이기 때문에 꺼림이 없기 때문이다.

34 김재범. 2001. 『주역사회학』. 예문서원.

는 방법은 무엇인가? 이에 대해 유학자들은 경공부敬工夫[35]를 강조한다. 경공부를 통해 도덕적 본성을 유지하는 마음〔존심存心〕을 가질 수 있는 것이다.

> 군자는 경으로 안을 바르게 하고 의로써 밖을 법도 있게 한다. 경과 의가 확립되면, 덕이 외롭지 않다.[36]

> 경이란 일一을 주장하여 다른 데로 나아감이 없는 것을 말한다.[37]

> 경이란 중中을 주로 하는 것이다.[38]

> 경이란 다른 것이 아니라 이 마음이 여기서 상존하는 것이다. 달려 나가지 않고 산만하지 않으며 항상 이렇게 깨어 있는 것이 바로 경이다.[39]

경은 주체로서 활동하기 이전의 정시靜時와 작용으로서 활동한 이후의 동시動時를 포괄하여 인간의 마음이 '일치되어 분산하지 않게 하는〔主一無適〕' 것이요, 또한 '마음을 수렴하여 용납하지 않는〔心

35 경敬은 수양공부론의 핵심개념으로서, 주돈이의 『태극도설』에서 언급한 주정主靜에 대해 정이程頤가 주경主敬을 제시하고 주희가 이를 계승하여 수양공부론의 중심개념으로 확립되었다(장윤수, 1992).
36 『周易』(坤卦, 文言傳): 君子 敬以直內 義以方外 敬義立而德不孤.
37 『論語集註』(學而, 5장): 敬者 主一無適之謂.
38 『朱子語類』(卷 6): 敬 主於中者也.
39 陳淳. 1993. 『北溪字義』: 所爲敬字 無他 只是此心常存在這裏 不走作 不散慢 常恁地惺惺便是敬.

收斂不用一物〕' 상태이며, '항상 깨어 있는〔常惺惺〕'의 각성상태요, 안으로 엄숙한 마음가짐과 밖으로 가지런한 모습〔整齊嚴肅〕을 지키는 다양한 실천방법이다.[40]

경은 선진유교에서 조선 성리학에까지 수양의 방법으로 중요시 되어왔다. 경이란 만사를 접어 두고 홀로 앉아 감각 기관과 마음의 기능을 정지하여 있는 것이 아니다. 이황이 잘 설명한 것과 같이 경은 오로지〔專一〕하고 집중〔主一〕하여 방일放逸하지 않고, 삼가고 두려워하여 항상 깨어 있는 상태〔常惺惺〕를 말한다. 이러한 경을 통해 존심存心할 수 있는 것이다. 존심을 목적으로 하지 않는 한 경은 허무한 일이 되고 만다. 존심은 원래의 마음을 지키는 것이고, 존심한 상태가 되었을 때 그가 접한 학문이나 외물의 이치를 마음에서 얻을 수 있게 된다. 존심은 학문을 하고 마음의 이치를 추구하는 데 있어 먼저 전제되어야 할 마음의 최적의 준비상태이다.(이영찬, 2001)

이처럼 경은 수양공부의 내용 중 중요한 방법론이다. 경공부를 통해 얻게 되는 덕성은 몸을 통해 최초로 발현된다. 유교에서의 몸〔身〕은 서구 철학에서 규정하는 사물을 지각하는 감각적 몸의 의미뿐만 아니라 '우리의 덕성이 발현되는 구심점이자 중심점'이기도 하다.

우리의 '몸'은 일상생활에서 사사로운 감정들인 '친애함', '미워함', '두려워함', '불쌍히 여김', '거만하고 게으름' 등에 편벽되기 쉽다. 우리가 이러한 사사로운 감정들에 영향을 받는다면 결국 '도덕적 본성의 상실' 즉 인간소외 현상에 직면하게 된다. 이것은 유교에서의 소인의 모습과 다를 바가 없다. 공자의 말처럼 '몸'을 바르게 하는 것은 자신의 능동적 행위를 유발하게 하는 아주 중요한 통로이다.[41] 그래

40 이황. 1991. 『退溪全書』. 退溪學硏究員.
41 『論語』(子路, 6장): 子曰 其身正 不令而行 其身不正 雖令不從.

서 극기克己 · 과욕寡慾 · 충서忠恕 · 독경篤敬 등의 실천적 공부를 통하여 '수신'을 이루게 되면 그 효과는 먼저 우리 몸에 나타나게 된다. 즉 『대학』에서 "덕은 몸을 윤택하게 하니, 마음이 넓어지고 몸이 편안하다"[42]라고 하였고, 『맹자』에서도 "군자의 성품은 인의예지가 마음 속에 뿌리로 자리하여 밝고 윤택하게 얼굴에 나타나며, 등에 넘치며, 사지에 베풀어져 사지가 말하지 않아도 깨닫게 된다"[43]라고 표현하였다. 이와 같이 '수신'의 최대 효과는 '덕'이 우리의 몸에 나타나는 것인데 이것은 자신의 몸에 한정되는 것이 아니라 가족, 나라, 천하에까지 그 효과가 드러나게 된다.(김철운. 2001)

도덕적 상실로 인해 소외 현상을 겪는 현대인들이 군자와 같은 인간상을 지향하며, 그와 같이 이루기 위해 실천한다면 분명 도덕적 본성은 회복될 것이며, 도덕적 본성의 상실로 나타나는 많은 문제들이 해결될 수 있을 것이다. 곧 도덕적 본성으로부터 이탈된 개인들의 소외극복은 자신 뿐만 아니라 그들이 현재 속해 있는 도덕공동체의 해체도 막을 수 있을 것이다.

2) 혈구지도絜矩之道를 통한 대대적 관계의 실현

유교에서는 세상에 존재하는 모든 사물들의 관계는 감응적이며 호혜적이며 상보상생의 관계를 맺고 있는 대대적 관계라고 본다. 유교사상에서 인간소외 현상은 대대적 관계에서 벗어나 자신과 대상이 경쟁과 갈등의 관계성을 가질 때 발생한다. 그렇다면 대대적

42 『大學』(6장): 德潤身 心廣體胖.
43 『孟子』(盡心上, 21장): 君子所性 仁義禮智根於心 其生色也睟然 見於面 盎於背 施於四體 四體不言而喩.

관계의 회복을 위해 유교에서는 어떠한 실천적 방법을 제시하는지 주목할 필요가 있다. 유교에서는 대대적 관계의 회복을 위해서 혈구지도絜矩之道와 충서忠恕, 중화中和를 강조한다. 『대학』에서 혈구지도란 '나를 기준으로 해서 남을 헤아리는 방법'이라고 말한다.

> 윗사람을 미워하는 태도로 아랫사람을 부리지 말며, 아랫사람을 미워하는 태도로 윗사람을 섬기지 말며, 앞사람을 미워하는 태도로 뒷사람에게 먼저 하지 말며, 뒷사람을 미워하는 태도로 앞사람을 따르지 말며, 오른편 사람을 미워하는 태도로 왼편 사람을 사귀지 말며, 왼편 사람을 미워하는 태도로 오른편 사람과 사귀지 말라. 이것을 혈구지도絜矩之道라 한다.[44]

> 문을 나설 때에는 귀한 손님을 만난 듯이 하고, 백성을 불릴 때에는 큰 제사를 받드는 듯이 하며, 자기가 하고 싶지 않은 일은 다른 사람에게 베풀지 말라.[45]

혈구지도는 '위와 아래', '앞과 뒤', '왼쪽과 오른쪽'의 모든 인간관계에서 적용되는 원리로 묘사되고 있는데, 이는 '전체의 공존과 공생'을 도모하는 방법이다. 내가 서고 싶으면 다른 사람을 세워 주고, 내가 도달하고 싶으면 다른 사람을 도달하게 해주며, 내가 다른

---

44 『大學』(10장): 所惡於上 毋以使下 所惡於下 毋以事上 所惡於前 毋以先後 所惡於後 毋以從前 所惡於右 毋以交於左 所惡於左 毋以交於右 此之謂絜矩之道也.

45 『論語』(顏淵, 2장): 出門如見大賓 使民如承大祭 己所不欲勿施於人.

사람으로부터 해를 당하고 싶지 않으면 다른 사람에게 해를 끼치지 말아야 함을 주장하는 것이 바로 혈구지도, 즉 자신을 미루어 남을 헤아리는 방법인 것이다.

혈구지도를 통해 상호관계는 상생의 관계를 유지할 수 있게 된다. 근대 서구의 적대적 대립관은 욕망 충족의 대상물에 모든 목표가 맞추어져 있어 대상을 서로를 발전시킬 수 있는 존재로 보기보다는 자신의 발전을 위해서 딛고 일어서야 하는 존재로 보는 것이다. 혈구지도의 상생의 원리는 세상에 존재하는 모든 사물은 어느 것 하나 유기적으로 엮여 있지 않은 것이 없는 통일체적인 구조를 가진다. 유기적 관계에서 한 개인의 발전과 존재의 가치는 관계를 맺는 상대를 통해 더욱 큰 의미와 가치를 지니게 되는 것이다. 이러한 상생의 원리가 생활 속에서 인간의 행위로 드러날 수 있도록 해 주는 덕목이 바로 혈구지도인 것이다.

혈구지도는 『논어』에서 보이는 서恕의 개념과 같은 맥락에서 이해될 수 있다. 증자는 공자의 도를 충서로 보고 있다.[46] 여기서 충서는 인을 실천하는 방법이라 할 수 있는데, 공자는 서恕를 '자기가 하고자 하지 않는 것을 남에게 베풀지 않는 것'으로 풀이한다.[47] 더욱이 공자는 서恕를 행하는 것을 매우 어려운 경지로 보고 있고, 끊임없는 수행이 필요하다는 것을 강조한다.

> 자공子貢이 "저는 남이 저에게 가加하는 것을 원하

46 『論語』(里仁, 15장): 子曰 參乎 吳道一以貫之 曾子曰 唯 子出 門人問曰 何謂也 曾子曰夫子之道 忠恕而已矣 참조. 공자께서 "삼參아! 나의 도는 하나로써 모든 것을 꿰뚫고 있다"고 하시자, 증자는 "예"하고 대답하였다. 공자께서 나가시자 문인들이 물었다. "무슨 말씀이십니까?" 증자曾子가 말하길 "선생님의 도는 충忠과 서恕일 뿐이다."

47 『論語』(衛靈公, 23장): 子貢問曰 有一言而可以終身行之者乎 子曰 其恕乎 己所不欲勿施於人.

> 지 않는 일을 저 또한 남에게 가하지 않도록 하려고 합니다" 라고 말하자, 공자께서 말씀하셨다. "사賜야, 네가 미칠 수 있는 바가 아니다."[48]

이 구절은 공자가 말을 앞세우는 자공을 비판하기 위해 한 말이라고 해석되기도 하지만, 서恕의 경지가 매우 어려운 것임을 말한 바이기도 하다. 공자에게 있어 인仁을 실천하는 방법 중의 하나가 바로 서임을 알 수 있는 것이다. 이러한 서의 마음은 자기의 성실을 의미하는 충忠과 함께 이해되어야 한다.

> 자공이 벗 사귐에 대해서 묻자, 공자께서 말씀하셨다. "충으로 말해주고 잘 인도하되 불가능하면 그만두어서 스스로 욕됨이 없게 하여야 한다."[49]

> 말을 할 때는 충을 생각한다.[50]

> 남에게 대할 때 충으로써 한다.[51]

> 실천하기를 충으로 한다.[52]

『논어』에서 언급된 충은 진실한 마음이며, 서는 자신이 원하지 않

---

48 『論語』(公冶長, 11장): 子貢曰 我不欲人之加諸我也 吳亦欲無加諸人 子曰 賜也 非爾所及也.
49 『論語』(顔淵, 23장): 子貢問 友 子曰 忠告而善道之 不可則止 無自辱焉.
50 『論語』(季氏, 10장): 言思忠.
51 『論語』(子路, 19장): 與人忠.
52 『論語』(顔淵, 14장): 行之以忠.

는 것을 남에게 행하지 않는 것을 의미한다. 주희도 충을 진기지심盡己之心으로, 서를 추기급인推己及人[53]으로 해석하고 있다. 이것은 자기를 바치려는 참된 마음가짐을 토대로 자기의 소망을 미루어 남에게 베푸는 것이라고 할 수 있다.(이상익, 2004)

다시 말해서 충은 진심을 다하는 마음이고, 서는 나와 남이 비록 두 몸이지만 원하는 것은 '하나'이기 때문에 내가 바라는 것을 남에게 행하고 내가 원하지 않는 것은 남에게 행하지 않는 것을 의미한다. 이러한 충서의 마음은 너와 나는 본래가 하나라는 사실에 대한 깊은 통찰, 그리고 '자기에게 되돌아 올 것을 고려하지 않는 철저한 버림' 즉, 무목적성이 전제되는 것이다.(최영진, 2002) 이처럼 충서의 의미는 남과 하나 됨을 이루게 하는 실천방법이라 할 수 있다.

충서와 더불어 대대적 관계에서 공영共榮의 원리로 제시될 수 있는 것이 중화中和이다. 자아를 확립하여 대응하는 모든 것들에서 중심을 세운 것이 중中이요, 그 중에서 그를 둘러싼 주위를 향해 발發한 행위가 충돌이나 마찰됨이 없이 알맞게 들어맞는 것이 화和이다. 즉 나와 다른 사람 사이의 교섭 관계에서 모두 이익을 가질 수 있는 행위가 도덕적인 중화의 의미인 것이다.(김충렬, 1994) 진심을 다하는 충의 마음가짐, 또 남을 배려하는 혈구지도와 서의 실천 방법은 중화의 원리를 통해 그 의미가 완성되는 것이다.

원래 중의 개념은 요堯 · 순舜 · 우禹 · 탕湯 · 문文 · 무武 · 주공周公으로 이어지는 심법心法에 있다.[54] 모든 행위의 기준으로 가장 적절한 상태가 중中의 상태이다. 『논어』에서 보여주는 공자의 중의 의미도

53 『中庸集註』(13장): 盡己之心爲忠 推己及人爲恕.

54 『書經』, 「大禹謨」에 순임금이 우임금에게 왕위를 물려주면서 "인심은 위태하고 도심은 미묘하며 정하고 일하여야 진실로 중을 잡으리라〔人心惟危 道心惟微 惟精惟一 允執厥中〕"라고 한 말에서 연원을 찾는다.

상황에서 합리적이고 적절한 실천 원리로 사용되고 있다.

> 저 사람이 말을 하지 않을지언정, 말을 하면 반드시 중中에 맞음이 있다.[55]

> 자공은 천명을 받아들이지 않고 재화를 늘렸으나 억측憶測하면 자주 들어맞는다〔中〕.[56]

> 말이 윤리에 들어맞으며〔中〕, 행실이 사려에 들어맞다〔中〕.[57]

공자는 중의 개념을 알맞음, 또는 적중함의 뜻으로 사용하고 있다. 알맞음 또는 적중함은 어느 한 쪽으로 치우침이 없음을 의미하는 것으로서 치우침이 없는 것은 그 처한 상황에 적절하여 조금도 모자라거나〔不及〕 지나침〔過〕이 없는 상태를 의미한다.

또 『중용』에서는 인간의 희·노·애·락의 감정이 시중적 상태에 있을 때 화和라 한다. 화〔怒〕를 내지 않아도 되는 상황인데도 화를 지나치게 내거나, 화를 내어야 할 상황인데도 화를 내지 않는 상태는 불화不和의 상태가 된다. 때에 맞게 적절하게 화를 내는 것이 화和인 것이다. 중화로부터 멀어진 상태는 곧 소외의 상태이다. 인간이 때에 맞게〔中〕 가장 적절한 행동〔和〕이 이뤄지도록 하는 것이 도덕적 본성을 적절하게 실현하는 것으로서 소외적 상황을 예방할 수 있는 원리라 할 수 있다. 근대 서구의 적대적 대립관에 대한 비판과 극복은 혈

---

55 『論語』(先進, 13장): 夫人不言 言必有中.
56 『論語』(先進, 18장): 賜 不受命而貨殖焉 億則屢中.
57 『論語』(微子, 8장): 言中倫 行中慮.

구지도, 충서와 중화의 실천원리를 통해 이루어질 수 있을 것이다.

3) 도덕적 공동체의 복원: 예禮의 실천과 정명正名

근대 서구의 사상은 인간을 절대적 개인으로 상정하고 있다. 이성적 인간은 만물의 중심이며 이성적 개인은 모든 관계에서 중심적 존재이다. 이러한 절대적 개인주의에는 전체와의 화합을 위한 인격적 의미의 인간개념은 존재하지 않는다. 반면에 유교의 개인 개념에는 인격의 개념이 중심에 자리하고 있다.

유교의 인격주의는 개인을 인류라는 커다란 유기체의 일원으로 보며, 개인을 사회와 분리하지 않고 타인과의 역동적인 관계 속에서 삶을 영위하는 존재로 본다. 인격주의는 생물학적이고 역사적인 연속체 안에서의 인간, 그리고 도道의 유기적인 과정 속에서의 인간이라는 관점을 지녔던 것이다.(W. T. De Bary, 1998) 여기서 인격적인 개인은 드 베리(De Bary)가 지적한 것처럼 공동체 안에서의 도덕적 개인이라는 의미를 내포한다. 개인은 공동체 속의 또 다른 개인들과의 관계를 통해 존재의 의미를 키워 나가는 존재이다. 이러한 관계들 속에서 개인은 전체 속에서 조화를 이루는 주체로 자리하며 여기서 도덕적 개인주의가 형성되는 것이다.

유교에서는 도덕적 개인에게 반드시 요구되는 실천적 본성을 인仁이라고 보고 있다. 공자는 사람에 대한 사랑이 인의 바탕이요, 인을 체득함으로써 인간이 인간답게 된다고 한다. 인은 주관적 인심人心을 먼저 배양해서 그 능력이 미치는 바에 근거하여 가까운 곳에서 먼 곳까지 나감으로써 그 객관적인 어진 행위〔仁行〕을 넓혀 나가는 것이다. 다시 말해 인의 성취는 주관적 정감에서 시작하여 객관적 행동으로 완성된다는 것이다.

'자기를 이겨 예로 돌아가는 것〔克己復禮〕'이 인의 실천적 본성을 잘 표현하고 있다. 여기서 '극기'란 자신 안에서 일어나는 사사로운 욕망에 대한 극복을 의미한다. 사사로운 욕망에 대한 극복을 통하여 우리는 예禮라는 객관적 기준에 다다를 수 있다. 공자가 "예로써 가지런히 한다"[58]라고 한 것과 같이 예는 도덕적 공동체를 묶어내는 객관적 근거이며, 예가 올바르게 정립됨으로써 공동체의 기능이 제대로 발휘될 수 있는 것이다. 왜냐하면 예는 소극적 순응으로는 도달되지 않으며 적극적 참여에 의해서 도달되는 사회적·도덕적 행위의 규범과 준칙이기 때문이다.(김철운, 2001)

『주역』 '건괘乾卦'의 '문언전文言傳'에 "모임을 아름답게 함이 족히 예에 합한다"[59]는 구절에 대해 정이는 다음과 같이 설명했다.

> 모으고 통하는 것의 아름다움을 얻으니, 예절에 합치되는 것이다. 예절에 합치되지 않으면 이치가 아니니 어찌 아름다움이 될 것이며, 이치가 아니면 어찌 형통함이 있겠는가?[60]

정이는 사회관계 속에서의 예에 대해 잘 설명하고 있다. 그는 서로 다른 존재들은 예를 통해서 소통하며 아름다움과 조화를 이룬다고 보는 것이다. 이처럼 사회관계 속에서 인간의 도덕적 본성이 잘

---

58 『論語』(爲政, 3장): 齊之以禮.
59 『周易』(乾卦, 文言傳): 嘉會 足以合禮.
60 『周易傳義大全譯解』(乾卦, 文言傳): 得會通之嘉 乃合於禮也 不合禮則非理 豈得爲嘉 非理 安有亨乎.

드러나기 위한 하나의 형식이 예이다.

예는 형식적 측면과 내용적 측면으로 나누어 볼 수 있다. 형식적 측면을 의례儀禮라고 한다면 형식 속에 내재하는 규범적, 도덕적 측면을 덕德이라 할 수 있다. 주희는 '예라는 것은 천리의 절문〔天理之節文〕이자 인간사의 형식과 법칙〔人事之儀則〕'이라고 말하였다. 주희가 이렇게 두 구句를 대구對句로서 말한 것도 예의 형식적인 측면과 내용적 측면을 함께 언급하기 위한 것이라 할 수 있다. 천리는 마음에 존재하면서 일〔事〕에서 드러나고, 인간사는 밖에 존재하면서 안에 뿌리를 두는 것이다. 반드시 "천리의 절문節文이 있은 뒤에야 인간사의 의칙〔人事之儀則〕이 있게 되는데, 예는 반드시 이 둘을 겸해서 말해야 뜻이 두루 갖추어지게 된다."(진순, 1993:118쪽) 이러한 예禮는 구체적 형식에 있어서는 시대와 장소에 따라 변할 수 있지만, 천도의 구현으로써 인도를 실현하는 것에는 다름이 없다.

예는 보통 법法과 대비하여 설명되기도 한다. 법이 공식적 통제기제라면, 예는 비공식적 통제기제라고 할 수 있다. 이런 의미에서 예는 인간의 욕망을 보다 근본적으로 통제하고 규율하는 적극적 기능을 갖는다. 국가적으로 예속禮俗이 어지럽다는 것은 공동체의 질서가 무너진다는 의미라고 할 수 있다. 예의 규범적 본질에 대한 설명은 『예기』에 잘 나타난다.

> 사람이 태어나면서부터 고요한 것은 하늘의 성품이다. 사물에 느끼어 움직이는 것은 성품의 욕구이다. 사물에 마음의 지모가 응접한 연후에야 여기에서 좋고 나쁘다는 구별이 생기게 된다. 좋아하고 미워하는 감정 안에서 조절되지 못하고, 지

> 각이 외물에 유혹되면서 지력이 바르게 작용할 수 없게 되어서 천리가 사라진다. 외물의 자극에 부단히 접촉하면서 좋아하고 미워하는 감정을 절도 있게 하지 못하면 곧 외물에 따라 물화物化되어 버린다. 사람이 외물에 물화된다는 것은 천리가 사라지고 인욕을 따르는 것이다. 이에 인륜에 어긋나고, 나라에 반역하며, 속이고 거짓된 마음이 있게 되며, 무도한 일이나 난폭한 일을 하게 된다. 이런 연유로 강한 자가 약한 자를 위협하게 되고, 다수가 소수를 못 살게 군다. 지혜로운 자가 어리석게 되고, 용기 있는 사람이 겁쟁이와 같이 되며, 병이 들었어도 돌봄을 받지 못하게 되며, 자식 없는 늙은이, 부모 없는 고아, 지아비 없는 과부는 의지할 곳을 얻지 못하니, 이것이 대란의 도이다. 이런 까닭으로 선왕先王이 예악禮樂을 만들었을 때에 사람이 갖추어야 할 성질이나 능력에 비추어 절도를 정했다.[61]

『예기』에서 볼 수 있듯이 예의 본질은 인간의 욕망을 절제하여 사회질서를 유지하는 데 있다. 인간의 욕망은 하늘이 부여한 도덕적 본성을 가리게 되고, 이로 인하여 온갖 비도덕적인 행위를 하게 된다. 예는 인간의 욕망에 일정한 격식을 부과함으로써 욕망을 절도

---

61 『禮記』(樂記): 人生而靜 天之性也 感於物而動 性之欲也 物至知知 然後好惡形焉 好惡無節於內 知誘於外 不能反躬 天理滅矣 未物之感人無窮 而人之好惡無節 則是物至而人化物也 人和物也者 滅天理而窮人欲者也 於是有悖逆詐僞之心 有淫泆作亂之事 是故强者脅弱 衆者暴寡 知者詐愚 勇者苦怯 疾病不養 老幼孤獨不得其所 此大亂之道也 是故先王之制禮樂 人爲之節.

있게 충족하도록 하는 기능을 갖는다. 이것이 예의禮義 · 예제禮制이다.(이영찬, 2001) 그러나 공자는 형식적인 틀에만 매인 예를 과감하게 비판했다.

> 예이다, 예이다 하지만 구슬과 비단을 말하는 것이겠는가? 음악이라, 음악이라 하지만 종과 북을 말하는 것이겠는가?[62]

여기서 보듯이 구슬 · 비단과 종 · 북에 대한 예제禮制의 규정은 예악禮樂의 형식일 뿐 그 자체로 어떠한 내용도 가질 수 없다. 예는 도덕 감정과 본성이 가미됨으로써 예의 덕을 가질 수 있다. 마찬가지로 예의 덕이 갖추어졌다 하더라도 공손함, 삼감, 강직함 등의 덕이 예의 형식에 맞지 않는다면 그것들은 보다 더 구체화될 수 없고 사회적으로도 실현될 수 없을 것이다. 이는 결국 모든 관계에서 수고로움, 두려움, 혼란함, 질박함 등의 병폐로 나타나게 될 것이다.

유교의 입장에서 봤을 때, 현대사회의 공동체는 개인의 창의성이나 자율성을 극도로 제한하고 있다. 법에 의한 통제는 질서에 동조하는 데에는 익숙하게 하지만 개인들은 소외와 무력감을 조장한다. 유교의 예는 내재적 규범으로서 외재적 강제에 의해서가 아니라 자발적으로 사회질서에 참여하게 한다. 현대사회에서 무너져 버린 예를 복원하는 것은 공동체의 질서와 조화를 회복하는 데 중요한 역할을 할 것이다. 예는 화합과 질서를 중요시한다. 뚜웨이밍(杜維明)이 지적한 대로 유교정치의 목적은 신뢰 공동체를 세우는 것이며 유교는 자발적 참여에 의해 다스려지는 질서를 이상으로 삼는다.(한도현, 2002)

---

62 『論語』(陽貨, 11장): 禮云禮云 玉帛云乎哉 樂云樂云 鐘鼓云乎哉.

예를 통해 이상적 공동체의 실현을 도모한다면, 사회구성원들이 갖게 되는 구체적 행위의 기준은 정명론正名論을 통해 실현될 수 있다. 정명은 명분名分을 바로 하는 것이다. "일반적으로 명분은 인간의 당위적인 행동 절차로서의 예법과 연관되어 있다. 예법은 한 인간이 구체적 인간관계 속의 처지 곧 분수에 상응하는 행동 규범으로 나타난다. 인간은 사회 속의 예법을 확립함으로써 명분을 실현하고 동시에 사회적 질서를 확보하게 된다."(금장태, 1996;133-145쪽) 따라서 명분은 개인 행위의 당위성인 동시에 사회 질서의 원리인 것이다.(이영찬, 2001) 공자가 정치에 대해 언급하는 다음 구절을 통해 정명사상을 잘 이해할 수 있다.

> 제나라의 경공이 공자에게 정치에 대해 묻자 공자가 말했다. "임금은 임금답고 신하는 신하답고 아버지는 아버지답고 아들은 아들다워야 합니다." 공이 말했다. "훌륭하구나! 진실로 임금이 임금답지 못하고, 신하가 신하답지 못하고, 아버지가 아버지답지 못하고, 아들이 아들답지 못하면, 비록 곡식이 창고에 가득 하다고 하더라도 내 어찌 먹을 수 있겠는가?"[63]

앞의 임금 · 신하 · 아버지 · 아들은 지위 및 관계에 대한 인식으로 명을 바르게 하는 것이고, 뒤의 임금 · 신하 · 아버지 · 아들은 도덕적 요구의 충족으로 실천을 의미한다. 정명은 명〔이름〕을 바로 세워서 분〔직분〕을 바로잡아 명분을 일치시키는 것을 의미한다. 임금

63 『論語』(顔淵, 11장): 齊景公問政於孔子 孔子對曰 君君 臣臣 父父 子子 公曰 善哉 信如君不君 臣不臣 父不父 子不子 雖有粟 吾得而食諸.

은 임금다운 정치를 하고, 신하는 신하의 도리를 지켜야 하며, 임금과 신하는 자기의 맡은 바의 직분을 서로 존중하고 서로 침범하지 말아야 한다는 것이다. 따라서 정명은 바로 기본적 사회관계의 명을 바르게 하는 것이고, 또한 인류 사회 및 인성 중에 포함된 도덕에 대하여 하나의 정확한 경계를 주는 것이다.(김철운, 2001)

정명으로 인해 지위〔명〕와 역할〔분〕은 서로 유기적으로 엮어져 조화를 이루게 된다. 결국 정명을 통하여 사회구성원의 사회적 지위와 역할에 대한 질서가 확보되며, 개인은 각기 주체적으로 타인과의 관계를 설정해 나갈 수 있게 된다. 이로써 개인상호 간의 상생의 관계를 회복함과 동시에 공동체의 질서를 유지하게 되는 것이다. 공자가 계씨季氏의 팔일무八佾舞[64]와 체제사禘祭祀[65] 를 보고 탄식한 것은 이름을 그릇되게 함으로써 예를 어기고 이로써 초래될 혼란을 예견할 수 있었기 때문이다.

요컨대, 예의 실천은 인간의 도덕적 본성을 회복시켜주는 방법이며 도덕적 공동체를 복원하는 방법이 될 수 있다. 또한 정명을 통해 자신의 위치에서 해야 할 일들을 바로 알고 실천으로 옮기는 것은 현재 이기적 존재로서 살아가며 자신의 욕망을 채우기만 급급한 현대인들에게 도덕적 본성을 깨달아가게 하는 하나의 실천의 지침이 될 수 있을 것이다.

---

64 『論語』(八佾, 1장): 孔子謂季氏 八佾舞於庭 是可忍也 孰不可忍也 참조.
65 『論語』(八佾, 10장): 子曰 禘自既灌而往者 吳不欲觀之矣 참조.

5. 결 론

지금까지 유교 사상을 통해 인간 소외론을 재구성해 보고, 나아가 소외를 극복할 수 있는 방안을 살펴보았다. 이는 현재까지 주를 이뤘던 소외론으로는 해석하지 못하는 인간소외를 설명가능하게 했다.

현대 사회에서 발생하는 소통의 단절은 도덕적 본성과는 괴리된 도구적 합리성만을 기형적으로 발달시켜 온 데서 비롯된 것이라 할 수 있다. 자본주의체제하에서 인간의 물질적 욕망은 끊임없이 증대되어 왔으며, 인간이 표출한 욕망은 자신과 관계를 맺는 많은 것들과의 단절을 가져왔다. 이와 같은 불통의 관계는 인간소외와 밀접한 관련이 있으며 이로 인해 나타나는 사회 병리적 현상들을 개선하기 위해서는 불통의 원인에 대한 근본적 통찰과 반성의 작업이 필요하다. 특히 소외에 대한 접근이 "사회의 모든 현상들에 대해 서구의 이론과 원리들이 범문화적으로 적용된다는 보편성의 믿음에 기초하고 있다"(한덕웅, 1994;316쪽)는 주장과 동일선상에서 근대 서구의 세계관으로 이루어지고 있다. 이는 인간의 소외현상을 설명하는데 일정부분 유용성을 가지지만, 보편적 원리가 되기에는 미흡한 점이 있다. 본 연구자는 근대 서구의 소외론이 간과했던 측면을 유교 사상을 통해 찾고자 한 것이다.

유교 사상은 몸과 마음, 인간과 인간, 인간과 사회를 모두 유기적인 관계로 보는 통일체적 세계관을 전제로 하고 있어 모든 존재가 상호 유기적인 관계로 세계를 파악한다. 대상과는 대대적 관계를 이루며, 상보상생의 법칙을 따른다. 다시 말해서 대상간의 관계는 갈등과 경쟁의 대립적인 구조가 아니라 인간의 도덕적 본성이 발현되는 관계인 것이다. 따라서 자기 밖의 존재는 자신의 존재조건이 되며, 자신의 부족한 면을 보완하여 성장시켜주는 상보적 존재이다.

유교 사상으로 인간 소외를 진단함에 있어 주목한 내용은 인간이 본성으로 지니고 있는 도덕성이과 그것이 현실로 드러날 때의 모습인 대대적 관계관과 도덕공동체이다. 따라서 인간 소외는 개인이 도덕적 본성을 상실하고 소우주적 존재로서의 삶을 영위하지 못하여 대대적 관계와 도덕공동체의 해체를 발생시킨다. 이러한 도덕적 본성의 회복을 위한 유교적 소외극복 방안은 군자로 나아가게 하는 수신, 혈구지도, 예의 실천을 들 수 있다.

이처럼 유교 소외론은 기존 소외론이 갖는 한계성을 보완한다. 인간소외에 대한 논의를 확장하는데 기여할 수 있을 뿐만 아니라 현대사회에서 불통으로 나타나는 문제점을 해결할 수 있는 관점을 제시한다. 본 연구자는 유교사상에서 도출한 소외론이 기존 소외론 연구의 지평을 넓혀줄 수 있는 근거와 사회학적 의미를 다음과 같이 정리해 보았다.

첫째, 유교 소외론은 인간의 도덕적 본성 회복에 주목하게 한다. 유교 소외론은 인간의 도덕적 본성의 상실이 사회 문제의 원인임을 알 수 있게 한다. 유교에서는 도덕적 본성의 실현을 삶의 목적으로 삼는다. 삶에서 끊임없는 내적 성찰을 강조한 것은 이러한 이유에서이다. 이처럼 유교는 도덕적 본성을 회복하는 것이 곧 천리를 따르는 것이고, 이것이 곧 인간 소외 극복의 근본이 된다고 본다.

둘째, 유교의 소외론은 이원론적 세계관과는 다른 일원론적 세계관에 근거하고 있기에, 기존의 소외론과는 구분되는 새로운 소외이론의 제시를 가능케 한다. 유교 사상은 세계를 세상에 존재하는 모든 것들이 유기적 관계를 맺는 일원적 세계로 파악한다. 일원론적 세계는 "중심이 따로 없는 가운데 모든 부분이 중심이 되는 탈중심적인 세계이다. 또한 부분은 전체를 포함하지만 부분이 갖고 있는 독자성을 상실하지 않는다."(홍승표, 2001;225쪽) 이러한 일원론적 세계관은 이원론적 세계관 위에서 구성하는 인간 소외론과는 다른 내용의 소외론을 구성하는 바탕이 된다.

셋째, 유교 소외론은 이상적인 사회관계를 사랑〔仁〕의 관계로 본다. 현대인들은 도덕성을 지닌 주체적 존재로서의 의미를 상실한 채 욕망의 노예로 삶을 살아간다. 욕망 추구적 삶은 인간이 맺는 모든 관계를 경쟁과 갈등으로 내몰아 소통을 단절하고 사회문제를 발생시키는 원인이 된다. 유교 소외론은 현대사회의 경쟁, 갈등 관계에 대한 소외인식에 대해 사랑〔仁〕의 관계라는 관점에서 해결 방안을 제시한다.

넷째, 유교 소외론은 공동체의 붕괴를 막을 수 있는 근거를 제공한다. 경敬을 통한 인仁의 발현은 예禮로 나타난다. 법과 같은 규범은 외부적 통제라는 소극적 의미를 지니지만, 예는 인간의 내재적 의미가 발현되는 적극적 의미의 통제라 할 수 있다. 이는 사회의 외형적인 질서뿐만 아니라 인간의 내면적 부분까지도 질서를 이루는 역할을 함으로써, 자발적으로 조화로운 공동체를 만들 수 있는 기초가 된다.

유교적인 소외론은 현대사회에서 나타나고 있는 소통의 단절이 실종된 인간 본성으로부터 발생함을 지적하며, 그것이 회복될 수 있는 방안을 제시한다. 또한 불통으로 해체되어가는 공동체의 질서 회복을 위한 이론적 근거를 제공한다는 점에 의의가 있다.

참고문헌

구승회. 1995. 『에코필로소피: 생태, 환경의 위기와 철학의 책임』. 새길

금장태. 1996. 『유교사상의 이해』. 집문당.

김석진 역주. 1997. 『周易傳義大全譯解』. 대유학당.

김영식. 2005. 『주희의 자연철학』. 예문서원.

김재범. 2001. 『주역사회학』. 예문서원.

김철운. 2001. 『유교가 보는 평천하의 세계』. 철학과 현실사.

김충렬. 1994. 『김충렬교수의 유가 윤리 강의』. 예문서원.

드 베리(W. T. De Bary). 1998. 『중국의 '자유'전통』. 표정훈 역. 이산.

루소(J. J. Rousseau). 2011. 『인간불평등기원론』. 이영찬 역. 계명대학교출판부.

蒙培元(몽배원). 2008. 『성리학의 개념들』. 홍원식 · 황지원 · 이기훈 · 이상호옮김. 예문서원.

박원재. 1994. 『중국의 사회사상』. 형성 출판사.

성백효 역주. 1997. 『大學 · 中庸集註』. 전통문화연구회.

성백효. 1998. 『論語集註』. 전통문화연구회.

______. 1999. 『孟子集註』. 전통문화연구회.

송재룡. 2010. 「탈근대 시대와 대안 공동체의 진화」. 『현상과 인식』 34(2): 71~100.

신오현. 1981. 『인간의 본질』. 형설출판사.

안병욱. 2003. 『수필로 읽는 東洋 古典』. 철학과 현실사.

앤서니 기든스. 2010.『현대성과 자아정체성』. 권기돈 옮김. 새물결.
陽適(양적). 1997.『동서인간론의 충돌』. 노승현 역. 백의.
이상옥 역주. 1995.『禮記』. 명문당.
이상익. 2001.「현대적 삶과 유가 철학」.『철학연구』54(1): 15~31.
_____. 2004.『유교전통과 자유민주주의』. 심사.
이영찬. 2001.『유교 사회학』. 예문서원.
_____. 2002.「유교의 소외원리」.『사회과학논총』21(1): 71~90.
이황. 1991.『退溪全書』. 退溪學硏究員.
장윤수. 1992.『정주철학원론』. 이론과 실천.
정문길. 1979.『소외론 연구』. 문학과 지성사
정병석 역주. 2010.『周易』. 을유문화사.
朱熹(주희). 1998.『朱子語類 1-4』. 허탁·이요성 역주. 청계.
줄리아크리스테바. 2004.『검은태양』. 김인환 역. 동문선.
陳淳(진순). 1993.『北溪字義』. 김영민 옮김. 예문서원.
최영진. 2002.『유교사상의 본질과 현재성』. 성균관대학교 출판부.
한도현. 2002.『전통예교와 시민윤리』. 청계.
한덕웅, 1994.『퇴계심리학』. 성균관대학교 출판부. 316쪽.
헤겔(G. W. F. Hegel). 1995.『정신 현상학 총서』. 임석진 역. 지식산업사.
_____. 2011.『정신 현상학』. 김양순 옮김. 동서문화사.
현상윤. 1986.『조선유학사』. 현음사.
홍승표. 2002.『깨달음의 사회학』. 예문서원.
_____. 2011.『동양사상과 새로운 소외론』.『동양사회사상』23. 221~248.

G. A. Theodorson and A.G. Theodorson, *A Modern Dictionary of Socilogy* (New York: Thomas Y. Crowell Company, 1969), p.9.

Taylor, C. 1985. *Philosophy and the Human Sciences: Philosophical Papers* (2). New York: Cambridge University Press.

동양사상과 현대적 가치

불교의 합심주의적 평화사상과 그 현대적 전개

| 유 승 무

불교의 합심주의적 평화사상과 그 현대적 전개

—

유승무

이 글에서는 불교의 평화사상이 합심주의적 특성을 갖고 있음을 밝히고, 현대사회에도 이어지고 있음을 실증한 다음, 그 함의를 도출하였다. 여기에서 핵심적 키워드는 합심주의라는 개념인데, 합심주의에서 합은 합리주의의 합과 같은 의미소로서 대상에 부합한다는 의미뿐만 아니라 대상을 결합한다는 의미를 지니며, 심心은 합리주의가 전제하는 이성만이 아니라 감성, 의지, 영혼이나 정신(spirit) 등의 총합이다.

그렇다면 이러한 합심주의적 불교평화사상은 어떠한 이론적 의의를 갖고 있는가? 합심주의적 불교평화사상은 마음의 평화가 사회적 실천으로 귀결되도록 하는 독특한 사회운동으로서, 불교문화권사회의 경우 전통과 맞닿게 된다는 장점도 있겠지만 보다 본질적으로는 평화라는 목적을 달성하는 수단마저도 비폭력에 의존함으로써 사회운동의 부정적 후유증을 수반하지 않는다는 장점을 갖는다. 반면에 합심주의적 불교평화운동은 합심이 이루어지지 않을 때는 아무런 실질적 효력을 발생시킬 수 없다는 단점 이외에도 자본주의사회의 구조적 조건을 근원적으로 바꾸지 못하는 한계도 내포하고 있다.

1. 서 론

한나 아렌트는 20세기를 '폭력의 세기(한나 아렌트, 1999)'라 규정했지만 21세기의 폭력도 결코 뒤지지 않는다. 국내적으로는 일상적인 직접적 폭력, 상징적 폭력과 같은 문화적 폭력, 파놉티콘(Panopticon)에 의한 심리적 폭력, 착취와 전쟁과 같은 구조적 폭력 등은 오히려 증가하는 추세이며, 지구적 차원에서는 앞서 언급한 폭력 이외에도 국가 간 전쟁, 민족적 - 종교적 갈등으로 인한 인종청소, 크고 작은 국지전 등이 빈발하고 있다.

그렇다면 그리고 굳이 베버의 지배 사회학을 언급하지 않더라도 20세기든 21세기든 합법적 지배가 근대사회의 지배질서의 근간이고 나아가 국내법과 각종 법집행 기구의 기능이 갈등 및 폭력을 억제하는데 있고 그 원리가 국제적 수준으로 확대된 각종 국제법 및 국제사법 기구가 국가 간 갈등과 전쟁을 해결하기 위한 목적으로 설립 · 운영되고 있다면, 합법성의 원리와 그 원리에 기초한 국가(국제) 기구만으로는 평화라는 궁극적 목적을 달성하는데 명백한 한계가 있는 것은 분명하다.

노벨 평화상이 비정부기구나 사회운동가(만델라나 아웅산 수지) 혹은 위대한 종교인(테레사 수녀나 달라이라마)에게 돌아가고 또 그것이 대부분의 사람들에게 전혀 이상한 것으로 받아들여지지 않는 것은, 보다 바람직하고 만족스러운 평화 상태에 도달하기 위해서는 폭력을 독점하고 있는 국가라는 수단 이외에도 그 무엇의 몫이 또 요구됨을 의미한다. 오늘날 대부분의 사람들은 붓다, 간디, 틱낫한, 요한 갈퉁, 이케다 등과 같은 평화사상가의 메시지에 희망을 거는데, 그들은 합법적 국가기구에 대한 관심뿐만 아니라 그 이상의 수단들, 심지어는 평화에 기여할 수 있는 신비체험까지도 불가피함을 역설하고 있다.

이 때 우리가 주목하고자 하는 것이 불교다. 불교에서도 '평화의 씨앗(술락 시바락사, 2001)'을 발견할 수 있기 때문이다. 실제로 붓다의 가르침 속에는 자비사상을 비롯하여 불살생계처럼 행위차원에서 폭력을 예방할 수 있는 계율도 풍부하게 내장되어 있다. 붓다, 간디, 그리고 오늘날의 달라이라마, 틱낫한, 아웅산 수지, 이케다, 요한 갈퉁 등 적지 않은 평화사상가들이 직 · 간접적으로 불교와 연관되어 있다는 사실도 우연은 아닐 것이다. 뿐만 아니라, 비록 아시아 각국의 불교계가 군국주의 국가의 전쟁에 참여하거나 불의한 독재국가에 협력하여 평화에 역행한 사례도 없지는 않지만(트레버 링, 1992), 다른 종교에 비해 불교가 상대적으로 '평화의 종교'라고 말할만한 증거도 결코 적지 않다(Putuwar, 1991). 더욱이 불교의 평화사상은, 의존적 발생(연기, 의타기성)과 그 관계를 매개하는 에너지와 정보를 조율하는 마음(이성, 감성, 의지의 총체)의 문화적 산물인 합심성의 원리를 근간으로 하고 있고, 그렇기 때문에 이성적 차원의 합의만이 아니라 행위자 자신의 내적-심층적 합심에 의해 평화가 달성될 것이고, 그렇듯 평화의 기반이 깊기 때문에 평화의 지속성이 그만큼 길어질 가능성이 크다[01]. 이렇게 볼 때 갈등을 비폭력적으로 해결하여 평화에 도달하기 위해서는 폭력을 독점하고 있는 합법적 기구의 보완책으로 평화적 수단에 의한 평화의 달성을 강조하는 불교의 평화사상과 그 합심주의적 특성에 관심을 가져볼 필요는 충분하다.

---

01 평화에 도달하는 과정이나 절차의 합리성(이성적 판단)을 넘어서서 선택(합의)의 순간이나 그 선택의 지속에는 이성만이 아니라 감성, 의지까지를 포함하는 마음이 개입할 수밖에 없다. 이에 대한 자세한 논거는 다음 장에서부터 본격적으로 논의할 것이다.

이는 이 글의 테마를 불교의 합심주의적 평화사상으로 설정한 까닭이다. 보다 구체적으로 말하면, 이글의 목적은 불교의 평화사상이 합심주의적 특성을 갖고 있음을 밝혀낸 다음, 달라이라마나 틱낫한의 사례를 통하여 불교의 합심주의적 평화사상이 오늘날에 어떻게 계승되고 또 실천되고 있는지를 살펴 본 다음, 그 평화이론적 함의를 도출해 보는데 있다.

2. 개념적-이론적 논의

1) 선행연구의 비판적 검토

통상 평화란 전쟁의 반대말로 사용되어 왔고 주로 국가(혹은 정치단위) 사이의 전쟁이 없는 상태를 의미하였다. 그러나 매우 역설적이게도 인류의 역사는 전쟁 혹은 계급갈등의 역사라 할 정도로 전쟁과 갈등은 상존해 왔다[02]. 심지어 인류는 십자군전쟁의 사례처럼 이른바 '정의의 전쟁', 즉 평화를 위해(혹은 그 명분으로) 전쟁을 하기도 하고 심지어 전쟁을 종식시키기 위해(혹은 방어를 위해) 또 다른 전쟁을 수행하지 않을 수 없는 역설도 경험한 바 있다. 게다가 민족국가 내부에서도 정치적 집단 사이에는 크고 작은 갈등이 편재하고 있을 뿐만 아니라 그것을 해결해야 하는 국가가 갈등을

---

02 역사학자들에 의하면 문자기록이 시작된 3,521여 년 동안 인류는 8%인 286년을 전쟁 없는 평화의 해로 보냈고, 나머지 92%인 3,235년을 전쟁을 하면서 살아왔다고 한다 (박경서, 2004).

유발하고 심지어 국가폭력을 행사하기도 하였다. 이렇게 볼 때 평화와 폭력 및 갈등은 공존하는 현상(이를 불교에서는 '상즉'이라 한다)일 뿐만 아니라 평화의 개념이 그 반대말인 전쟁이나 갈등으로 인한 구조적 폭력은 물론 그 극복 수단과의 상호 인과관계(이를 불교에서는'상입'이라 한다) 속에서 정의되지 않을 수 없는 이유이다.

주지하듯이 한나 아렌트(Hannah Arendt)는 자신의 저서 『On Violence』에서 폭력과 그 극복 수단으로서 권력의 관계를 매우 설득력 있게 제시한 바 있다. 여기에서 그녀는 권력 개념을 통상적인 권력 개념과는 달리 수많은 사람이 함께 토론하고 행동하는 그 순간에 바로 그곳에서 발생하는 것으로 정의하고 있다. 이는 권력이 결코 정당하지 않은 폭력 즉 '총구'로부터 나오는 것이 아님을 의미함과 동시에 민주적이고 정당한 권력이야말로 폭력을 극복할 수 있는 유일한 수단임을 암시하고 있다. 한마디로 평화라는 목적을 달성하기 위해서는 그 수단이 평화적이어야 한다는 것이다. 그러나 그녀는 행위자의 태도나 행위자의 내면적 평화에 대한 관심을 처음부터 배제함으로써 행위자들이 공유하는 집합의식이나 문화적 능력에 대해서는 거의 주목하지 않았고 그 결과 정당한 권력에 내재한 폭력의 가능성에 대한 경계도 풀어버리고 있다.

이런 점에서 평화를 '공감 · 비폭력 · 창조성을 통해 갈등을 해결할 수 있는 능력'으로 정의하는 갈퉁(Johan Galtung)은 주목을 요한다. 주지하듯이 갈퉁은 폭력을 직접적 폭력, 구조적 폭력, 문화적 폭력으로 구분하고 있을 뿐만 아니라 세 가지 폭력 중 어느 곳에서 폭력이 발생하더라도 그 폭력은 나머지 폭력으로 쉽게 전이된다고 주장하고 있다[03]. 나아가 그는 현대사회에 내재한 구조적 · 문화

---

03 유승무 · 박수호(2006)은 갈퉁의 세 가지 폭력을 자세하게 소개하고 있을 뿐만 아니라 그 각각과 불교사상의 관계를 집중적으로 논의한 바 있다.

적 폭력성을 극복하기 위한 전략으로 제시한 것 가운데 가장 주목할 만한 것이 바로 폭력문제의 비폭력적 해결이라는 주장하고 있다(갈퉁, 2013; 신진욱, 2004). 실제로 그는 간디를 가장 존경할 뿐만 아니라 간디(혹은 불교)의 '아힘사', 즉 비폭력사상을 역사상 성공한 평화사상이자 실천 가능한 평화사상으로 간주하고 있다(이케다 · 갈퉁, 1997). 그러나 갈퉁은 이론적 차원에서 폭력의 삼각뿔을 논의한 다음 문화적 폭력 및 문화적 평화라는 차원에서 불교를 논의함으로써 불교가 구조적 폭력의 해결에 간접적인 영향을 줄 것이란 이론적 암시할 뿐 구조적 폭력에 대한 불교의 직접적 처방에는 거의 관심을 기울이지 않고 있다.

한국불교학계의 불교평화 논의도 대체로 갈퉁의 논의와 비슷하다. 불교 평화와 관련된 기존 연구는 크게 두 가지로 논의되어 왔다. 하나는 이른바 인간의 마음 속 '아힘사(ahimsa, 비폭력)[04]를 폭력의 대립물로 전제하고 불교사상이 얼마나 아힘사를 강조하는지를 입증하려는 연구(허우성, 2011)이며, 다른 하나는 원효의 불교사상을 평화사상으로 전제하고 그의 일심사상이나 화쟁사상을 탐구하는 연구(최유진, 2011)이다. 그러나 이러한 연구는 비폭력 개념 및 원효의 사상을 행위적-윤리적 차원에서 논의함으로써 구조적 폭력을 설명하지 않거나(허우성, 2011) 전쟁에 동조했음을 밝힘으로써(최유진, 2011), 결과적으로는 불교사상이 구조적 폭력의 해결에는 기여할 수 없음을 암시하고 있다.

과연 그런가? 인간의 고통을 해결하는 것이 불교의 존재 이유라는 점 그리고 연기사상이 불교의 근본사상이고 불교의 수행(마음

---

04 아힘사는 간디의 비폭력/불복종 운동으로 우리에게 잘 알려져 있다. 그러나 그 사상적 근거를 소급해 올라가면 불교나 자이나교를 거쳐 인도 고대 사상에 까지 소급되지만 불교에 의해 가장 현실적이고 실천적 개념으로 변하였다(나까무하 하지메, 1996).

비움, 마음 닦음)이 본원적 사회성 즉 불성과의 만남을 궁극적 목표로 설정하고 있다는 점을 고려하면, 사회적 약자 등 특정한 계층이나 집단을 고통스럽게 하는 구조적 폭력을 우회하거나 회피하는 것은 불교의 자기부정 혹은 자가당착에 다름 아니다.

이렇게 볼 때, 마음의 평화화를 경시하는 아렌트의 논의는 물론 아힘사를 강조하는 불교평화사상가들의 논의도 각각 서로 다른 일면만을 강조하는 한계를 내포하고 있다. 이러한 점에서 김우창의 『깊은 마음의 생태학』은 주목할 만하다. 이 저서에서 그는 다음과 같이 주장한다. "사회에는 제도적으로 불충한 것이 많지만, 설사 제도적 정비가 이루어진다고 하더라도 무엇인가 보다 깊은 의미에서의 마련이 없이는 모든 일은 공허한 요식 행위에 불과하다는 것을 우리는 새삼스럽게 느끼지 않을 수 없다. ... 이 깊은 마련의 핵심에 있는 것은 사람의 마음이다. ... 성심과 성의가 없는 것에 제도와 법이 기능할 수 없는 것이다. ...마음은 전체적인 현실의 일부이다. 그것은 현실과 더불어 돌아가면서, 현실을 만들어내고 또 거꾸로 현실에 의하여 결정된다(김우창, 2014:454)." 이러한 철학적 전제하에, 그는 폭력은 우리 밖의 정치적 억압과 우리 안의 탐욕스러운 욕망이 함께 뒤범벅되어 나타나기 때문에 그 해결 또한 두 측면을 동시에 고려할 수밖에 없다고 주장한다. 전적으로 동의한다. 실은 필자의 생각이 김우창의 주장과 동일하다는데 놀랄 따름이다. 다만, 이 글에서는 연기의 원리와 마음[05] 개념의 조합인 합심合心 개념을 활용하여, 불교의 평화사상이 마음의 아힘사를 통한 문화적 평화와 객관적인 사회구조적 평화를 모두 중시하였음을 입증하고, 그 함의를 도출하고자 한다. 해서, 아

---

05 김우창(2014)은 마음이야말로 인간의 실존적 조건이기 때문에 인간의 삶의 문제를 해결함에 있어서는 반드시 마음을 고려할 수밖에 없다고 한다. 이는 필자가 불교의 기본 원리로서 연기와 마음을 결합하려는 까닭과 동일하다.

래에서는 합심 개념을 간략하게 언급한 다음, 본격적으로 불교의 평화사상을 재구성해 보고자 한다.

2) 합심 개념과 합심(적) 사회이론

합심주의에서 합은 합리주의의 합과 같은 의미소로서 대상에 부합한다는 의미뿐만 아니라 대상을 결합한다는 의미를 지니며, 심心은 합리주의가 전제하는 이성만이 아니라 감성, 의지, 영혼이나 정신(spirit) 등의 총합이다(유승무 · 박수호 · 신종화, 2013). 이러한 합심 개념은 동양사상의 공통분모인 관계론적 존재론과 마음 사상 및 문화가 결합된 개념으로써[06] 불교의 경우 의존적 발생의 원리(연기의 원리)와 마음 사상 및 문화가 결합함으로써 자연발생적으로 탄생된 개념이다[07]. 그리고 합심의 용례는 전통사회는 물론 오늘날까지도 이어지고 있는 바, 이는 한국사회를 비롯한 동양사회에서는 합심주의문화가 매우 발달했음을 암시한다(유승무 · 박수호 · 신종화, 2013; 유승무, 2014).

인간을 둘러싼 사회관계와 구조가 상즉하는 동시에 상입하고 있다면 그리고 그 관계를 매개하는 에너지와 정보를 조율하는 것이 마음이라면 그리고 마음이야말로 인간의 필연적인 실존적 조건이라면, 그 산물로서의 합심은 관계의 유형(범위나 성격)이나 그 관계에 대한 마음의 상태에 따라 다양한 합심유형학이 성립할 것이다. 베버나 파슨스가 사회적 행위의 구조를 통하여 사회를 분석했듯이,

---

06 동양사회의 내재적 종교성으로 명명한 바 있다.

07 유승무(2014)는 합심개념의 불교사상적 기원을 연기사상과 마음 사상의 결합에서 찾고, 그것이 오늘날까지 계승되고 있음을 합심의 용례를 통해 실증한 바 있다.

우리도 합심의 유형 및 구조를 통하여 특정한 사회현상을 이해할 수 있을 것이다.

이에 유승무 · 박수호 · 신종화(2013)은 조선왕조실록에 나타난 합심의 용례를, 자신의 본심과의 합심, 타자와의 합심, 자신의 소속 집단 및 국가와의 합심, 우주와의 합심, 일탈 및 변심과의 합심 등의 합심유형으로 나누어 실증한 바 있고, 유승무(2014)는 오늘날 한국사회의 주요 일간지 사설 분석을 통해 최근 한국사회에서도 그와 유사한 합심 용례가 발견됨을 실증한 바 있다[08]. 이러한 실증 연구를 통하여 우리는 합심의 유형학이야말로 인간의 사회적 삶을 이해하는데 적합한 개념일 뿐만 아니라 인간과 사회 및 미시-거시의 상즉상입의 관계를 이해할 수 있는 이론적 함의를 지니고 있음을 알 수 있었다. 그렇기 때문에 만약 우리가 합심 개념과 그 유형학을 불교평화사상의 이해에 적용한다면, 불교평화사상의 두 측면 즉 아힘사를 통한 내면의 평화라는 측면과 사회구조적 평화를 강조하는 내용을 일관된 이론틀로써 설명할 수 있는 길이 열릴 것으로 기대해 본다.

3. 불교평화사상의 합심주의적 특성

불교에 따르면, 인간은 모두 불성(buddhahood)을 갖고 태어나서 행복하고 평화롭게 살기를 희망하지만, 동시에 실제적인 삶의 과정에서는 이러한 희망을 가로막아 인간의 삶을 고통스럽게 하는

08 유승무 · 박수호 · 신종화(2014)는 율곡의 합심 개념의 용례를 규범과의 합심이란 차원에서 실증하는 작업에 착수하고 있다.

마장魔障이 수반된다. 무엇보다도 인간의 마음속에 삼독三毒이 끼어들기 시작할 뿐만 아니라 이는 집합적 차원(사회)의 폭력으로 비화되곤 한다. 그렇기 때문에 혹은 불교의 교리(연기법, 사성제, 삼법인 등)에 의하더라도, 행복하고 평화롭게 살기를 희망하는 사람은 이러한 마장, 즉 인간의 마음속에 끼어든 삼독을 제거하고 나아가 인간사회를 구성하고 있는 정치적 집단들 사이의 이해갈등과 그로 인한 구조적 폭력을 제거해야 한다.

칠불통계七佛通戒를 보자. 주지하듯이 칠불통계는 '제악막작諸惡莫作하고 중선봉행衆善奉行하며 자정기의自淨其意하라[09]'는 가르침인데, 여기에서 자정기의, 즉 마음속의 삼독을 스스로 제거하는 것과 비폭력적 행위(악한 행동을 하지 않는다는 소극적 선행과 선한 행동을 찾아서 해야 한다는 선행)는 불가분의 관계를 갖고 있다. 그리고 전자와 후자가 각각 타의 조건이면서 결과이다. 마찬가지로 전자가 성립하지 않으면 후자가 성립하지 않고 후자가 성립하지 않으면 전자가 성립하지 않는다.

이러한 칠불통계의 의미구조는 아래의 저 유명한 『법구경』경구에서 가장 압축적으로 표현되어 있다.

> 미움은 미움으로 가라앉힐 수 없다.
> 미움은 사랑에 의해서만 가라앉혀야 한다.
> 이것이 영원한 법이다.(크리스토퍼 퀸 · 샐리 킹/박경준 역, 2003)

위의 구절에서 증오는 마음속 삼독중 하나인 동시에 폭력적 행위

09 『大正藏』4. 述佛品 567. 中.

를 상징한다. 그리고 두 구절의 전체 의미구조를 보면, 비폭력을 상징하는 자비가 곧 평화의 유일한 수단이다. 결국 마지막 구절, 평화의 수단(원인)이 평화의 목적(결과)으로 귀결된다는 보편적 법칙(Dharma)이 성립한다. 이러한 의미구조는 대승경전 속에서도 무수하게 등장한다. 그 대표적 사례로 다음의 인용문을 보자. "인내는 자타의 평화를 낳는다. 자신이 노여움의 과실에 의해 더렵혀지지 않으면 자기를 평화롭게 함이요, 이미 분해하고 원망하지 않는다면 남을 괴롭히지 않는 것이니, 이는 남을 평화롭게 함이다.[10]

『섭대승론』에서 발췌한 이 인용문은, 삼독을 제거하면 자기 자신의 평화는 말할 것도 없고 타인의 평화에도 기여할 수 있음을 구체적으로 표현하고 있다.

그러나 문제는 이러한 태도를 형성하기가 매우 어려울 뿐만 아니라 매우 긴 시간의 노력을 요구한다는 데 있다. 바로 여기에 주로 금계禁戒로 이루어진 다양한 계율이 수반된다. 주지하듯이 출자가의 경우 비구는 250개, 비구니는 348개의 계율을 지켜야 하고 재가신도조차도 5계는 반드시 지키겠다고 서약해야 하는데 거의 대부분이 금계에 해당한다. 특히 이러한 계율이 수범수제隨犯隨制의 원칙에 따라 설계設戒되었음을 고려하면, 이렇듯 많은 금계는 교단과 세속 사회 사이의 원만한 사회관계는 물론 인간사회의 비폭력 및 평화에도 적지 않은 기여를 할 수 있을 것으로 생각된다.[11]

물론 계戒의 의미가 타율적인 외적 통제가 아니라 자율적인 내적 통제라는 사실에서 알 수 있듯이, 보다 근원적인 것은 수행을 통하여

---

10 『大正藏』31. 217. 上. 攝大乘論釋 : 論曰°復能生自他平和事°故稱提°釋曰°此事通達因果°此忍能令自身不爲瞋恚過失所染°卽是於自平和旣不忿恨°不生他苦°卽是於他平和°

11 유승무 · 박수호(2006)는 폭력, 아힘사 그리고 평화 사이의 상호 밀접한 관련성을 자세하게 논의한 바 있다. 참고하기 바란다.

자율적인 통제능력을 키우는 것이다. 그리고 그 결과는 악을 피하는 소극적인 선행뿐만 아니라 중선봉행이란 적극적 선행으로 나타나는 효과를 갖는다. 천상천하의 일체 고苦로부터의 해방을 추구하는 종교가 불교라면, 인간을 고통스럽게 하는 구조적 폭력에 무관심하게 살아가는 것은 결코 불교적 삶의 태도가 아니다. 실제로 싯다르타가 석가족의 왕자로 태어나 온갖 부귀영화가 보장된 삶을 버리고 출가하여 붓다가 된 까닭도 강한 자가 약한 자를 착취하고 폭력을 가하여 생명을 위태롭게 하는 양육강식의 구조적 모순을 해결하기 위한 것이었듯이, 불교는 정치적 단위들 사이의 세속적 이해관계의 대립에서 발생하는 갈등과 구조적 폭력을 중도적 차원에서 보다 더 보편적이고 우선적인 가치를 적용하여 해결하려는 노력을 경주해야 한다.

> "전쟁 중에는
> 자신의 마음속에 자비의 마음을 일으키고
> 모든 생명 있는 것들을 도와서
> 싸우고자 하는 마음을 버리게 한다.
> 치열한 전투가 있는 곳이면 어느 곳에서든지
> 그대의 모든 힘을 쏟아
> 양쪽의 힘을 같게 만들고
> 그 분쟁 속으로 걸어 들어가 화해하게 하라."
> (『유마경維摩經』)

위 인용문은 크게 두 개의 문장으로 이루어져 있다. 그 중에서 첫 번째 문장은 자비의 마음을 통해 폭력을 줄이게 함을 의미하며, 두 번째 문장은 세력 간의 권력 불균형이란 구조적 문제를 공적 중재 노력을 통하여 화합하게 함으로써 전쟁을 중지시킴을 의미한다. 그리고 이 두 문장이 하나의 구절로 합쳐져 있다는 것은 그 내적 논리가 일관성을 가지고 있음을 의미하는 바, 그것이 바로 합심이다. 이렇게 볼 때, 합심이 이루어질 때 두 가지 노력이 모두 평화를 위해 활용될 수 있음을 암시한다.

4. 합심주의적 평화사상의 현대적 전개

1) 달라이라마의 평화운동과 그 합심주의적 특징

1989년 노벨 평화상을 수상한 바 있는 달라이라마는 오늘날 가장 큰 영향력을 행사하는 평화운동가로 인구에 회자되고 있다. 그리고 불교의 자비사상이 그의 평화사상의 처음이자 끝이라는 점에서 가장 불교적인 평화사상가이기도 하다. 이렇게 볼 때 그는 불교의 평화사상이야말로 폭력을 제압하는 가장 강력한 무기임을 입증하기에 적합한 사례이다.

그러나 매우 역설적이게도 달라이라마는 어린 시절부터 이 세상 그 누구보다도 강렬한 폭력에 노출되어 지금 이 순간까지도 격렬한 대립, 갈등, 투쟁, 전쟁, 그리고 피비린내 나는 살육의 현장 속에서 생활하고 있다. 그의 한 평생은 철저히 폭력과 함께한 삶의 연속이었다고 해도 결코 과언이 아니다. 주지하듯이 달라이라마는 자신의 나이 15세 때 중국의 침공으로 나라를 잃는 고통을 겪어야 했고,

16세에 달라이라마에 즉위하자마자 침공세력의 폭력과 독립을 요구하는 티베트인의 민중봉기의 한 가운데로 자리를 옮길 수밖에 없었다. 그리고 1959년 인도로 망명하여 망명정부를 세우고 지금까지 약 50년 이상의 기간 동안 고국으로 돌아가지 못한 채 줄곧 티베트의 독립과 자치를 위해 헌신하고 있는데, 이 과정이 온통 온갖 폭력으로 점철되었음은 두말할 나위도 없다[12].

그럼에도 불구하고 그의 평화운동 속에는 털끝만큼의 폭력도 수반되지 않고 있다. 오히려 그는 티베트의 독립을 위한 무장 게릴라들의 대중국 폭력투쟁 노선에 반대했고 끝내 그들을 해산하였다. 바로 그 한가운데 불교의 평화사상이 자리하고 있다. 다음의 인용문을 보자.

> "가장 중요한 것은 마음의 평화를 이루어 가는 것입니다. 내적인 평화는 자비에 바탕을 두고 있습니다. 특히 이것은 정신적 인내를 필요로 한다는 뜻입니다. 인내 즉 인욕의 진정한 의미를 알아야 합니다. 인욕이란 억압하는 사람의 파괴의 힘에 눌려서 굴복하는 것이 아닙니다. 억압과 파괴는 인간의 부정적인 본성인 고통을 일으키기 때문에 누구나 파괴하는 힘과 행위를 극복해야 할 책임과 의무가 있습니다. 그러나 중요한 것은 자비심이 없이는 어떠한 억압도 물리칠 수 없다는 점입니다. 어떠한 경우에도 자비를 잃지 말아야 합니다. 자비가 없이는 영혼을 파괴하는 어떠한 세력도 물

---

12 한국의 거의 모든 미디어들은 2013년 2월 14일 티베트에서 티베트의 자치권과 달라이라마의 귀향을 요구하는 100번째 분신이 발생했다고 보도하였는데, 이러한 분신행위도 달라이라마의 마음을 편치 않게 할 것임은 두말할 나위가 없다.

리칠 수 없습니다. 그래서 인욕할 수 있다는 것은 증오심과 분노를 완전하게 조절할 수 있다는 것을 의미합니다. 그리고 자비와 같은 노력은 점점 늘려야 합니다. 이것이 평화, 세계 평화를 위해 가장 중요한 요소입니다."(달라이라마방한준비위원회 자료집에서 재인용)

위 인용문의 핵심 키워드는 불교사상의 핵심적 가치인 자비慈悲와 인욕忍辱인데, 달라이라마는 이 두 가지 불교적 가치야말로 증오심과 분노를 조절할 수 있는 힘이며 그러한 점에서 평화의 가장 중요한 요소라고 단언한다. 이는 자기 자신의 번뇌(마음속의 삼독), 즉 내부의 적을 쳐부수는 것과 타자를 사랑하는 자비가 폭력을 굴복시키는 가장 강력한 무기라고 말하는 것과 마찬가지이다. 그렇기에 달라이라마와 티베트 불교인들은 자신의 보물, 즉 자비를 잃지 않도록 하기 위해 엄청난 인욕을 실천하고 있다.

"남겔 사원 출신으로 1980년쯤 인도에서 티베트로 돌아온 어떤 스님이 있었다. 우리는 서로 잘 아는 사이였고, 어느 날 이런저런 이야기를 나누고 있었다. 그는 거의 18년 동안 중국 공산당의 수용소에 갇혀 있었는데, 위험에 처한 적이 자주 있었다고 했다. 나는 그가 생명을 위협당한 일을 말하고 있는 것이라고 생각했다. 그러나 내가 '어떤 위험이었습니까?'하고 묻자, 그는 이렇게 대답했다. '중국인에 대한 자비심을 잃는 것 말입니다.' 그는 그것이 위

험한 일이라고 생각했던 것이다."(달라이라마/진현종 역, 2004; 유승무 · 박수호, 2006)

그러나 달라이라마의 평화운동이 마음의 평화를 강조하는 것으로 그치는 것은 결코 아니다. 그는 구조적 폭력도 반드시 극복해야 할 대상으로 설정하고 있다. 중국으로부터의 독립과 자치가 티베트의 평화를 가져다주는 구조적 조건이듯, 가난한 사람에게는 빈곤으로부터의 해방이 평화의 기본조건이라고 달라이라마는 말한다. 아래의 인용문은 그의 노벨 평화상 수상 연설문 중 일부인데, 여기에는 구조적 폭력에 대한 달라이라마의 확고한 입장이 분명하게 개진되어 있다.

> "전쟁이 없다는 의미로서의 평화는 굶주림과 추위로 죽어가는 사람들에게는 별로 가치가 없습니다. 그 같은 평화는 양심수가 겪고 있는 고문의 고통을 제거해 주지 못합니다. 이웃나라에서 무분별하게 자행되는 삼림 벌채에 기인한 홍수에 사랑하는 이들을 잃어버린 사람들에게 위안을 주지도 못합니다. 평화는 오직 인권이 존중되고 사람들에게 먹을 양식이 있고 개인과 국가가 자유를 누리는 곳에서만 지속됩니다. 우리 자신과 우리 주변 세계와의 진정한 평화는 정신적 평화의 발전을 통해서만 성취됩니다."

위의 인용문을 보면, 평화를 위해서는 구조적 폭력의 해결이 반드시 극복되어야 하는데, 그것은 정신적 평화와 불가분의 관계를 갖고 있음이 잘 나타난다. 그러한 점에서 달라이라마의 평화운동은 합심주의적 특성을 지니고 있음이 잘 드러나고 있다.

2) 틱낫한의 평화운동과 그 합심주의적 특징

탁낫한도, 미국 인권운동의 상징인 마티 루터 킹 목사가 노벨평화상 후보로 추천할 정도로, 세계적인 평화운동가인 동시에 전 세계적으로 가장 영향력을 가진 수행자이자 선승禪僧이기도 하다. 또한 달라이라마와 마찬가지로 틱낫한의 삶도 고통으로 점철되어 있는데, 자신의 조국이 식민지, 전쟁, 분단, 독재 등과 같은 구조적 폭력에 노출되어 있었고 그에 저항한 댓가로 아직도 망명생활이 끝나지 않고 있다. 그럼에도 불구하고 틱낫한 역시도 달라이라마에 못지않을 정도로 일체의 폭력에 반대하면서 매우 평화적인 방법으로 폭력에 맞서고 있는데, 전 세계인들에게 가장 인기 있는 불교 수행처로 알려진 프랑스의 자두마을(Plum Village)을 설립하여 운영하는 것이 그 대표적인 예이다.

틱낫한의 평화사상의 핵심에는 불교적 가치를 체득하는 불교적 수행인 명상(Buddhist meditation 혹은 Walking meditation)과 정념(Mindfulness) 수행이 자리 잡고 있음은 두말할 나위가 없다. 그렇다고 해서 그가 사회적 문제에 무관심한 것은 결코 아니다. 오히려 그는 참여불교운동의 상징적인 존재이다. 실제로 그는 베트남의 불교전통을 현대적으로 새롭게 해석하여 사회문제나 정치적 문제에 적극적으로 참여할 수 있는 불교적 근거 및 교리적 정당성을 확립한 참여불교이론가이자 참여불교(Engaged buddhism)란 개념을 처음으로 개념화했을 뿐만 아니라 현재에도 '세계참여불교도우회' 고문으로서 활동하는 등 실천 활동을 지속하고 있다.

그렇다면 틱낫한은 구체적으로 어떠한 평화운동을 전개하였고 그 속에 나타난 불교사상적 요소가 무엇인지를 보다 자세하게 살펴보자. 우선, 틱낫한도 마음속의 비폭력을 배양할 것을 매우 강조하고 있다. 아래에 인용된 시는 베트남의 대표적인 반전가요 "형제를 쏘지 말라"의 가사로 활용되기도 한 틱낫한의 시이다.

> "우리의 적은 증오라는 이름을 가졌다.
> 우리의 적은 비인간성이란 이름을 가졌다.
> 우리의 적은 분노라는 이름을 가졌다.
> 우리의 적은 이념이라는 이름을 가졌다.
> ·······
> 우리의 적은 우리를 갈라 놓으려 한다.
> 우리의 적은 사람이 아니다.
> 우리가 사람을 죽이면 우리는 누구와 살 것인가?"

위의 시는 탐 · 진 · 치 삼독과 정치적 이념 등 내부의 적을 진정한 적으로 규정하고 있을 뿐만 아니라 일반적으로 우리가 적으로 간주하는 사람을 적이 아니라고 말하고 있다. 이는 철저한 불교적 사유방식에서 나온 것이다. 물론 틱낫한 뿐만 아니라 베트남 전쟁 때 베트남 인구의 80% 이상을 차지하는 일반시민들 역시도 불교적 방식으로 반전운동에 참여했는데, 틱낫한이 활발하게 참여하고 있는 대표적인 불교운동단체인 '베트남통일불교회(Unified Buddhist Church of Vietnam)'는 단식, 자기의 모든 것을 비웠다는 상징으로 몰려오는 탱크 앞에 조상의 불단을 내놓는 행동, 삭발, 정부에 철저한 비협조, 징병거부, 그리고 가장 격한 분신 등을 통해 정치적 참여를 시도하였다.(크리스토퍼 퀸 · 샐리 킹, 2003: 448-450)

그렇다고 틱낫한이 구조적 문제나 제도개혁과 같은 참여방식을 경시한 것은 아니다. 아래의 인용문에서 보듯이 그는 오히려 제도적 폭력에 반대할 것을 촉구하고 있다.

> "... 만일 비폭력의 '입장'이라면 폭력을 공격할 것이다. 그러나 가장 명백한 폭력은 혁명과 자유주의의 폭력이다. 그러므로 만일 비폭력의 편에 서면 실질적인 혁명과 자유주의에 자동적으로 대항하는 것이다. 너무 고통스러운 일인가! 절대 그렇지 않다! 우리는 혁명과 자유를 반대하는 것이 아니다. 우리는 그 반대 편, 제도와 압제자를 반대하고 있다. 체제의 폭력은 은폐되어 있어서 잘 눈에 띄지 않지만, 훨씬 더 파괴적이고 해롭다. 우리는 그것을 제도적 폭력이라 부른다. 우리는 스스로 비폭력적이라고 부름으로써 모든 폭력에 반대하고 있지만, 제일 먼저 반대하는 것은 바로 '제도적' 폭력이다." (크리스토퍼 퀸 · 샐리 킹, 2003: 464)

위의 인용문에 분명하게 나타나 있듯이, 혁명과 자유 즉 남북베트남의 정치적 이념과 그 배후에 놓인 체제, 구조, 제도의 폭력에 반대할 것을 촉구하고 있다. 그러나 다음의 인용문에 잘 나타나 있듯이, 틱낫한은 그것과 대결하고 거기에 담긴 폭력을 해결하기 위해 별도의 정치단체를 결성하는 것이 아니라, 종교단체로서 그 역할을 수행하자는 입장을 끝까지 견지하였고 그러한 점에서 끝까지 종교적(불교적) 성격을 잃지 않았다.

> "1963년의 승리 이후로 적어도 백만 명의 사람들이 와서, '우리도 불교 정당이 필요하다. 정치적으로 조직되지 않으면 성공할 수 없다'고 말했습니다. 오는 사람마다 그렇게 이야기했습니다. 현재 불교계의 지원을 바라는 정치인들도 있습니다. 그들은 스스로 불교 정치인이라 부르며 기독교 정치인들과 경쟁하고 있습니다. 1963년에 우리가 서로에 대해 가지고 있던 믿음은 사라져 버렸습니다. ... 그리고 '파리협정'이 체결되고 난 후 우리는 또 다른 노력을 했습니다. '이제 자신을 불교 정치인이라고 부르는 사람들을 포함해서 어떠한 정당과도 절연하자, 우리에겐 정당이 필요 없다, 오직 조화와 치유를 위해 일하는 종교단체로서 역할을 다하자.' 우리는 그렇게 얘기했죠. 나도 그것을 강력하게 지지하는 사람 중 하나였습니다. ... 우리가 그러한 태도를 취하자 순수한 종교적 입장으로 되돌아가자고 결정했다는 이유로 정치인들이 공격하기 시작했습니다. 물론 불교 정치인들도 포함되었죠. 하지만 우리는 올바른 결정을 한 것입니다. ... 우리 승려들은 우리의 힘이 정치단체와 같지 않다는 사실을 알고 있습니다. 우리의 힘은 종교집단으로서 존재하는 것이니까요. ... 성직

자의 사명은 정치인의 사명과는 아주 다른 것입니다." (크리스토퍼 퀸 · 샐리 킹, 2003: 473-474)

위에서 알 수 있듯이 틱낫한은 정치단체와는 다른 종교단체(여기에서는 물론 불교단체)로서의 정체성을 분명히 견지하고 있었기 때문에, 베트남 남북전쟁과 같은 극단적 가치갈등이 발생했을 경우 합리적 계산(세속적 이해득실의 가치)에 의한 정치적 선택보다는 보다 근원적이고 보편적인 상위가치의 입장에서 중도적 노선을 선택하였다. 그것이 바로 틱낫한의 '중도주의 운동(크리스토퍼 퀸 · 샐리 킹, 2003: 제9장)' 노선인 동시에 가장 불교적인 정치참여의 방법, 즉 합심주의적 방법이었던 것이다.[13]

5. 결 론

한국의 대표적인 사회운동 연구가로 알려진 조희연은 세계적인 참여불교운동가인 술락 시바락사의 평화이론을 담고 있는『평화의 씨앗』(술락 시바락사 지음/변희욱 옮김, 2001)에 대한 서평을 다음과 같이 정리하고 있는데, 이 책이 '마음 속 평화의 씨앗이 어떻게 사회운동으로 이어지는지를 논의하고 있다'는 점을 고려하면, 이는 합심주의적 불교평화운동의 장점을 정리한 것으로 간주하여도 손색이 없다.

---

13 달라이라마와 틱낫한의 사례는 유승무(2011)을 이 글의 용도에 부합하도록 수정한 것임을 밝혀 둔다.

"첫째, 사회적 실천이란 언제나 인간에 대한 애정에서 출발해야 하며 일상적인 실천 속에서 부단히 처음의 정신으로 돌아가야 한다는 일깨움이다. 둘째, 사회적 실천은 인간변화와 함께 가야 한다는 것이다. 셋째, 우리 모두로 하여금 우리가 매일 직면하는 문제를 이웃과의 연관 속에서 그리고 전지구적 연관 속에서 되새겨 볼 수 있게 한다. 넷째, 이 책은 물질적 발전이 지고의 목적이 되어 버리고 전 사회적 성원이 그것의 정신적 노예가 되어버린 광기의 현실을 성찰하게 하고 있다. 다섯째, 이 책에서 내가 얻은 또 하나의 배움은 개발의 광기에 대한 저항의 동력을 자신들의 전통에서부터 끌어오려고 한다는 점이다. 마지막으로 … 어떻게 마음의 평화와 흔들림 없는 평정을 유지할 수 있을 것인가의 문제를 생각하였다. … 궁극적으로 '가장 중요한 관건은 우리 자신의 마음가짐이다'라는 저자의 말은 나에게 깊은 울림으로 다가온다."
(술락 시바락사 지음/ 변희욱 옮김, 2001: 8-13)

한마디로 합심주의적 불교평화운동은 마음의 평화가 사회적 실천으로 귀결되도록 하는 독특한 사회운동으로서, 불교문화권사회의 경우 전통과 맞닿게 된다는 장점도 있겠지만 보다 본질적으로는 평화라는 목적을 달성하는 수단마저도 비폭력에 의존함으로써 사회운동의 부정적 후유증을 수반하지 않는다는 장점을 갖는다.

그 상징적인 사례를 우리는 저 유명한 복발의 사례에서 확인할 수 있다. 그 대충의 줄거리는 다음과 같다. 승가생활에 대한 규정을 둘러싸고 두 원로 스님 사이에서 갈등이 벌어져 끝내 화해를 이루지 못하자 붓다도 그 자리를 뜨고 신도들도 복발을 하게 되었고, 상황이 그렇듯 극단적으로 전개되자 갈등의 두 당사자가 자신들의 행동을 반성하고(자신만의 주장을 버리고 서로서로 상대방의 의견을 수용한 다음) 붓다에게 용서를 구하고 다시 평온을 찾았다는 것이다. 이렇듯 합심주의적 불교평화운동은 갈등을 힘(혹은 폭력)으로 해결하기 보다는 당사자의 합심(아힘사; 비폭력)으로 해결함으로써 사회운동의 결과로 볼 때 그 아무런 후유증도 수반하지 않았음을 잘 보여주고 있다.

물론 합심주의 불교평화운동은 명백한 단점도 지닌다. 그것은 불교평화운동의 내적 한계와 외적 한계에서 유래한다. 먼저 내적 한계를 보자. 지극히 자연발생적인 추론이지만, 합심주의적 불교평화운동은 합심이 이루어지지 않을 때는 아무런 실질적 효력을 발생시킬 수 없다. 그 상징적 사례를 우리는 저 유명한 '코살라의 석가족 침공 사례'에서 찾을 수 있다. 그 이야기의 대강은 다음과 같다: 붓다가 석가족으로 하여금 카스트에 대한 집착을 버리도록(합심하도록) 가르쳤음에도 불구하고 석가족이 하인을 석가족의 딸로 위장하여 코살라 왕의 왕비로 보냄으로써 그리고 나중에 그 사실이 알려지게 됨으로써 결과적으로는 훗날 왕이 된 코살라 왕자의 마음에 증오심을 심게 되어 석가족에 대한 무자비한 보복공격으로 이어졌는데, 심지어 붓다조차도 이 전쟁과 그로 인한 석가족의 대량 살상을 막아내지 못하였다는 것이다. 이 사례가 보여주고 있듯이 합심주의 평화운동은 행위자 자신이 자신의 평화로운 마음과 합심해야 함은 물론이고 상대방의 마음과도 합심되어 있지 않으면 결코 평화라는 목표에 이를 수 없다. 이는 합심주의적 불교평화운동의 조건이 그만큼 까다롭고 따라서 현실적으로는 그 목표달성의 가능성(확률)이 그만큼 낮을 수밖에 없음을 의미한다. 그리고 비록 성공한 사례일 경우라도 합심의 조건을 갖추기까지 오랜 시간과 힘든 노력이란 대가를 요구한다는 점에서 비효율성 시비에 휘말릴 수도 있다.

다음으로 합심주의적 불교평화운동의 외적 한계를 보자. 이 한계는 크게 다시 두 가지 한계로 나누어 볼 수 있는데, 그 하나는 자본주의적 사회구조가 구성원들의 생활양식과 의식에 영향을 미친다는 점을 생각할 때 세속사회의 자본주의적 가치지향을 저지하는 것이야말로 불교평화운동 성공의 결정적인 조건이다. 그러나 합심주의적 불교평화운동은 자본주의사회의 구조적 조건을 근원적으로 바꾸려는 운동이 아니다. 결국 오늘날 불교문화권 사회, 심지어 라다크조차도 급격히 서구화되고 물질만능주의적 자본주의화로 변하고 현실이 암시하듯이, 합심주의적 불교평화운동은 사회구조적 영향력을 저지하는데 한계를 갖고 있다. 다른 하나는 불교공동체나 자신의 조국이 적의 물리적 공격으로부터 침략을 받고 있는 전시상황이나 엄청난 물리적 · 이데올로기적 강제력에 의해 자신의 공동체가 탄압을 받고 있는 내부 식민지 상황에서 합심주의적 불교평화운동이 그 목표 달성의 가능성을 기대하기란 어려울 것으로 판단된다. 그리고 그 과정에서 최근 티베트의 분신이 시사하듯이 엄청난 희생양을 제물로 바쳐야 하는 난점도 수반된다.

참고문헌

『大正藏』4. 567.
『大正藏藏』31. 217.
『유마경』.

김우창. 2014. 『깊은 마음의 생태학』. 김영사.
달라이라마방한준비위원회. 연도미상. 『불교와 평화』(자료집).
박경서. 2004. 「세계화 · 폭력 · 평화」. 『폭력과 평화의 사회학』. 한국사회학회 특별심포지움 자료집.
신진욱. 2004. 「폭력연구와 사회학적 전통」. 『폭력과 평화의 사회학』. 한국사회학회 특별심포지움 자료집.
유승무 · 박수호. 2006. 「세계화시대의 폭력, 아힘사, 그리고 평화」. 『전기 사회학대회 자료집』. 한국사회학회.
_____. 2010. 『불교사회학- 불교와 사회의 연기법적 접근을 위하여-』. 박종철출판사.
_____. 2011. 「불교의 평화사상」. 『동아시아의 평화와 21세기: 유산, 과제, 전망』. 서울대학교 통일평화연구원.
_____ · 박수호 · 신종화. 2013. 「마음의 사회학적 재발견과 합심의 소통행위론적 이해」. 『사회사상과 문화』 제28집. 동양사회사상학회.
_____. 2014. 「연기, 마음, 그리고 합심사회의 사회학?」. 『불교학연구』 제37집. 불교학연구회.
최유진. 2011. 「불교의 평화사상과 소통-원리와 방법-」. 『(사)한국불교학회 춘계학술대화 자료집』. (사)한국불교학회.
허우성. 2011.「간디의 송아지와 殺處分: 동물에 대한 인간의 책임?」. 『비폭력연구』 제5호. 경희대학교 비폭력연구소.
달라이라마. 2004. 『달라이라마, 삶을 이야기하다』. 진현종 역. 북로드.
술락시바락사. 2001. 『평화의 씨앗』. 변희욱 옮김. 정토출판.
요한 갈퉁. 2014. 『평화적 수단에 의한 평화』. 강종일 외 역. 들녘.
이케다 · 갈퉁. 1997. 『평화를 위한 선택』. 손대준 옮김. 신영미디어.
크리스토퍼 퀸 · 샐리 킹. 2003. 『아시아의 참여불교』. 박경준 역. 초록마을.
트레버 링. 1981. 「불교 · 전쟁 · 평화」. 『현대사회와 불교』. 김정우 옮김. 한길사.
한나 아렌트. 1999. 『폭력의 세기』. 김정한 옮김. 이후.
나까무라 하지메. 1996. 「불교의 평화이념」. 『多寶』 통권 17호. 송위지 역. 대한불교진흥원.
S. Putuwar, 1991. *THE BUDDHIST SANGHA- Paradigm of the Ideal Human Society*. university press of America.

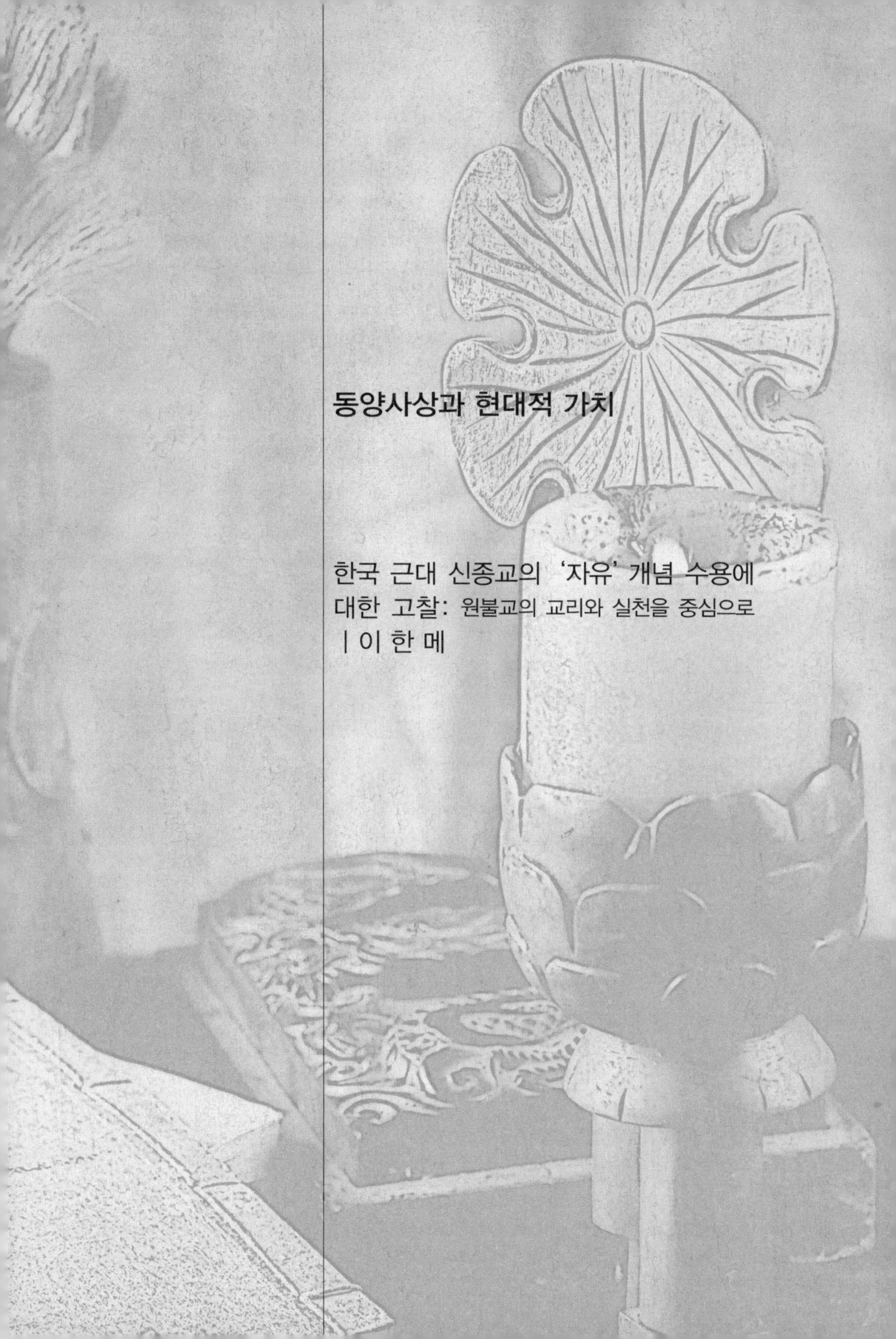

동양사상과 현대적 가치

한국 근대 신종교의 '자유' 개념 수용에 대한 고찰: 원불교의 교리와 실천을 중심으로

| 이 한 메

한국 근대 신종교의 '자유' 개념 수용에 대한 고찰: 원불교의 교리와 실천을 중심으로

—

이한메

오늘날 '자유'는 개인의 행복과 국가 번영의 조건이자 행위 주체들이 지향해야 할 필수적 덕목으로 인식되고 있다. 정치적 · 경제적 의미로부터 시작된 서구 근대 자유주의의 핵심은 '개인주의'라고 할 수 있다. 이러한 서구 근대의 자유사상은 개화기 우리사회에 전파되며 기존 종교에 혁신의 기운을 불어넣었다. 근대 신종교로서 원불교는 서구의 자유사상에 대해 '전통의 수호', '주체적 수용', '능동적 변용' 등의 방식으로 대처하며 종교혁신 기획을 성공적으로 성취하였다.

첫째, '교리도' 분석을 통해 원불교는 전통적 대승불교의 자유정신을 계승하고 있음을 알 수 있다. 둘째, 종교조직적 차원에서는 『조선불교혁신론』 검토에서 나타나듯이 근대의 자유정신이 전면적으로 수용되었다. 셋째, 『건국론』 논의에서 드러나듯이 서구 자유사상을 주체적으로 변용하여 그것이 가지고 있는 문제에 대한 극복 가능성을 제시하였다.

개인주의를 기초로 한 근대 서구 자유사상은 예상치 못한 딜레마에 빠져 있어 대안 발굴이 시급하다. 탈종교 시대의 기성 종교 역시 비슷한 처지에 놓여 있다. 인간의 자유와 해방이라는 동일한 목적을 달성하기 위해 서구의 세속적 자유사상과 동양의 종교적 자유사상은 '통섭統攝'되어야 한다. 불법의 현대적 구현을 목적하는 원불교와 인본주의를 지향하는 근대적 자유사상의 만남과 소통은 인류의 진보적 문명 기획에 생산적으로 기여할 수 있을 것이다.

1. 들어가는 말

타인의 구속을 받지 않고 자신의 결정대로 살아 갈 수 있는 상태를 나타내는 '자유自由'는 개인의 행복과 국가 번영의 조건이자 현대사회의 행위 주체들이 지향해야 할 필수적 덕목으로 인식되고 있다.

그러나 자유의 개념, 혹은 이와 연관된 '자유주의'나 '개인주의' 경향의 발생 시기나 의미를 특정하려는 시도는 자의적 · 임의적이라는 평가를 받을 수밖에 없다. 왜냐하면 인류가 문명화의 길로 들어선 이후 자유에 대한 갈망은 생존에 대한 욕구와 등치되며 시대적 상황에 따라 다양한 형태로 끊임없이 표출되어왔기 때문이다. 인류의 역사는 자신을 둘러싼 자연과 사회의 억압으로부터 벗어나기 위한 모색과 도전의 역사였다. 그렇기 때문에 자유는 생물학적 차원이나 사회학적 차원에서 인류의 삶에서 분리할 수 없는 근원적 존재양식이라고 할 수 있다.

그렇다면 자유에 대한 개념은 불변의 도덕적 · 정치적 가치를 일컫는 고정적 · 추상적 의미가 아니라 역사적 맥락에서 도출된 가변적 · 유동적 의미로서 논의되는 것이 적절하다(Arblaster, 1986: 11). 따라서 본고에서는 사회제도적 수준에서 명시적 · 보편적 가치로서 자유 개념이 수용된 시기를 종교와 신분질서의 압력으로부터 벗어나 개인의 독립성과 자율성이 각광받기 시작한 근대 이후로 보고 자유의 의미도 그에 걸맞게 축소시켜 사용한다.

또한, 근대의 자유 개념은 구성적 이데올로기라는 관점에서 조망할 수 있다. 바우만(Z. Bauman)은 그 동안 사회학자들이 인간의 '자연적 자질'로서 자유의지를 전제한 후, 규범적으로 사회질서 유지에 대한 논의를 전개해왔다고 지적한다. 그러나 자유 개념은 사회관계의 비대칭적 차이에서 발생한다. 다시 말해, 보편윤리로서 '자유'는 하나의 사회적 사실로서 사회통합과 체계재생산의 필요조건이며, 효율적인 노동과 소비행위의 촉진을 목적하는 근대 산업사회라는 인위적 세계 속에서 그 특수한 의미가 드러날 수 있는 것이다(Bauman, 1988: 3-9). 본고가 원불교의 자유사상을 통해 근대적 자유의 병리현상에 대한 극복방안을 제시하려는 까닭도 바로 이와 같은 일종의 허위의식으로서 강요되는 자유 개념에 대한 비판의 의도를 담고 있기 때문이다.

이러한 맥락에서 본론에서는 먼저 서구 근대 자유 개념의 특성을 일별하고, 원불교의 교리적 · 조직적 · 정치적 차원에서 나타나는 자유 개념을 추출하여 그 차이점을 탐색한다. 그리고 이를 토대로 원불교가 서구 근대사상으로서 자유 개념을 어떻게 수용하고 변용했는지를 살펴본다. 이와 같은 작업들은 근대적 자유사상의 한계와 이를 극복할 수 있는 대안으로서 원불교 자유 개념의 고유한 가능성을 발견하는 데 도움을 줄 것이다.

2. 근대 서구 자유사상의 전개

1) 근대 자유주의의 특성

근대 서구 사상사에서 자유의 개념은 중세의 질서로부터의 해방을 추구한 계몽철학을 통해 가장 두드러지게 나타난다. 근대 시민사회의 원리로서 자유에 대한 천착은 자유주의(liberalism) 이념으로 발전하였는데, 고전적 형태의 자유주의는 로크(J. Locke)가 『통치론(1689)』을 통해 주창한 정치철학적 자유주의와 스미스(A. Smith)가 『국부론(1776)』에서 설파한 경제적 자유주의를 기초로 한다.

유럽 근대 자유주의 연구자들에 따르면 자유주의는 다음과 같은 개념적 특성을 포괄한다(Gray, 1995: xii; Diana, 2007: 537-8). ① 공동체를 넘어서는 개인에 대해 고려한다(개인주의). ② 사회적 지위를 떠나 개인에게 동등하게 부여된다(평등주의). ③ 인류적 차원의 도덕적 결속을 뜻하는 보편주의를 지향한다(보편주의). ④ 사회제도와 사회조직의 진화 · 진보 · 정확성에 대한 믿음을 '인류의 자연적 속성'으로 간주하는 정치적 · 사회적 관점이다(사회개량주의).

이 같은 정의에서 볼 수 있듯이 자유를 지향하는 사상으로서 자유주의의 핵심 요소는 개인의 가치와 권리에 최상의 도덕적 가치를 부여하는 '개인주의'이다. 자유에 대한 현대적 논의들도 대부분 개인 옹호의 역사적 맥락을 이어 받고 있다. 예컨대 벌린(I. Berlin)의 소극적 자유와 적극적 자유에 대한 설명에서도 자기보존과 자기결정의 욕망을 충족하기 위한 개인의 권리가 강조된다(Berlin, 2002: 166-217). 유서 깊은 공화주의적 자유 개념의 전통에서는 사익과 공익의 조화를 강조하는 '시민적 덕성(civic virtue)'이나 '정치적인 것(the political)'의 중요성이 대두되기도 한다(Viroli, 2002: 69- 78; Arendt, 1998: 22-7). 그러나 이와 같은 공화주의적 공공성의 강조는 오히려 개인의 자유를 침해함으로써 '비지배 자유'의 이상을 훼손할 수 있기 때문에 이를 방지하기 위해서는 역시 개인 이성의 자유로운 발휘가 전제되어야 한다. 따라서 개인을 영웅시하는 낭만적 자유주의 정치사상들은 다원주의 사회의 자유와 협력의 생성을 위한 범주 · 원리 · 제약 등에 특별한 관심을 갖고 공적 · 사적 생활에서의 자기표현 및 무한한 가능성의 배출구를 찾으려 한다(Rosenblum, 1987: 188).

이처럼 개인주의가 자유주의를 규정하는 가장 보편적 개념이자 근대성의 핵심 가치라고 한다면, 개인주의에 대한 보다 심도 있는 검토는 서구 근대의 자유 개념을 명확하게 규정할 수 있는 기초 작업으로서 의의를 갖는다.

2) 서구 자유주의의 토대로서 개인주의

개인주의는 세계를 구성하는 우선적 요소가 분리될 수도 없고, 서로 환원되지도 않으며, 홀로 느끼고 행동하고 생각하는 개인이라는 신념으로부터 출발한다. 따라서 개인은 자신의 삶의 전략과 행동을 스스로의 의지에 따라 바꿀 수 있고, 자신을 소외시킬 수 있는 외부 압력에 대하여 되도록 덜 의존하면서 자신의 이익·욕망·정념에 따라 살고자 하는 존재로서 이해된다(로랑, 2001: 9-11). 이러한 사고 속에는 '소유' 관념이 내재되어 있다. 자유주의 인간관에 따르면 욕망하는 존재로서 개인 각자의 이익추구는 공익 실현의 토대가 된다.

근대 개인주의의 기원을 이해하기 위해서는 라이프니츠(G. W. Leibniz)를 거론하지 않을 수 없다. 그는 『단자론(1714)』에서 세계에는 서로 독립된 실재인 단자들만이 존재하고 그것들 사이에는 창窓이 없다고 주장한다. 즉, 개체성을 본질로 하는 실재는 저마다 유일성을 갖고 있으며 스스로를 향해 닫혀 있다는 것이다. 라이프니츠가 언급한 '독립성'을 지닌 개체는 자폐自閉를 통해 자기 자신만을 배려함으로써 우주의 조화를 드러내기 때문에 칸트(I. Kant) 식의 '규율에 복종하는 자율성' 개념에 우선하여 개인주의 사상의 중심을 차지하게 된다(르노, 2002: 63-6). 한편, 17세기의 정치사상을 '소유적 개인주의'로 규정하고 있는 맥퍼슨(C. B. Macpherson)의 통찰도 의미가 깊다. 그는 정치적 개인주의가 본질적으로 '자신의 신체나 재능의 고유한 소유주로서의 개인'이라는 인식에 기초해 있었기 때문에 개인은 도덕성과 무관하게 단지 자기 자신의 소유자로서 여겨지게 되었다고 본다(맥퍼슨, 1991: 24-6).

물론 고전적 자유주의자들을 개인의 이익만 추구하고 공동체에 무관심한 이기주의자로 공격하는 것은 부당하다. 그들은 공동선을 부정했다기보다는 공동선의 명목 하에 발생하는 집단주의적 횡포에 대해 전략적 대처를 한 것이다. 이러한 유추는 『통치론』에서 반복적으로 등장하는 공공복지나 공익을 위한 정치권력의 행사에 대한 내용을 통해 정당성을 확인할 수 있다(김비환, 2005: 195-200). 스미스의 경제적 자유주의 사상에서도 유사한 면을 발견할 수 있다. 그는 신의 섭리와 유사한 자연적 질서인 '보이지 않는 손'을 언급하지만 그것은 '정의'에 입각한 질서이다. 사회구성원의 방종을 경계하는 이러한 관점은 스미스뿐 아니라 경제적 자유주의자들의 사상에서 흔하게 나타나는 일관된 생각이다. 그렇기 때문에 어떤 의미에서 본다면 모든 자유주의는 질서자유주의(Ordo-Liberalism)라고도 할 수 있다(이근식, 1999: 147).

자유민주주의 사상의 성립에 지대한 영향을 미친 밀(J. S. Mill)은 근대 자유주의자가 처한 상황을 전형적으로 보여준다. 그는 공리주의자로서 맹목적인 자유지상주의자와는 거리가 있다. 하지만 권력·여론·집단적 정서 등을 통한 사회의 개인에 대한 간섭이 다수의 횡포 혹은 사회적 압제로 귀결될 것이라는 확고한 입장을 가지고 개인의 독립성을 강조했다. 그에 따라 개인을 강제하거나 통제할 수 있는 유일한 경우는 오직 자유의 '자기보호(self-protection)'의 필요성이 있을 때뿐이라는 결론에 도달하게 된다 (Mill, 1863: 22-32).

이처럼 근대의 정치적·경제적 자유주의자들이 사적 이익에만 몰두하는 비도덕적 인간을 대변한다는 오해를 받으면서도 '개인의 수호자'를 자임한 데에는 이유가 있었다. 즉, 구래의 사회와 단절하고 합리성에 기초한 근대 기획의 완성을 위해 부르주아 이데올로그들은 혁명적인 개인주의와 개별성의 강화를 주장할 수밖에 없었던 것이다.

3) 개인주의적 자유의 위기

근대사회의 성립과 전개 과정에서 성장한 개인주의 사상은, 오스트리아 빈 학파로부터 시작하여 미국에서 뿌리내린 신자유주의적 경향들과 구 사회주의권의 집산주의 기획의 실패에 따른 반대 급부적

성원에 힘입어 오늘날 가장 강력하고 효율적인 삶의 방식으로 자리매김하게 된다. 그러나 중세적 신화 못지않은 근대적 신화에 대한 맹목적 추종의 결과 개인은 근대 기획이 설정했던 본래적 지위를 상실하고 또 다른 억압과 혼란에 처하고 있다. 즉, 해방을 향한 개인성의 끊임없는 도전을 오히려 효율적 개인통제의 방편으로 활용하는 자본과 권력의 대응에 의해 개인의 자기창조가 좌절되고 있는 것이다.

프롬(E. Fromm)은 자유 개념이 자신을 자연이나 사회와 분리시켜 생각할 수 있는 '개인화(individuation)'의 과정과 밀접한 관련이 있다고 하면서도 개인화 과정의 양면적 성격 즉, '자아의 성장'과 '고독의 증대'라는 치명적 딜레마를 포착한다. 개인의 독자적 인격이 정립될수록 타인들과의 동질감은 축소된다. 개인은 불안과 동요를 극복하기 위해 강력한 힘에 대한 복종으로 구원의 길을 모색한다. 결국 이러한 부작용은 개인을 새로운 속박과 무관심이라는 도피처로 인도한다(Fromm, 1994: 23-38).

이와 같은 개인화에 대한 비관적 사고는 최근 '피로사회(Mudigkeits Gesell Schaft)' 논의를 통해 다시 한 번 재조명되고 있다. 즉, 후기 근대의 고통은 우리가 규율 앞에 벌거벗은 생명으로서 '호모사케르(Homo Sacer)'이기 때문이 아니라, 오히려 스스로에게 과도한 주체성을 부여한 자기착취적 '호모 리베르(Homo liber)'이기 때문에 나타난다. 그 결과 긍정성의 사회에서 자신이 자유롭다고 생각하는 개인들이 나르시시즘에 빠져 외부와의 유대를 단절한 채 새로운 목표, 닿지 않을 성과를 향해 반복적·소모적으로 투신하게 된다. 하지만 개인들은 이상적 자아와 현실적 자아의 차이 때문에 나타나는 소진消盡과 우울에 빠져 자멸할 수밖에 없다(한병철, 2012).

이른바 신경제(new economy) 하의 노동시장 구조와 이에 부응하는 탈계급적 정치 세력들의 정책들은 개인들의 자기 지향적 욕구를 표준화 혹은 제도화 과정으로 흡수함으로써 사회의 책임과 부담을 다시 개인에게 전가하는 교활한 모습을 드러내고 있다. 벡(U. Beck)은 오늘날의 이러한 사회 양상을 '개인화(individualization)와 그에 따른 불안정한 자유'로 표현한다. 전통이 지시해 주던 '자명한 삶의 소멸'과 삶의 지배적 요소로서 '개인 결정의 확대'라는 근대적 현상은 개인의 존재 방식에 넘치는 자유를 동반하며 일정한 해방의 요소들을 가져다주었지만, 그에 대한 대가로서 선택에 따른 책임을 강요하며 개인을 당황하게 만들고 급기야 자신의 자유를 위탁할 새로운 권위를 찾아 떠돌게 하는 불확실성의 '위험사회'로 이끄는 것이다(Beck, 2002).

오늘날 각 부문에 수렴되고 있는 개인화 현상은 개인들의 자유로운 결정에 기초한 것이라기보다는 근대사회의 필연적 결과이다. 그렇다면 해방과 불안이라는 모순적 사회 경향을 개인들은 수동적으로 받아들여야만 하는가? 그 동안 많은 이들이 이러한 모순을 과거로의 회귀나 권위의 대체물을 설정함으로써 해결하고자 했지만 그러한 대증요법은 다시 한계에 봉착할 수밖에 없다. 보다 근원적인 변화를 위해서는 최상위의 문화체계로서 종교적 차원의 주체적이고 실천적인 방어 전략이 요청된다. 즉, 다양한 부작용을 낳고 있는 근대적 자유와 개인화 현상에 대한 종교적 대응이 새로운 시대적 과제로 떠오르고 있는 것이다.

3. 원불교圓佛敎의 자유사상

1) 원불교 창교의 시대적 배경

1916년 소태산少太山 박중빈朴重彬(1891-1943) 대종사大宗師에 의해 창립된 원불교는 불교에 맥을 대고 '불법의 시대화, 생활화, 대중화'라는 종교적 혁신을 시도하였다.[01] 원불교 7대 교서 중 하나로 지정되어 있는 『원불교교사圓佛教教史』에는 창교의 시대적 배경이 다음과 같이 묘사되고 있다.[02]

> 대종사께서 이 세상에 오신 시대는 인류 역사상 일찍이 없었던 큰 격동의 시대요, 일대 전환의 시대였다. 19세기 말엽부터 밖으로는 열강 여러 나라의 침략주의가 기세를 올려, 마침내 세계 동란의 기운이 감돌았고, 급속한 과학 문명의 발달은 인류의 정신 세력이 그 주체를 잃게 하였다. 안으로 한국의 국정은 극도로 피폐되고, 외세의 침범으로 국가의 존망이 경각에 달려 있었으며, 수백 년 내려 온 불합리한 차별 제도 아래서 수탈과 탄압에 시달린 민중은 도탄에 빠져 있는 가운데, 개화의 틈을 타서 재빠르게

---

01 『대종경』, '서품' 15-19장.

02 원불교에는 교단의 교리 · 제도 · 역사 등을 교도教徒들에게 가르치기 위한 교과서로서 '7대 교서'가 있다. 여기에는 『정전正典』, 『대종경大宗經』, 『불조요경佛祖要經』, 『예전禮典』, 『정산종사법어』, 『교사』, 『성가』 등이 포함된다. 이 중에서도 교조가 친제한 『정전』과 제자들이 스승의 언행을 기록한 『대종경』을 합본한 『원불교교전圓佛教教典』이 핵심 교서로서 가장 중시된다.

> 밀려 든 서양의 물질문명은 도덕의 타락과 사회의 혼란을 가중 시켜 말세의 위기를 더욱 실감하게 하였다. (『원불교교사』, 제1편 '개벽의 여명')

이른바 '일대전환의 시기'로서 조선의 근대적 전환기는 시련과 어둠으로 점철되었다. 혼란의 시기에는 종교의 기능이 부각된다. 사회학적 관점에서 종교의 기능은 크게 두 측면으로 나누어 볼 수 있는데 하나는 내적인 자아통합이고, 다른 하나는 외적인 사회통합이다. 사회 구성원들은 종교를 통하여 단일한 문화로 결집할 수 있고, 이를 통해 삶에 대한 의미를 부여받음으로써 자신의 존재에 대한 안정감을 찾게 된다. 이 때문에 내외부적 환경이 개인적·집단적 정체성을 위협하는 불안정한 시대일수록 기성 종교의 기능을 대체하려는 새로운 정신운동들이 부상하게 된다(이한메, 2010a).

조선 말기의 신종교 운동의 전개는 단지 사회의 불만에 대한 표출의 차원이 아니라, 서구 근대성의 침탈 위기 속에서 민중 스스로의 실존적 가치를 지키기 위한 정신사적 저항의 일환이었다. 이는 '재보수화', '복고화' 그리고 '합리화'의 다양한 종교운동들로 분기하여 동학(천도교)과 증산교 그리고 원불교라는 민족종교의 형태로 수렴되었다. 민족주의적 신종교들의 공통된 지향점은 억압받는 민중의 해방과 자유의 획득이었다. 그러나 반봉건·반외세의 민중해방운동을 선도하던 동학은 유생들이 교단을 장악하게 되면서 재보수화로 귀결되었고, 증산교가 선택한 길은 당시 대중적 열망을 반영한 신비주의와 국수주의의 복고적 방향이었다.

원불교는 일제 강점기에 탄생한 교단이라는 한계로 인해 필연적으로 일제와의 관계 설정 문제가 초창기 내내 화두처럼 따라다녔다. 일제는 교조인 소태산과 그의 제자들을 상대로 구금, 감시, 침탈, 회유 등 다양한 방식의 탄압을 반복했지만, 교단 지도부는 정국에 대한 혜안을 기초로 해방을 맞이할 때까지 일본의 황도불교화皇道佛敎化 정책에 효과적으로 대항하였다. 일제에 대한 원불교의 저항 방식은 저축조합과 개간공사를 통한 민족 자립경제의 확립 및 예법 혁신, 미신 타파, 한글교육, 야학 등을 통한 민중 교육사업과 같은 비교적 온건한 노선을 취했다(김홍철, 1983; 양은용, 1995). 이는 민족주의와 세계주의를 동시에 지향하며 '전통의 재창조'를 추구했던 원불교의 교단적 기풍과 전망이 반영된 결과라고 볼 수 있다.

실제로 오늘날 민족종교의 한계를 벗어나기 위한 원불교의 노력과 성과는 여타의 근대 신종교들과 상당한 차이를 보인다.[03] 원불교가 민족종교로서 세계종교를 지향한다는 것은 수동적 근대화를 극복하는 '주체적 대응'이자, 보편사상으로서 서구 근대성에 대한 '창조적 수용'이라는 함의가 있다. 이러한 교단적 특성은 서구 자유 개념의 수용 과정에도 적용된다. 즉, 원불교의 서구 자유사상 수용이 수동적·강제적 양상이 아니라 교법정신에 따른 재구성과 변용의 과정을 거쳐 이루어졌음을 쉽게 추측할 수 있다.

요약하면, 구한말 서구 근대성의 확산은 기존의 종교세계에도 혁신의 기운을 불어넣었다. 그러나 유불선儒佛仙으로 대표되는 기성의 한국 종교들은 새로운 시대정신의 흐름에 걸맞은 자기 변화를 제대로 수행하지 못했다. 이에 소태산 대종사는 한국의 주요 전통 사상 중 하나였던 불교 사상에 연원을 대면서도 근대의 물결에 보다 효과적으로 대처하기 위하여 과거의 답습이 아닌 총체적 혁신의 길을 선

03 2002년 미주선학대학원대학교의 설립과 2011년 미주 총부의 건설은 전 대륙 23개국 140명 정도의 전문 교역자를 파견한 원불교 해외교화 역사에 전기를 마련할 것으로 기대된다.

택하였다. 개혁불교 나아가 개혁종교로서 원불교는 전통과 근대성을 이분법적으로 보지 않았으며, 오히려 주체적이고 적극적인 근대성의 수용을 통해 후천개벽 시대의 전망을 새롭게 기획하였다(이한메, 2010b: 257). 그리고 이러한 구상은 원불교적 '자유' 사상의 정립과 실천에 접목되었다.

2) 교리도를 통해 본 자유사상

한 종교의 교리를 단시간에 파악하고 보편적 언어로 설명하기란 매우 어렵다. 그러나 원불교의 경우에는 교조가 교리의 핵심을 추출한 『정전正典』을 친제하였고, 이를 다시 한 눈에 알아 볼 수 있도록 도해圖解까지 제공해 주었기 때문에 초입자의 교리접근이 상대적으로 수월하다.[04]

04 소태산 대종사는 원기 28년(1943) 교리도敎理圖를 발표 시 '내 교법의 진수가 모두 여기에 들어 있건마는 나의 참 뜻을 아는 사람이 몇이나 될꼬(…)'라며 교리도에 대한 자부심과 함께 그것을 이해하지 못하는 대중에게 안타까움을 표한 바 있다.(『대종경』, '부촉품' 7장)

〈그림 1〉 원불교 교리도

〈그림 1〉에 나타난 바와 같이 원불교의 교리도는 신앙의 대상이자 수행의 표본인 '법신불 일원상'을 최상위에 배치해 교법의 최종 목표가 일원상의 경지에 다다르는 것임을 형상화하고 있다. 그리고 교리도의 양편으로는 일원상의 진리를 구현하는 길로서 인과보응因果報應의 신앙문과 진공묘유眞空妙有의 수행문이 펼쳐진다. 수행문에 자리한 삼학 · 팔조의 수행법과 생활불교로서 '무시선無時禪 무처선無處禪'에 대한 언급은 논리적으로 이해하기에 큰 어려움이 없다. 그러나 신앙문의 항목에 초월적 존재에 대한 언급이 나타나지 않고 현실적 · 구체적 느낌이 강하게 나는 '사은四恩'과 '사요四要'가 제시된 것은 직관적으로 이해하기 힘들기 때문에 추가설명이 필요하다.

원불교에서 사은이란 인간의 삶을 위해 반드시 필요한 천지天地 · 부모父母 · 동포同胞 · 법률法律의 네 가지 큰 은혜를 의미한다. 일원상의 신앙법에 대한 소태산의 다음과 같은 설명은 원불교 신앙이 추구하는 '합리적 속성'을 뚜렷하게 드러낸다.

> 일원상을 신앙의 대상으로 하고 그 진리를 믿어 복락을 구하나니, 일원상의 내역을 말하자면 곧 사은이요, 사은의 내역을 말하자면 곧 우주만유로서 천지만물 허공법계가 다 부처 아님이 없나니, 우리는 어느 때 어느 곳이든지 항상 경외심을 놓지 말고 존엄하신 부처님을 대하는 청정한 마음과 경건한 태도로 천만 사물에 응할 것이며, 천만 사물의 당처에 직접 불공하기를 힘써서 현실적으로 복락을 장만할지니, 이를 몰아 말하자면 편협한 신앙을 돌려 원만한 신앙을 만들며, 미신적 신앙을 돌려 사실적 신앙을 하게 한 것이니라. (『대종경』, '교의품' 4장)

사은 항목 밑에 위치한 사요는 평등세계를 건설해가는 방법으로서 자력양성自力養成, 지자본위智者本位, 타자녀교육他子女教育, 공도자숭배公道者崇拜를 말한다. 이러한 내용을 고려해 볼 때 사요는 사회불공의 측면에서 신앙문에 포함된 것이다(류성태, 2011: 33). 원불교 신앙이 개인적 신비체험이나 탈속적 성격을 지양하고 '처처불상處處佛像 사사불공事事佛供'의 '사회관계적' 측면을 강조하는 특성을 떠올린다면 사요의 신앙문 배치를 이해할 수 있다.

교리도의 신앙문과 수행문에 대한 분석과 함께 원불교 경전에 나타난 자유에 대한 언설들을 연결하면 원불교 자유관의 면모를 추출할 수 있다. 먼저 교리도 "수행문"의 관점에서 보면 원불교가 추구하는 자유의 핵심은 마음에 대한 깨달음과 실천으로 심신의 안정과 생사에 걸림 없는 경지를 성취하는 것이다. 다음과 같은 교조의 언설 속에는 이러한 자유의 의미가 명확하게 드러난다.

> "대범, 선禪이라 함은 원래에 분별 주착이 없는 각자의 성품을 오득하여 마음의 자유를 얻게 하는 공부인 바, 예로부터 큰 도에 뜻을 둔 사람으로서 선을 닦지 아니한 일이 없나니라." (『정전』, '수행편', 무시선법)

> "공부인이 성심으로 참회 수도하여 적적 성성한 자성불을 깨쳐 마음의 자유를 얻고 보면, 천업天業을 임의로 하고 생사를 자유로 하여 취할 것도 없고 버릴 것도 없고 미워할 것도 없고 사랑할 것도 없어서, 삼계三界 육도六途가 평등 일미요, 동정 역순이 무비無非 삼매三昧라." (『정전』, '수행편', 참회문)

> "수도인이 구하는 바는, 마음을 알아서 마음의 자유를 얻자는 것이며, 생사의 원리를 알아서 생사를 초월하자는 것이며, 죄복의 이치를 알아서 죄복을 임의로 하자는 것이니라." (『대종경』, '요훈품' 2장)

그러나 "신앙문"의 관점에서 보면 자유의 의미가 확장된다. 사은을 깨닫지 못하고 원망생활에 빠져 있는 중생은 결코 자유를 누릴 수 없다. 소태산은 불보살의 인격을 갖출 수 있는 아주 간이한 묘방으로서 '일상수행의 요법 9조'를 제시한 바 있다. 이 중 5조 '원망생활을 감사생활로 돌리자'는 사은신앙을 생활 속에서 어떻게 실천해야 하는지를 보여준다. 이에 대해 정산鼎山종사[05]는 다음과 같이 설명한다. "원망 생활을 감사 생활로 돌림에 따라 숙세에 맺혔던 원수가 점점 풀어지고 동시에 복덕이 유여裕餘하다."[06] , "감사생활만 하는 이는 늘 사은의 도움을 받게 되고, 원망생활만 하는 이는 늘 미물에게서도 해독을 받으리라."[07] 이렇게 은혜를 깨닫지 못하면 늘 원망생활을 하게 되고 그 생활에는 '부자유'가 뒤따르게 된다. 매사에 감사의 마음으로 사사물물을 대하는 삶의 태도가 바로 보은報恩의 삶이고 그 속에서 비로소 자유는 실현될 수 있다.

나아가 사요는 전통사회의 전근대성에 대한 통렬한 비판의식을 내포하고 있다. 소태산은 과거로부터 내려온 부당한 의뢰생활, 불합리한 차별제도, 편협한 교육의식, 공익성 부족을 비판하며 그러한 문화가 뿌리 깊게 자리하고 있어 민중이 '부자유' 상태에서 벗어나지 못했다고 지적한다. 그리고 그러한 부자유로부터 벗어나는 길로서 인권평등, 지식평등, 교육평등, 생활평등의 방안을 제시한 것이다.[08]

결국 원불교 교리도에 나타난 자유는 영적 각성을 통한 정신적 부자유로부터의 해방이라는 개인적 의미를 넘어서 무아봉공無我奉公으로 사회와 하나 되고 우주와 하나 되고자 하는 원대한 목표가 내재

---

05 소태산의 수제자인 송규宋奎에 대한 존칭. 경북 성주 출신으로 1917년 소태산 문하에 들어왔다. 소태산이 원불교의 교리와 제도를 제정할 때에 뛰어난 학식으로 큰 도움을 주었고 1943년 소태산이 열반하자 종통을 이어 후계 종법사가 되었다.

06 『정산종사법어』, '권도편' 30장.

07 위의 책, '법훈편' 59장.

08 『정전』, '교의편', 사요; 『대산종사법문집(2)』, '사요실천四要實踐으로 평등 세계 건설'.

해 있다. 즉, 원불교의 자유 개념에는 은혜를 생산하는 자유, 상생의 자유라는 포괄적인 신앙의 의미가 담겨 있는 것이다.

3) 소태산의 『조선불교 혁신론』에 투영된 자유사상

1916년 대각大覺 이후 교법의 대강을 구상하던 소태산은 1920년을 전후하여 당시 조선불교에 대한 입장들을 정리한다. 그리고 1935년에 『조선불교혁신론朝鮮佛敎革新論』을 통해 세상에 공표한다. 소태산은 이 저술을 통하여 당시 기성 불교조직에 대한 비판과 함께 혁신의 방향을 제시하였다.

> 외방의 불교를 조선의 불교로, 과거의 불교를 현재와 미래의 불교로, 산중 승려 몇 사람의 불교를 일반 대중의 불교로 혁신하되, 부처님의 설하신 무상대도無上大道)는 변하지 아니할 것이나 세간 출세간을 따라서 세간 생활에 요한 인생의 요도要道를 더 밝혀야 할 것이며, 모든 교리를 운전하는 제도와 방편도 시대와 인심을 따라서 쇄신하여야 할 것이다. (『조선불교혁신론』, '총론', pp.1-3.)

『조선불교혁신론』 총론에는 불교에 대한 이중적 평가가 나타나고 있다. 한편으론 불교를 '무상대도'로 인정한다. 소태산은 다른 종교의 영향을 받지 않고 자수자각自修自覺한 직후 당시 영향력 있던 종교의 경전들을 열람하였다. 그리고 서가모니불을 '진실로 성인들 중의 성인이라'고 칭송하며 '나의 연원淵源을 부처님에게 정하노라'고 밝힌 바 있다.[09] 소태산에게 불교는 자신의 깨달음을 증명할 수 있는 가장 탁월한 사상이었다. 그러나 다른 한편으로 민중들에게 위안과 희망을 주지 못했던 무기력한 조선불교에 대해 신랄한 비판을 가하고 있다.

> 불교는 유교의 세력에 밀려서 세상을 등지고 산중에 들어가 유야무야有耶無耶 중에 초인간적 생활을 하고 있었으므로 조선사회에는 그 법을 아는 사람이 적은지라 (…) 불법佛法이라 하는 것은 허무한 도道요, 세상 사람은 못하는 것이라 하며 (…) 불법을 믿는 승려라면 인종人種은 인종이라도 별別 동물과 같이 아는 것이 조선사회의 습관이 되었나니, 이와 같은 조선에 어떠한 능력으로써 불교를 발전시키며 불법에 대한 호감을 갖게 하리요. (『조선불교혁신론』, 1장 '과거조선사회의 불법에 대한 견해', pp.3-6.)

기성 조선불교 교단에 대한 소태산의 비판은 불교에 대한 거부가 아니라 불교의 진체眞體를 드러내고자 하는 시대적 소명의 발로發露라 할 수 있다. 그렇기 때문에 소태산의 기획은 전통을 재창조하기 위한 불교의 재조직화로 귀결되었다. 물론 당시 불교계 내부에서도 혁신운동들이 없었던 것은 아니다. 예컨대 선불교를 중흥시킨 경허鏡虛 선사, 반농반선半農半禪을 실천한 학명鶴鳴 선사, 자신의 불교 개혁

---

09 『대종경』, 서품 2장.

안을 『조선불교유신론』에 담은 만해萬海 선사, 불교의 대중화 운동을 펼친 용성龍城 선사 등 뜻있는 승려들의 외침은 쉼 없이 이어졌다(박용덕, 2014). 그러나 소태산은 기성의 조직과 방식으로는 새 시대의 주세 종교로서 역할을 하기 어렵다고 판단했다.

『조선불교혁신론』에 따르면 불교혁신의 대강이 '외방의 불교를 조선의 불교로', '소수인의 불교를 대중의 불교로', '분열된 교화 과목을 통일하기로', '등상불 숭배를 불성佛性 일원상一圓相으로'라고 표현되어 있다. 이 방향들은 결국 원불교의 근대 수용 양식과 밀접한 관계성을 보인다. 즉, 새로운 시대 민중의 새로운 욕구를 충족시키면서 불법을 이들의 삶 속에 뿌리내리고자 하는 깨달은 자로서의 경륜과 포부를 보여주고 있는 것이다. 그리고 그 실현 방안으로 채택된 조직전략은 '재가중심화'와 '훈련중심화'였다. 이와 같은 실천들은 원불교가 불교 혁신의 방편으로서 근대적 자유사상을 급진적으로 수용하는 모습을 보여준다.

> 재래 조선 불교는 배척을 받을 때에 소수인의 종교로써 세간을 버리고 출세간 생활하는 승려를 본위하여 교리와 제도가 조직되었으므로 세간 생활하는 속인에게 있어서는 모든 것이 서로 맞지 아니하고 반대같이 되었으며, 또는 세간 생활하는 속인의 신자가 있다 할지라도 주체가 되지 못하고 객관적이므로, 그 중에서 특수한 사업과 특별한 공부를 한 사람이 있다면 이어니와 그렇지 아니하고 보통 신자에 있어서는 출세간 생활하는 승려와 같이 부처님의 직통 제자로나 불가의 조상으로 들

어가기가 어려웁게 되었으니, 어찌 그 교리 그 제도로써 대중화가 되리요. (『조선불교혁신론』, 5장 '소수인의 불교를 대중의 불교로', pp.17-21.)

종교조직을 운영해 가기 위해서는 그 교단이 추구하는 이념을 전문적으로 수호하고 교육하는 인적자원이 필요하다. 그러나 출가를 재가와 분리시켜 갖가지 차별제도를 만들어 내는 교단구조는 합리적 다원주의가 사회의 기본 이념으로 인정되고 탈중심적인 개인의 주체 역량이 부각되는 시대에는 적합하지 않다. 특히, 역사 속에서 나타났던 종교조직의 권력 남용이 가져온 폐해들을 생각해본다면 신앙과 수행의 역량에 따르지 않고 성직자와 신도의 구분으로서 근본적 위계를 정하는 관행은 재고되어야 한다.

이런 이유로 원불교는 출가자에게 성직자聖職者라는 명칭을 부여하기보다는 오롯이 교단 일에 헌신한다는 의미의 '전무출신專務出身' 혹은 '출가교역자出家敎役者'란 명칭을 붙인다. 그리고 이들은 각 교당·기관·단체에 소속되어 있는 재가교역자과 협조적 관계를 이룬다. 교단 결의기관의 구성에서도 출가 일방의 교단운영은 원천적으로 불가능하다. 교단의 입법부 역할을 하는 의결기관인 중앙교의회의 경우 앞에서 제시한 바와 같이 출가와 재가의 인원이 대략 반분되어 있고, 그 권한도 교단의 핵심적 사안을 모두 포괄하고 있다. 최고 결의기관인 수위단首位團 역시 관련 기준에 따라 재가와 출가가 모두 참여할 수 있는 길이 열려있다. 또한, 원불교의 재가지향성은 교당의 위치나 교역자의 결혼에 대한 자율성을 인정하는 정책에서도 발견할 수 있다.

그러면 어찌하여야 할 것이냐? 하면 세간 공부하는 사람이나 출세간 공부하는 사람에 대하여 주객의 차별이 없이 공부와 사업의 등급만 따를 것이며, 계통繼統하는 데에도 차별이 없이 직통直通으로 할 것이며, 수도하는 처소도 신자를 따라서 어느 곳이든지 건설하여야 할 것이며, 의식衣食생활에 들어가서도 각자의 처지를 따라서 하게 할 것이며, 결혼생활에 들어가서도 자의에 맡길 것이며 (…) (『조선불교혁신론』, 5장 '소수인의 불교를 대중의 불교로', p.19.)

이러한 교조의 뜻을 따라 현재 원불교 교화기관인 '교당敎堂'은 대부분 교도들의 주거지를 중심으로 분포되어 있으며, 재가 · 출가교도 구분 없이 공부성적과 사업성적을 합산한 독특한 '원성적元成績' 체계에 따라 교도 평가를 시행하고 있다. 이와 더불어, 출가교도의 결혼문제도 개방해 놓고 있기 때문에 개인적 신념과 처지에 따라 선택할 수 있다.

한편, 소태산은 재가중심 교단의 성패는 재가자들을 신앙과 수행면에서 얼마나 철저하게 훈련시키느냐에 달려 있다고 보았다. 그렇다고 해서 대중들을 장기간 특정 지역에 안거시켜 놓고 교법을 주입하는 방식을 주장한 것은 아니다. 소태산의 교화 기획은 기존의 번잡한 신행법들을 단일한 훈련의 틀로 재정립함으로써 생활 속에서 공부하고 활용할 수 있는 살아있는 불법으로 전환시키는 것이었다.

(…) 번거한 화두와 번거한 경전을 다 놓아 버리

고 그 중에 제일 강령과 요지가 많은 화두와 경전으로 일과 이치에 연구력을 얻는 과목을 정하고, 염불 · 좌선 · 주문을 단련하여 정신통일하는 수양 과목을 정하고, 모든 계율과 과보받는 내역과 네 가지 중대한 은혜를 단련하여 세간 생활에 적절한 작업취사의 과목을 정하고, 모든 신자로 하여금 이 삼대三大 과목을 병진하게 하되… (『조선불교혁신론』, 6장 '분열된 교화 과목을 통일하기로', pp.21-24.)

이와 같이 소태산은 정신수양, 사리연구, 작업취사의 삼학三學으로서 수행의 강령을 정하고, 공부인들이 효과적인 수행에 임할 수 있도록 『정전』, '수행편', 정기훈련定期訓練과 상시훈련常時訓練 장을 통하여 구체적인 수행의 조목과 방법들을 밝혀주고 있다. 교조의 구상대로 정기와 상시가 유기적으로 연결된 효과적 훈련이 실시되기 위해서는 공부인들이 반드시 법회에 참여하고 마음공부 소집단인 교화단敎化團 조직에 소속되어 활동을 해야 한다. 원불교 법회의 독특한 점이라면 단순히 법설이나 의식을 진행하는 차원에서 머무는 것이 아니라 교화단과 연계된 상시교육의 체계로서 가동된다는 데에 있다. 이렇듯 재가 · 출가를 막론하고 법위에 따라 상호지도를 할 수 있는 원불교의 훈련 풍토가 확립된 것은 교조의 훈련중심 교단 조직 건설에 대한 확고한 의지가 반영된 결과이다.

이상의 검토에서 볼 수 있듯이 원불교는 근대의 조류에 맞는 종교 조직의 틀을 갖추기 위해 부단히 노력해왔다. 『조선불교혁신론』의 지향점은 대중의 자유로운 종교 생활을 지원하고 시대에 걸맞은 수행의 방법을 제시하는 것이었다. 그러한 노력의 성과로서 원불교는 재가와 출가의 위계적 구분을 없애고, 출가의 생활 문제나 재가의 수행 문제를 합리적으로 해결함으로써 근대 신종교로서의 조직적 위상을 갖추게 되었다. 이러한 원불교의 정체성 구축은 '개인화'를 본질로 하는 서구의 자유주의 사상을 전면적으로 수용한 결과이며, 이를 통해 미래지향적 종교로서 신도들의 욕구충족과 역동적인 교단조직의 성격을 유지하는 토대를 마련하게 된다.

4) 정산의 『건국론』에 나타난 자유사상

원불교는 교단 초창기에 겪었던 일제의 탄압으로 인해 정치참여에 대한 일종의 트라우마를 가지고 있었다. 그 때문인지 원불교는 창교 이후 지금까지 단 한 번도 세속적 의미의 정치적 개입이나 세력화를 시도하지 않았다. 그럼에도 불구하고 소태산의 사회불공으로서 대사회 참여 성향은 원불교가 정치와 무관한 탈속적 종교 공동체로 남는 것을 허용하지 않았다. 소태산의 다음과 같은 언설은 정치와 종교 간의 관계에 대한 원불교의 인식을 잘 보여준다.

> 종교와 정치는 한 가정에 자모慈母와 엄부嚴父같나니 종교는 도덕에 근원하여 사람의 마음을 가르쳐 죄를 짓기 전에 미리 방지하고 복을 짓게 하는 법이요, 정치는 법률에 근원하여 일의 결과를 보아서 상과 벌을 베푸는 법이라, (…) 우리는 먼저 우리의 교의教義를 충분히 알아야 할 것이요, 안 후에

> 는 이 교의를 세상에 널리 베풀어서 참다운 도덕에 근본한 선정덕치善政德治를 베풀어 모든 생령과 한 가지 낙원의 생활을 하여야 우리의 책임을 다하였다 하리라. (『대종경』, '교의품' 36장)

해방 직후, 1945년 10월 소태산의 계승자였던 정산종사가 원불교 교리에 기초한 정치 문건인 『건국론建國論』을 발간한 이유도 이러한 정치와 종교 간의 협력관계에 대한 인식이 반영되었기 때문이다. 특히, 『건국론』에는 당시 논란이 되었던 '자유'와 '평등'이라는 정치적 가치의 조화 방안이 담겨 있는데 이를 통해 원불교단이 정치적 차원에서 근대적 '자유' 개념을 어떻게 수용했는지 유추해 볼 수 있다.

> 평등사상이나 주의로 말하면, 인류의 공도생활에 근본 신성한 것이어늘 그것을 잘못 이해하는 자는 우선 남의 이권을 무상 취득하는 데에만 정신이 어둡게 되나니, 이것이 어찌 균등사상의 원리리요, 평등사상의 원리는 먼저 우주의 공도를 깨쳐서 자기 사유에 애착이 없는 정신을 가지며 노력의 대가 없이 의식을 구하지 않는 의무를 잘 인식하는 데에서 진실한 가치가 드러나며, 또, 자유주의로 말하면 인류의 평등원칙에 가장 발달된 사상이거는 이것을 잘못 이해하는 자는 우선 누구의 제재를 받지 아니하고 자행자지하여 궤도 없는 생활에 빠지게 되나니, 이것이 어찌 자유의 원리리요. (『건국론』, '동포에게 부탁하는 말', pp.29-30.)

이처럼 평등사상과 자유사상에 대한 정산의 입장은 중도적이었다. 평등사상도 신성한 것이고 자유주의도 가장 발달된 사상이지만 문제는 이를 곡해해 자기이익 추구의 수단으로 삼는 비윤리적 남용이다. 즉, 평등주의가 남의 것을 노력 없이 갈취하는 것으로, 자유주의가 무분별한 방종에 빠지는 것으로 인식된다면 이는 건국에 하등 도움이 되지 못할 것이라고 경계하고 있다.

> 자유의 원리는, 먼저 각자의 마음이 공중도덕과 통제생활에 위반되지 아니할 만한 정도에 있으며, 남의 정당한 의견, 정당한 권리를 침해 · 구속하지 않는 데에서 문명의 가치가 있는 것이다. (『건국론』, '동포에게 부탁하는 말', p.30.)

이와 같은 자유에 대한 정산의 태도는 어린 시절 받았던 정통 유학 교육의 입장과도 일치하는 것이었다. 조선의 개화파들은 서구의 '자유' 개념을 수용하면서 한국적 정서를 반영한 의미로 변용시켰다. 서구의 자유 개념이 자신이 뜻하는 바를 타인의 구속을 받지 않고 실현할 수 있다는 급진적 의미를 담고 있다면, 봉건사회의 영향력이 남아있던 조선에서의 자유 개념은 국가 법률을 준수하고 사회적 직분을 충실히 수행하는 가운데 행사될 수 있는 중도적 의미로 완화되었다. 즉, 개인의 자유로운 욕구 발현이라는 서구식 개념과 사회질서 유지를 우선하는 유교적 관점이 절충된 것으로 볼 수 있다(유병용, 2002: 152-4). 정산 역시 종교인이자 당대 유교적 문화를 배경으로 성장한 지성인으로서 과도한 개인에 대한 옹호에 대해 불안감을 가질 수밖에 없었다. 정산에게 자유란 어디까지나 예의·염치를 바탕으로 한 윤리적 덕목이었다. 나아가 근본적으로 정산에게 자유나 평등의 가치는 부차적인 것이었다.

> 건국이 있는 후에야 주의도 있고 평등도 있고 자유도 있고 이권도 있어서 우리의 행복을 우리 스스로 사용할 것이나, 만약 건국이 없는 때에는 주의와 평등과 자유와 이권을 그 누구에게 요구하겠는가. 소아를 놓고 대아를 주장하면 소와 대가 한 가지 구제를 받을 것이나, 대아를 놓고 소아를 주장한다면 소와 대가 한 가지 멸망이 되는 법이니 여러분이여! 애국하시는 여러분이여! 무엇을 취하고자 하는가.
> (『건국론』, '동포에게 부탁하는 말', p.37.)

사실 해방정국에서 정산에게 시급한 것은 '건국사업'을 완수하는 것이었다. 그는 건국이라는 대의 앞에 자유니 평등이니 하는 이념적 갈등이 강대국들의 이해관계와 맞물리게 되면 자주독립국가 건설이라는 목표가 왜곡될 수 있다고 보았다. 실제로 해방 이후 불과 2개월 후에 작성된 『건국론』에 담긴 권력의 배치나 구성을 살펴보면 당시 우파적 정치론 중에서는 매우 파격적인 균분론적 입장을 표명하고 있다(강만길, 1998: 61). 정산이 이러한 입장을 취한 까닭은 분단으로 치달을 수 있는 국제 정세에 대한 냉철한 인식이 반영되었기 때문이다. 그는 이러한 맥락에서 진정한 자유는 계급 간 이해관계를 뛰어넘어 대국적 견지로 동심합력하여 자주독립국가를 세울 때 얻을 수 있다는 대對 동포 호소를 하게 된 것이다. 즉, 정산에게 자유란 권리로서 쟁취되는 정치적 차원의 개념이라기보다는 상호 간 은혜의 관계를 회복하는 과정에서 자연스럽게 부여될 수 있는 일종의 상호존중의 에토스(Ethos)로 파악된다.

> 우리는 공평한 태도와 자력의 정신으로써 연합국에 똑같이 친절할지언정 자기의 주의나 세력 배경을 삼기 위하여 어느 일개 국가에 편부하여 다른 세력을 대항하려는 이 어리석고 비루한 생각은 절대로 말아야 할 것이다. (…) 우리는 내부의 단결을 주로 하고 불편불의한 조선의 정신을 새로이 찾아야 할 것이다. 만약 그렇지 못하고 이리저리 흔들리며, 어느 한 쪽에 기울어진 사상으로써 호갑 반을 하고 호을 반갑 하는 행동을 취한다면 이것은 스스로 외국간섭을 원한 것이요, 건국사업을 방해하는 공작이라 아니할 수 없으며 (…)
> (『건국론』, '정신 – 자력확립', pp.4-5.)

이처럼 정산은 일관되게 정치적 중립주의와 경제적 중도주의를 주장했다. 이는 정산이 서구의 역사적 맥락에서 등장한 정치적·경제적 '자유' 개념에 개의치 않았음을 보여준다. 만일 이데올로기적 차원에서 '자유'에 대한 편착과 선호가 있었다면 서구 자유주의 혹은 자본주의적 국가 건설에 대한 지지 의사를 분명하게 표명했을 것이다. 그러나 종교 지도자로서 정산의 건국 구상은 오히려 주요 산업의 국유화, 토지의 국가통제, 사회복지와 같은 사민주의적 경향을 보이고 있다(신순철, 1999: 526-8). 따라서 건국론에 나타난

'자유' 개념은 근대 서구에서 발달한 간섭에 반대하는 소극적 자유뿐 아니라, 진정한 자치를 성취하기 위한 적극적 자유의 성격도 강하게 내포한다고 볼 수 있다.

4. 자유 개념의 수용과 변용

앞의 논의에서 서구 근대의 '자유' 개념의 특성과 원불교 '자유' 개념의 단초들을 살펴보았다. 개인주의를 바탕으로 발전된 서구의 '자유' 개념은 다양한 방식으로 개화기 사회문화에 영향을 미쳤다. 하지만 근대 신종교인 원불교가 수동적으로 서구의 '자유' 개념을 수용한 것은 아니었다. 때로는 전면적 수용을, 때로는 주체적 수용을, 그리고 경우에 따라서는 전통을 수호하는 방식에 의해 '자유' 개념은 다양하게 변주되었다. 문화와 문화가 만나는 과정에서 이러한 현상이 나타나는 것은 문화의 역사성과 이데올로기적 특성을 고려할 때 당연한 결과라고 할 수 있다.

1) 전통의 계승: 교리적 차원

먼저 '교리도' 분석에서 드러났듯이 원불교는 전통적 대승불교의 자유정신을 계승하고 있다. 원불교는 불교와 불법을 구분하고 불법을 주체로 성립된 종교이다. 소태산은 일찍이 "불법은 천하의 큰 도라 참된 성품의 원리를 밝히고 생사의 큰일을 해결하며 인과의 이치를 드러내고 수행의 길을 갖추어서 능히 모든 교법에 뛰어난 바 있나니라."[10]라고 언급하며 불법의 우수성을 설파한 바 있다. 또한 정산종사도 '원불교라는 교명이 당시 사회적으로 천시 받던 불교의 일파로 여겨질 오해가 있으니 원도圓道 또는 원교圓教라고 하는 것이 어떻겠냐'는 내방객의 질문에 다음과 같이 대답하며 불법에 대한 존중의 태도를 재확인하고 있다.

> (…) 원불圓佛 두 글자는 원래 둘이 아닌 진리로서 서로 떠나지 못할 관계가 있으며, 또는 과거의 불교로 말할지라도 근본 교의가 일부에 치우치는 것은 아니건마는 그 제도 여하에 따라 세상 사람들이 자연 일부의 교의로 오인한 것이니 그 제도를 새로이 하면 불법의 정체가 진리 그대로 원만하게 세상에 나타나게 될 것입니다. (『정산종사법어』, '경륜편' 1장.)

이와 같이 불법적 차원의 '자유' 개념은 시대를 초월하여 계승되고 있다. 부처의 경지를 설명하고 있는 『대종경』 불지품에 나타난 '자유'에 대한 언급은 원불교 '자유' 개념의 뿌리를 알려준다.

> (…) 그대들은 너무나 무상한 모든 유有에 집착하지 말고 영원한 천상락을 구하기에 힘을 쓰라. 만일 천상락을 오래 오래 계속한다면, 결국은 심신

10 『대종경』, 서품 3장.

의 자유를 얻어서 삼계의 대권을 잡고 만상의 유무와 육도의 윤회를 초월하여 육신을 받지 아니하고 영단靈丹만으로 시방 세계에 주유할 수도 있고, 금수 곤충의 세계에도 임의로 출입하여 도무지 생사 거래에 걸림이 없으며, 어느 세계에 들어가 색신을 받는다 할지라도 거기에 조금도 물들지 아니하고 길이 낙을 누릴 것이니 이것이 곧 극락이니라. (『대종경』, 불지품 16장.)

진리적 시각에서 본다면 진정한 '자유'란 곧 '해탈解脫'의 경지 즉, 인간적 욕망을 뛰어 넘은 초월적 경지로서 부처의 마음과 위력을 얻는 것이다. 그 자리에는 죄와 복도, 생과 사도, 유와 무도 구분이 없다. 이렇게 모든 종류의 분별이 사라진 불지佛地에 도달하는 것은 영원한 안식이자 최상의 행복을 누릴 수 있는 원불교의 목표로 여겨진다.

그렇지만 석가모니를 비롯한 제불제성이 밟은 길은 홀로 성불成佛의 경지에 머무는 것이 아니었다. 성불 이후에는 반드시 대자비심을 내어 제중濟衆의 사업을 하게 된다. 소태산 역시 이와 같은 경험을 고백한 바 있다. 소태산은 대각 이후 다양한 교술敎述 장르의 문학 작품을 발표했는데 그 중에서도 1916년 즈음에 만들어진 것으로 추측되는 『탄식가歎息歌』는 대각 이후의 고뇌가 여실히 드러난 작품이다.

『탄식가』의 서사緖詞에서는 소태산 대종사가 26세 대각을 할 때까지 자신이 겪은 갖은 고행, 궁핍, 구설을 이야기하고 있다. 그러나 본사本詞에 들어가면 상황이 급전한다. 20년 구도행각이 대각의 결실로 나타난 것이다. 소태산이 느낀 기쁨의 정도는 "이른 새벽 눈은 척설尺雪로 쌓였는데 굽나막신을 신은 채 뒷산에 올라가 사방으로 돌아다니다가 돌아왔으되 신발에 눈 한 점이 묻어 있지 않은 일도 있었다."[11]라는 토로 속에 잘 나타난다. 하지만 소태산은 곧 또 다른 탄식과 통곡에 휩싸이게 된다. 성불에 이은 제중의 목표를 이룰 일이 막막했기 때문이다. 물론 작품의 결사結辭는 백척간두 진일보의 심경으로 낙천적인 미래를 꿈꾸며 마무리된다(이혜화, 2012: 75-80). 이러한 서사구조는 깨달음이 단지 개인의 성취에 그칠 수 없다는 각자覺者의 제생의세濟生醫世에 대한 포부와 경륜 그리고 불법이 추구하는 '큰 자유'의 본질을 상징한다. 이에 따라 원불교 교리는 후천개벽의 열린 시대를 맞이하여 큰 자유의 성취를 위한 사은사요 신앙문을 열어 두고 있는 것이다.

이렇게 상구보리上求菩提 하화중생下化衆生 즉, 위로는 깨달음을 구하고, 아래로는 중생을 교화한다는 대승불교의 이상은 '큰 자유'를 얻기 위한 불변의 전통으로서 원불교의 교리와 실천에 그대로 계승되고 있다.

2) 근대 정신의 수용: 조직적 차원

종교조직적 차원에서는 『조선불교혁신론』 검토에서 밝힌 바와 같이 근대의 자유정신이 전면적으로 수용되었다. 원불교는 기성 불교와 차별화된 혁신적 교단 조직 제도를 추구했다. 중세 암흑시대의 유럽 역사가 보여주듯이 종교적 권위의 강화는 개인을 신앙적 차원뿐 아니라 일상생활의 차원에서도 억압하는 경향을 보인다. 원불교는 교단 성립기부터 기성 불교의 대표적 상징이라고 할 수 있는 등상불等像

11 『선외록』, '초도이적장', 2절.

佛을 법신불 일원상으로 대체했다. 종교문화에서 경외의 대상을 복제하여 신앙의 도구로 삼는 일은 자연스럽다. 하지만 그것이 기념물 조성 수준에 그치지 않고 대상에 신비성을 부여하거나 장엄에 몰두하게 된다면 신자들은 타력신앙에 집착해 신앙의 본질로부터 멀어진다. 이는 개인을 외물에 복속시켜 주체적인 삶을 방해하고 '소외'를 조장하는 요인이 되기도 한다. 프로테스탄트가 종교개혁을 통해 신의 대행자와 그들의 거룩함을 표현해주는 장엄물을 거부하고 개인 중심의 종교성 회복을 주창한 까닭도 여기에 있다.

소태산은 '아직 수준이 낮은 대중에게 신심을 넣어 주기 위해 불상을 모시는 것이 어떻겠냐?'는 내방객과 제자들의 질문에 다음과 같이 응답한다.

> "불상을 숭배하는 것이 교화 발전에 혹 필요가 있기도 하였으나 현재로부터 미래를 생각하면 그렇지 못할 것이 사실이니, 사람들이 저 불상을 수 천년이나 모셔 보았으므로 이제는 점차 그 위력에 대한 각성이 생겨날 것이요, 각성이 생겨난다면 무상 대도의 이치는 알지 못하고 다만 그 한 방편만 허무하다 하여 믿지 않게 될 것이라 어찌 발전에 장해가 없을 것이며, 또는 존엄하신 불상을 한갓 각자의 생활 도모하는 수단으로 모시는 사람도 적지 아니할 것이니 어찌 유감스럽지 아니하리요. 그러므로 우리는 법신불 일원상을 모시기로 한 것이니라." (『대종경』, 교의품 13장.)

소태산은 그 누구보다 석가모니불의 위대성을 인정했지만 그것이 불상을 설치해야 하는 이유는 되지 못했다. 그는 다가오는 세상이 개명된 개인의 시대이므로 종교도 개인의 위에 군림해서는 안 된다고 생각했다. 따라서 종교의 신앙도 개인을 소외시키고 복속시키는 방식에서 벗어나야 한다. 이제는 개인에 내재된 불성을 발견하고 나아가 '모두가 부처님, 일마다 불공'이라는 깨달음 속에서 타인과 만물을 신앙의 대상으로 삼을 수 있는 광대한 종교의 신앙으로 나아가야 한다고 본 것이다.

자유를 구현하는 가치로서 '개인'에 대한 존중은 원불교 종교혁신 과정에서 가장 중요한 원리로 수용된다. 그리고 당대 한국사회의 종교문화에서 찾아보기 어려운 제도적 혁신들을 이루어낸다. 예컨대 원불교는 어려운 경전을 쉬운 표현으로 고치고 한글로 인쇄하여 누구나 불법을 공부할 수 있도록 도왔다. 또한, 남녀 차별을 없애 여성 재가·출가자가 남성과 동일한 권리를 누릴 수 있도록 하였다. 출가자에게는 결혼과 직업의 자유를 허용하고, 재가·출가를 동등하게 대우하였다. 이를 통해 승려들만이 가능한 '출세간적出世間的 수행'을 대중들이 실천할 수 있는 '일상수행日常修行'으로 전환시켰다. 이러한 원불교의 독특한 교단문화와 제도들은 모두 서구 근대가 촉진한 '개인 중시' 문화를 적극적으로 수용한 결과라고 할 수 있다.

최근 원불교 조직이 정보화 기술을 활용한 획기적 교도 관리프로그램을 운용하며 진화하는 모습도 종교의 권위가 개인에게 양도되는 과정으로 해석할 수 있다. 현재 원불교는 내부 정보 포털을 통해 각 개인이 교당과 교단에 헌공한 모든 내역을 주 단위로 확인할 수 있는 시스템을 가동하고 있다. 이러한 시스템이 종교계에 정착된다면 종교조직은 투명성을 확보할 수 있고, 종교조직에 대한 사회적 신뢰도 높일 수 있을 것이다.[12] 원불교 조직운영의 선진적 행보의 바탕에는 조직의 권위구조를 타파하고 개인 중심의 종교생활을 옹호하는 교조와 교단의 근대적 가치 수용에 대한 일관된 입장이 반영되어 있다.

3) 근대 정신의 극복: 사회적 차원

정산의『건국론』논의에서 드러났듯이 원불교 자유사상의 현대적 의의는 서구 '자유' 사상을 주체적으로 변용하여 그것이 가지고 있는 문제에 대한 극복 가능성을 제시하는 데서 찾을 수 있다. 근대 산업사회 비판자들은 이성의 오만이 결국 인류를 종교적 억압 못지 않은 철창 속에 가둘 것이라고 예견한다. 즉, 문화에 대한 비판능력을 상실한 근대사회는 자기소외의 심화, 공동체성의 파괴, 삶의 무의미함을 벗어나기 위한 방종적 자유의 범람, 물질만능의 획일적 가치 추구 등의 수렁에 빠지게 된다는 것이다(Bronner, 2011).

이에 대해 원불교의 자유사상은 개인의 내면 역량을 확장하는 주체적 자유, 편향성을 벗어나 포용을 강조하는 중도적 자유, 자타가 함께 향유할 수 있는 공감적 자유를 지향한다. 원불교의 '개교의 동기'에는 이러한 관점들이 총체적으로 반영되어 있다.

> 현하 과학의 문명이 발달됨에 따라 물질을 사용하여야 할 사람의 정신은 점점 쇠약하고, 사람이 사용하여야 할 물질의 세력은 날로 융성하여, 쇠약

12 원불교 포털 http://www.won.or.kr/mbs/won/index.jsp에서 로그인을 하면 확인이 가능하다.

> 한 그 정신을 항복 받아 물질의 지배를 받게 하므로, 모든 사람이 도리어 저 물질의 노예 생활을 면하지 못하게 되었으니, 그 생활에 어찌 파란波瀾 고해苦海가 없으리요. 그러므로 진리적 종교의 신앙과 사실적 도덕의 훈련으로써 정신의 세력을 확장하고, 물질의 세력을 항복 받아, 파란 고해의 일체 생령을 광대무량한 낙원樂園으로 인도하려 함이 그 동기니라. (『정전』, '총서편', 개교의 동기).

소태산은 현재 인류가 처한 위기적 상황이 물질과 정신의 발전 속도 차이에서 비롯되었다고 파악한다. 주체적 삶을 가능케 해주는 정신적 가치가 물질의 위세에 의해 밀려남에 따라 개인은 자유를 잃고 '노예' 생활로 전락하게 되었다는 것이다. 그리고 이러한 문제에 대한 해법으로 '진리적 종교의 신앙'과 '사실적 도덕의 훈련'을 제시한다. 이는 진리와 사실, 정신과 물질, 이상과 현실을 회통會通시킴으로써 어느 한 편에 편착偏着되지 않는 원만하고 중도적인 삶으로 복귀함을 의미하며, 그 결과로서 일체 생령 모두가 공감하며 누릴 수 있는 자유로운 낙원을 건설하고자 한다. 이와 같은 개교의 동기에 내포된 자유의 의미는 원불교 교리를 가장 단순하고 명료하게 표현한 다양한 '표어'들을 통해서도 발견된다.

먼저 개교 표어인 '물질이 개벽되니 정신을 개벽하자'는 정신 주체의 개벽사상을 드러내고 있고, 교리 표어인 '처처불상處處佛像 사사불공事事佛供', '무시선無時禪 무처선無處禪', '동정일여動靜一如', '영육쌍전靈肉雙全', '불법시생활佛法是生活 생활시불법生活是佛法' 등에 함축된 의미는 모두 원융무애圓融無碍하고 대자대비大慈大悲한 불보살의 무한한 자유의 경지를 보여주고 있다.

근대 서구가 초래한 문제들은 대부분 '자유'의 본질적 속성으로부터 나타나는 것이라기보다는 중세의 억압에 대한 반작용으로서 개인성의 과잉이 낳은 부작용이라고 볼 수 있다. 중세에 맞서기 위해 중세의 이분법적 논리를 활용했던 초기 근대의 이분법적 진리추구나 효율성 중심의 사회 운영방식은 숙명적으로 포스트모던이라는 문화적 반발에 처할 수밖에 없다. 그렇다면 새로운 문화양식은 아마도 이 양 논리를 변증법적으로 지양한 성숙한 근대성의 창안으로 이어져야 할 것이다.

오늘날 우리사회의 과제는 근대와 탈근대의 충돌을 극복하고 대안 문화를 모색하는 것이다. 이러한 맥락에서 서구에서 발생한 근대적 '자유'에 대한 개념도 재조명되고 재창조되어야 한다. 9·11 테러, 후쿠시마 원전 사태, 방글라데시 의류공장 붕괴 사고, 세월호 참사 등이 보여주는 재귀적 근대성으로서 위험사회의 현실화는 근대적 자유의 보완이 절실함을 보여주고 있다.

근대 동양의 식민국에서 기성종교의 조직과 거리를 둔 채 신종교의 길을 선택한 원불교는 자신이 처한 중첩적 주변성을 오히려 여백의 가능성으로 인식했다. 그리고 주변적 존재만이 가질 수 있는 성찰적 에너지를 통해 서구의 '자유' 개념에 대한 전면적 검토를 수행함으로써 그것의 맹점을 보완할 수 있는 사상적·실천적 자원을 보유하게 된 것이다. 즉, 원불교가 지향하는 '겸용兼容'[13] 의 철학은 전통적 자유와 근대적 자유 그리고 성찰적 혹은 탈근대적 자유의 개념을 포괄함으로써 인류 문명의 혁신에 기여할 수 있을 것이다.

---

13 겸용兼容의 실천은 곧 두 대상의 산술적 합산에 그치지 않는 무한의 증가를 의미하고, 나누어진 것들을 합치고 한결같게 하여 여러 가지를 다 갖추되 막연한 포용이 아닌 겸전兼全한 상태를 이루는 것이다(이한메, 2010b: 260).

5. 나오는 말

'자유'에는 다양한 의미가 포함되어 있다. 정치적 의미로는 억압적 권력으로부터 벗어나는 상태를, 경제적 의미로는 시장이 정부를 비롯한 외부의 힘에 침해 받지 않는 상태를, 종교적 의미로는 미망迷妄에 끌려 다니는 인간의 한계를 넘어서 초월자와 하나가 되는 상태를 의미한다. 이렇게 다양한 해석이 가능한 탓에 자유에 대한 추구 방식에도 차이가 발생한다. 본고에서는 근대 서구에서 발생한 '자유' 개념과 한국 신종교인 원불교에서 나타나는 '자유' 개념을 탐색하였다. 그리고 시대적 상황으로부터 자유로울 수 없는 사회조직으로서 원불교가 서구 문화와 교섭하면서 보여준 '자유' 개념의 수용과 변용의 형태를 교리적 · 조직적 · 사회적 측면에서 검토함으로써 '자유'에 대한 원불교의 고유한 관점들을 제시하였다.

정치적 주권자이자 경제적의 주체로서 '개인성'을 강조한 서구 근대의 자유사상은 휴머니즘의 회복이라는 성과와 함께 탈근대적 해체주의로 치달으면서 전근대의 억압과 구별되는 새로운 위기 상황에 봉착하고 있다. 이러한 상황에서 전통에 뿌리를 내리고 미래를 지향하는 합리적 신종교인 원불교의 자유사상은 위기에 처한 서구의 근대적 '자유' 개념을 보완할 수 있는 자원을 제공한다.

인간의 자유와 해방이라는 동일한 목적을 달성하기 위해 서구의 세속적 자유사상과 동양의 종교적 자유사상은 '통섭統攝'되어야 한다. 물리적 결합으로서의 통합統合이나, 화학적 결합으로서의 융합融合을 넘어서는 생물학적 결합으로서 통섭은 소통을 통한 상호개방과 연결을 의미한다(박재현, 2009: 389-96). 그렇기 때문에 통섭에는 '생성'의 의미가 내포되어 있다. 불법의 현대적 구현을 목적하는 원불교와 인본주의를 지향하는 근대적 자유사상의 만남과 소통은 인류의 해방을 위한 진보적 문명 기획에 생산적으로 기여할 수 있을 것이다.

참고문헌

『대산종사법문집(2)』. 1980. 익산: 원불교출판사.

『선외록』. 1985. 익산: 원불교출판사.

『원불교전서(정전 · 대종경 · 정산종사법어)』. 1998. 익산: 원불교출판사.

강만길. 1998. 「한국 근대사 속에서 본 송정산의 『건국론』」. 『한국문화와 원불교 사상』 22집. pp.59-68.

김비환. 2005. 『자유지상주의자들, 자유주의자들 그리고 민주주의자들』. 서울: 성균관대학교출판부.

김홍철. 1983. 「일제침략하 원불교의 민중운동에 관한 연구」. 『원불교사상』 7집. pp.131-57.

로랑(A. Laurent). 2001. 『개인주의의 역사』. 김용민 역. 서울: 한길사.

류성태. 2011. 「사요의 용어 변천에 대한 연구」. 『원불교사상과 종교문화』 48집. pp.1-39.

르노(A. Renaut). 2002. 『개인』. 장정아 역. 서울: 동문선.
맥퍼슨(C. B. Macpherson). 1991. 『소유적 개인주의의 정치 이론』. 이유동 역. 서울: 인간사랑.
박용덕. 2014. 「근세 불교 개혁 운동」. 원불교사상연구원 3월 월례발표자료(미간행).
박재현. 2009. 「원효의 會通과 和諍」. 『불교학연구』 24집. pp.365-401.
박중빈. 1935. 『조선불교혁신론』. 영인본.
송 규. 1945. 『건국론』. 영인본.
신순철. 1999. 「『건국론』의 저술 배경과 성격」. 『원불교학』 4집. pp.497-529.
양은용. 1995. 「원불교 문화형성의 사회적 배경」. 『원불교사상』 19집. pp.349-361.
유병용. 2002. 「한국 시민사회의 형성과 성격에 관한 재검토」. 『한국정치외교사논총』 24집 1권. pp.141-165.
이근식. 1999. 『자유주의 사회경제사상』. 서울: 한길사.
이한메. 2010a. 「고도 기술사회의 자아정체성 위기와 종교의 대응」. 『종교와 사회』 2집. pp.45-78.
______. 2010b. 「원불교 시민사회운동」. 『한국의 종교와 사회운동』. 노길명 · 박형신. 서울: 이학사. pp.253-283.
이혜화. 2012. 『소태산 박중빈의 문학세계』. 익산: 원불교출판사.
Arblaster, A. 1986. *The rise and decline of western liberalism*. Oxford: Blackwell Pub.
Arendt, H. 1998. *The Human Condition(Second Edition)*. Chicago: University of Chicago Press.

Bauman, Z. 1988. *Freedom. Milton Keynes*: Open University Press.
Beck, U. 2002. *Individualization*. London: Sage.
Berlin, I. 2002(1958). "Two Concepts of Liberty." in Liberty: *Incorporating Four Essays on Liberty*. edited by I. Berlin & H. Hardy. N.Y.: Oxford University Press. pp.166-217.
Bronner, S. E. 2011. *Critical Theory*: A Very Short Introduction. Oxford: Oxford University Press.
Diana, P. 2007. "The Influence Of The Philosophical And Political Liberalism Within The Evolution Of Economic Liberalism." *The Journal of the Faculty of Economics*. Vol.1. pp.537-538.
Fromm, E. 1994. *Escape from Freedom*. N.Y.: Henry Holt & Company.
Gray, J. 1995. *Liberalism*. Buckingham: Open University Press.
Mill, J. S. 1863. *On Liberty*. Boston: Ticknor and Fields.
Rosenblum, N. L. 1987. *Another Liberalism*. Cambridge: Harvard University Press.
Viroli, M. 2002. *Republicanism*, trans. A. Shugaar. N.Y.: Hill and Wang.

동양사상과 현대적 가치

노자로부터 사회복지 예지 찾기

| 박 승 희, 강 유 경, 김 은 경, 조 재 형

노자로부터 사회복지 예지 찾기

—

박승희, 강유경, 김은경, 조재형

최근 한국 사회는 가족 안팎의 공동체 해체와 사회경제적 불평등이 점점 심화되면서 복지수요가 꾸준히 증가하고 있으며 이를 해결하기 위한 방안으로 사회복지 확대에 대한 논의가 진행되고 있다. 그런데 우리 사회에 적합한 사회복지가 어떤 것인지에 대한 장기적인 설계가 없이, 주로 양적인 확대와 재원의 한계만을 주장하고 있다. 이에 본 연구에서는 한국에 적합한 사회복지 가치를 탐색해보는 과정의 일환으로 노자의 『도덕경』으로부터 사회복지의 예지를 찾고자 하였다.

노자는 행복을 "마음은 비워주고 배는 채워줌〔虛其心 實其腹〕" 등으로 표현한다. 이것은 인위적인 이름〔名〕에서 벗어나서 몸을 건강하게 유지하면서 장수를 누리는 것이라고 할 수 있다. 사회복지, 특히 사회보장을 실천하는 지도자는 자신부터 이름〔名〕과 싶음〔欲〕을 버리고, 하위 집단과 백성들에게 최대한 자율성을 부여하고, 그들의 뜻을 진정으로 존중해야 한다고 말한다. 이런 지도자는 정해놓은 마음이 없이, 백성의 마음을 자기 마음으로 삼으며, 전쟁과 착취 및 상징적인 욕망조작의 억제를 통해 사회복지를 실현하고자 한다. 그러나 이것만으로는 백성들의 삶을 보장할 수 없기 때문에 직접적인 재분배가 필요하다는 것이다. 이러한 노자의 사회복지 관련

철학은 자급자족적인 공동체를 기반으로 하고 있다. 이런 사회에서는 노동력을 '진정으로 생산적인 곳'에 필요한 만큼만 사용할 수 있으며 노동은 수단이라기보다는 먹고 놀고 자는 것과 함께 삶의 일부가 될 것이다.

이런 노자의 사유가 오늘날 사회복지에 주는 주요한 예지는 무엇일까?

첫째, 사회복지의 궁극 목표가 무엇인지를 생각할 수 있게 해준다. 헛된 욕망을 억제하고 자연스런 욕망은 채워야 한다는 노자의 행복관은 오늘날의 사회복지의 목표를 설정하는데 많은 도움이 될 것이다. 이런 시각은 사회복지의 확대만을 이야기하는 이들에게는 그 경계를, 사회복지의 억제만 외치는 사람들에게는 그 확대 필요성을 사유케 할 것이다.

둘째, 이런 노자의 행복관과 욕망관은 오늘날 사회복지에서 무시하고 있는 사회문제의 예방과 사회복지 수요 억제의 중요성을 일깨워 준다. 욕망의 충족만을 추구하는 현대의 사회복지에서는 예컨대 사회복지의 재원을 만들기 위해서 도박장을 개설하여 헛된 욕망을 조작하기도 한다. 이것은 마치 병을 치료하기 위해서 새로운 병을 만드는 것과 같다.

셋째, 노자의 공동체를 기반으로 한 사회복지는 오늘날의 사회복지의 개선을 위해서 공동체가 얼마나 중요한가를 일깨워준다. 가족 안팎 공동체가 살아 있다면 사회복지의 수요는 현저히 줄어들고 삶의 질은 높아질 것이다.

넷째, 싶음〔欲〕의 발생을 억제할 수 있는 작은 공동체에 대한 노자의 제언은 사회복지를 위해서는 생산과 노동의 성질이 어떠해야 하는가에 대한 성찰의 계기를 마련해 준다.

1. 머리말

최근 한국에서는 사회복지 확대의 중요성이 가중되고 있다. 가족 안팎의 공동체가 해체되고 경제적 어려움[01]이 심화된 상황에서 많은 사람들이 자신의 삶을 감당하는 것을 힘겨워 하고 있다. 높은 자살률, 낮은 출산율의 수치[02]가 이를 잘 증언해 준다. 이것은 마치 맹자의 사회적 살인[03]을 연상시킨다. 노인 자살이 현존 생명에 대한 방조적傍照的 살인이라면, 출산의 거부는 많은 경우 미래의 생명에 대한 예비적 살인일 수도 있다.[04] 이런 상황에서 사회복지의 확대가 논의되는 것은 당연할 것이다.

그런데 사회복지의 확대를 논의하면서도, 장기적인 구상을 하지 않고 있다는 것이 문제다. 서구의 사회복지를 도입하면서 어떤 것을 도입할 것인가에 대한 고민도 없다. 그저 양적인 확대와 재원의 한계만을 고려하면서 제도의 도입에 급급하고 있다. 이것은 설계도

---

01 한국의 노동시간은 2,193시간으로 OECD 최고 수준(2010년 기준)이다. 하지만 노동소득분배율은 OECD 꼴찌 수준이다. 일을 시키는 것에는 일등이지만 주는 것에는 인색한 것이 한국이다. 또 비정규직의 숫자가 많을 뿐더러, 한국의 비정규직은 다른 나라와 달리 정규직에 비해 임금이 터무니없이 작다(OECD 통계:stats.oecd.org). 따라서 근로빈곤층이 양산되고, 이는 가계부채로 이어져 가계부채가 무려 1,000조원에 달하는 시대를 맞이했다(『머니투데이』. 2014. 4. 8). 물론 근로빈곤과 가계부채에는 부동산 투기와 빚이라는 중요한 요인도 존재한다.

02 2012년 우리나라 자살율은 10만 명 당 29.1명으로 OECD 평균 12.5명 보다 훨씬 앞서 OECD 회원국 중 1위이다. 그리고 우리나라 출산율은 2008년 OECD 조사에 의하면 1.19로 3년 연속 꼴찌를 기록하고 있다.

03 孟子.『梁惠王 章句 上』.맹자는 사람을 죽이되 몽둥이로 하는 것과 칼로 하는 것이 다른 바가 없다는 것을 납득시킨 후 주방에 살찐 고기가 있으며 마구간에 살찐 말이 있는데 백성이 굶주린 기색이 있으며 들에 굶어죽은 시체가 있다면 이는 짐승을 몰아 사람을 잡아먹게 하는 것이라 비판하였다.

04 물론 여러 가지 이유로 출산을 거부하는 경우도 있다. 그러나 뒤르케임의 사회적 사실의 관점에서 본다면, 한국의 1.19에 그치는 한국의 출산율은 상당 부분 어려운 경제적 상황에 기인하는 것으로 봐야 할 것이다.

가 없이 고층 건물을 증축하는 것과 같아서 어떤 재앙을 잉태하고 있는지 알 수가 없다. 사회복지에 대한 차분한 설계가 절실하다.

이런 맥락에서, 서구의 사회복지가 과연 우리 사회에 적합한 것인가를 살펴볼 필요가 있다. 이를 위해서 서구의 사회복지가 우리의 전통적인 사유 속에서 어떻게 해석될 수 있는가를 살펴보는 것도 좋은 방법 중 하나일 것이다. 물론 서구의 사회복지도 매우 다양하기 때문에 무엇이 서구의 복지인지에 대한 논쟁이 있을 수 있지만, 보편적인 속성도 많기 때문에, 이러한 속성에 초점을 맞추어 논의할 수 있다. 특히 서구적 사회복지 사고에서는 공통적으로 행복과 욕망의 충족을 기반으로 삼는다. 따라서 이런 서구의 사회복지 사상이 한국 혹은 동아시아의 전통적인 사유 속에서는 어떻게 해석될 수 있는가를 검토해보는 것은 사회복지의 가치와 목표를 생각해볼 수 있다는 점에서 매우 의미 있는 일이라 할 수 있다.

행복과 욕망 충족과 관련된 한국 및 동아시아의 가치체계에는 여러 가지가 있지만, 그 중에서 가장 대표적인 사유로 손꼽을 수 있는 것들 중의 하나가 노자老子『도덕경道德經』일 것이다. 현대 서구의 행복관과 욕망관을 중심으로 사회복지 사유를 재검토하고, 동양 고전에 비추어본다는 것이 황당무계하게 들릴 수도 있다. 더욱이 도덕경은 약 5,200여 자로 이루어진 짧은 글귀로, 매우 압축적이고 시적으로 쓰여 있어 여러 해석이 분분하다.

하지만 이름과 싫음을 갖지 않음〔無名無欲〕을 주장하는 노자의 철학은 인위적인 시장과 상품에 의해 조작된 행복관 · 욕망관과 매우 대조되므로, 오히려 현대 사회복지의 지향점을 찾는데 많은 예지를 줄 수 있을 것이다. 이것은 노자의 포용적이고 만물병작萬物竝作하게 하는 무위자연의 길을 주장하는 노자 사상이 오늘날에도 행복론 뿐 아니라 환경 문제와 여성학 등에도 많은 영향을 주고 있다[05]는 사실을 통해서도 잘 알 수 있다. 또한 노자의 사상은 지배자에게 성인이 되는 길을 제시하고 있기 때문에 사회복지 실천에 필수적인 복지정책의 방향을 설정하는데도 많은 함의를 줄 것으로 기대된다.[06] 한편 사상사적으로 볼 때, 노자는 한국 근대 사상의 기반이 되는 동학에 영향을 주었을[07] 정도로 아직까지 한국 사회에서 그 영향력이 살아 있는 고전이라는 점도 주목할 필요가 있다.

따라서 서구적 행복과 욕망 그리고 이러한 관점에서 설계된 사회복지를 되돌아보고 동양적 가치에 맞는 복지체제를 구상해 보기 위해서는, 노자의 시각에서 현대 사회복지의 가치 등을 평가해 보고 이를 통해 사회복지의 예지를 찾는 연구가 필요할 것이다.

그런데 이와 관련된 선행연구는 많지 않은 편이다. 물론 노자를 통해 다양한 사회문제를 설명하면서 대안을 찾고자 하는 시도가 이루어져 왔지만, 사회복지를 중심으로 한 연구는 부족하다. 다만, 관련 연구로는 사회복지실천의 함의를 노자에서 찾고자 한 연구, 노자의 공동체 형성 논의에 관한 연구, 현대사회의 소외 문제를 노자의 마음 챙김 관점에서 극복하는 방안을 탐구한 연구[08] 등이 있다.

---

05 김시천. 2007.「도가와 여성성-노자에서 돌봄의 개념은 가능한가」.『한국여성철학』 8권. 1~26쪽:김영규. 2011.「노자의 여성성 은유에 대한 철학적 분석」.『신학전망』 187~215쪽:김중순. 2009.「노자에 있어서 도의 절대성과 여성성」.『젠더와 문화』2권 · 2호. 31~55쪽:양해림. 2001.「니체와 노자의 생태학적 자연관」.『철학』69권. 281~306쪽:최오목. 2008.「노자 도덕경에서 생명치유를 위한 윤리사상」.『도교문화연구』28권. 165~185쪽.

06 김영주. 2012.「노자의 성인지도와 치세지도로 본 마음수양」.『동양사회사상』26권. 81~116쪽:이규상. 2009.「노자 소국과민의 정치철학적 지향」.『대동철학』46권. 25~46쪽:최오목. 2011.「노자 무위사상의 기저-노자의 성인과 생명을 중심으로」.『도교문화연구』34권. 95~120쪽.

07 박소정. 2003.「동학과 도가사상:불연기연의 논리를 중심으로」.『동학학보』5권. 143-174쪽:이상원 · 권광호. 2010.「동학경전에 나타난 도가적 사유」.『인문과학연구』25권. 307-326쪽.

08 김기덕 · 김성천 · 박승희 · 최명민 · 이은정. 2014.「노자 도덕경을 통한 사회복지 재조

하지만 사회복지 자체와, 이와 관련된 행복관과 욕망관을 노자와 연결시킨 연구는 부족하다고 할 수 있다.

이처럼 노자의 시각에서 현대 사회복지의 가치 등을 평가해 보고 이를 바탕으로 노자로부터 사회복지의 예지를 찾는 연구가 필요함에도 불구하고, 이에 관한 연구가 부족한 실정이다. 따라서 본 연구에서는 기존 사회복지의 주요 논쟁점들을 노자의 도덕경의 관점에서 살펴보고 이를 통해 사회복지의 예지 찾기를 시도해 보고자 한다.

2. 사회복지의 주요 논점

노자로부터 사회복지에 대한 예지叡智를 어떻게 찾을 것인가? 사회복지가 구체적인 제도로서 발달한 현대 사회에서 사회복지에 대한 전문적 논의는 사회복지의 기본적 가치나 원리부터 세세한 제도의 운영방식에 이르기까지 광대하다. 이에 반해 정치지도자의 전반적인 통치 철학에 관해서 다루고 있는 노자의 『도덕경』은 사회복지에 관련된 원칙 등을 단편적으로 언급하고 있다. 따라서 노자로부터 사회복지의 예지 찾기는 현대 사회의 사회복지 기본 가치 혹은 원리에 관한 논의로부터 출발하는 것이 바람직할 것이다.

명」.『동양철학연구』77권. 9-41쪽: 이임찬. 2013.「공동체와 개인:무위적 개인과 현동사회-노자의 개인 공동체 모형을 중심으로」.『한국철학논집』38집. 7-38쪽: 최명민 · 박승희 · 김선천 · 김기덕 · 이은정. 2014.「노자의 도덕경에 근거한 사회복지실천관계론의 탐색」.『한국사회복지학』66권 · 1호. 139-162쪽: 홍승표. 2012.「노자의 도와 마음공부」.『사회사상과문화』26권. 59-80쪽.

1) 사회복지의 목표

사회복지는 한 사회 구성원들의 행복을 증진시키기 위한 사회[09]적인 노력을 말한다. 여기서 '사회적'이라는 말은 개인주의에 바탕을 둔 시장의 원리가 아닌 사회적 연대의 원리에 의존한다는 것을 의미한다. 우리가 현대 자본주의 사회에 살고 있음을 감안할 때, 사회복지는 결국 생산된 재화와 서비스를 사회 구성원들의 행복증진을 위해 시장의 원리가 아닌 사회적 연대 원칙에 따라 분배해주는 과정이라고도 볼 수 있을 것이다.(박승희, 2005;57쪽)

그렇다면 행복이란 무엇인가? 간단하게 이야기할 수는 없지만, 사회복지학에서는 주로 욕망의 충족으로 이해하는 경향이 강하다. 그런데 사회복지를 만들어낼 수밖에 없었던 현대 자본주의 사회에서는 모든 종류의 욕망을 무한정으로 채워주는 것이 바람직하고 당연한 것이라고 보고 있으며, 동시에 현실에서는 자원의 희소성 때문에 모든 종류의 욕망을 무한정으로 채워줄 수 없다는 사실 또한 당연하다고 여긴다.(박승희, 2005;203-205쪽) 이런 관점에 따라 사회복지학에서는 욕망의 종류와 충족의 수준에 관한 최저 기준을 정하고자 한다. 그 기준은 모든 개인들의 최저생활을 유지시켜주는 정도이다. 이것은 인간이 어찌 할 수 없는 상황이 아닌 한, 죽지는 않을 정도의 욕망은 충족되어야 한다는 것이다. 이것이 사회복지학에서 말하는 욕망 충족의 1차적인 목표이다. 물론 그 구체적인 모습과 수준은 사회적이고 역사적으로 결정된다. 이러한 최저 욕망 충족에 필요한 자원들 중에서 절실한 자원인 생활자원[10]을 최저 생계生計라고 부른다. 따라서 사

---

09 이때 사회란, 물론 국가만이 아니지만, 한 나라 사회의 대표는 국가이므로 실제로는 국가를 의미한다.

10 절실자원이란 인간의 필요를 충족하는데 필수적임에도 불구하고 마련하기 어려운 것들

회복지학에서는 욕망보다는, 사회적으로 정한 욕망 수준에서 결핍된 부분을 의미하는 소요所要(needs)[11]라는 개념을 많이 사용한다. 이 소요도 욕망의 종류에 따라 다양한데, 그 중에서 최저 생계 보장과 관련된 생리적 필요를 가장 중요하게 여긴다.

따라서 노자로부터 이와 관련된 어떠한 예지를 찾아보고자 할 때, 노자가 행복과 욕망에 대해서는 어떻게 보고 있는지 살펴볼 필요성이 있을 것이다.

2) 욕망의 충족 위기 기제

사회복지는 사회가 개인들의 욕망 충족에 관여하는 것이라고 이해할 수 있다. 그렇다면 왜 사회의 대표인 국가가 개인의 욕망 충족에 관여해야 하는가? 어느 시대를 막론하고 개인이나 가족 등의 욕망 충족의 일차적인 책임은 각자에게 있다. 그런데도 사회가 최종적으로 책임을 지거나 보완해주어야 하는 것은 근본적으로 분리된 개인 및 가족 등이 취약하기 때문이다. 다른 동물들과 마찬가지로 인간도 혼자서는 살아갈 수 없다. 인간이 온전한 삶을 살아가기 위해서는 가족이든, 공동체이든, 나라이든 크고 작은 사회의 도움이 필요하다. 가족이나 공동체와 같은 작은 사회도 더 큰 사회의 도움이 절실할 때가 많다. 그러므로 오래전부터 국가에서는 개인과 가족의 욕망 충족을 보조하였다. 예컨대 한 지역에 흉년이 들면 식량

이다. 공기나 밥은 필수적이지만, 우리 사회에서 구하기 쉬운 공기와 달리 밥은 절실 자원이다. 절실자원을 생활자원이라고도 한다.(박승희, 2005:37쪽)

11 흔히 사회복지학에서는 이 needs를 욕구欲求라고 부른다. 그러나 실제로 '욕구'라는 용어를 사용하는 맥락에서 보면 그 의미가 needs가 아니라 욕망(desire)이다. 따라서 이것은 소요所要나 필요로 부르는 것이 바람직할 것이다.

은 흉년이 든 지역으로 사람은 풍년이 든 지역으로 옮겼다.[12]

그런데 이처럼 개인 혹은 소집단(소사회)이 생존 욕망을 채워줄 수단(생계)를 스스로 자족할 수 없는 구체적인 상황은 각 사회의 성격에 따라 조금씩 다를 수밖에 없다. 현대 자본주의사회에서 생존 욕망의 불충족은 어떻게 나타나는가? 자본주의 사회에서는 개인과 집단의 욕망 충족은 시장을 통해서 각자 스스로 이루어내는 것이 원칙이다. 시장은 상품의 교환방식으로서 가치와 사용가치의 분배 기제이다. 이 과정에서 가치의 이전과 착취도 발생한다. 시장은 상품과 화폐의 논리가 지배하는 '놀음판'과 같으므로, 이곳에서 상품과 화폐는 신으로 부각된 반면, '인간'은 시야에서 사라진다. 여기서 배제되거나 패배한 개인이나 가족 등은 생존 욕망을 충족할 자원을 마련할 수 없는 위기에 처할 가능성이 매우 크다. 이것이 자본주의 사회에서 사회복지가 필요한 구조적 원인이 된다.

따라서 노자로부터 사회복지의 예지를 찾기 위해서는 노자가 살던 당시의 사회는 어떤 사회였고, 노자는 개인들의 욕망 충족의 위기가 어떻게 발생한다고 보고 있는가를 살펴볼 필요성이 있을 것이다.

3) 사회적 욕망 충족의 주체와 방식

개인이나 가족이 최저 생계를 마련하지 못하여 최저 생활의 욕망을 충족하지 못하는 경우에 사회가 그 욕망을 충족시켜주는 것을 사회보장[13]이라고 한다. 따라서 사회보장이란 사회성원의 부족한 생활자원

12 『孟子』. 梁惠王 章句 上.

13 사회보장社會保障에서 사회는 주어이고 보장은 동사이며, 생략된 객어(客語, 목적어)는 모든 국민의 최저 생계나 생존 그 자체이다.

을 사회가 반드시 제공하는 것으로서, 최저의 삶을 보장하는 것이다. 이것은 사회복지의 기초이자 출발이며, 적극적인 사회복지가 아니라 소극적 사회복지이다. 물론 사회복지는 사회보장에만 머물지 않는다. 개인이나 가족의 최저 이상의 생활에 필요한 욕망 충족을 사회가 지원하거나 직접 책임지는 것이기도 하다.(박승희, 2012;15-71쪽)

개인이나 가족의 욕망 충족을 사회가 최종적으로 보장해주거나 보조해주는 것은 무엇을 의미하는가? 욕망의 충족은 어느 누군가가 생산한 물적·인적 자원을 공급해주는 것이다. 이 자원은 사회의 구성원들이 생산한 것이다. 사회 혹은 국가가 하는 일이란 사람들이 생산한 것을 거두어서 다른 사람들에게 전달하는 것에 지나지 않는다. 결국 사회복지는 계契와 같다. 사회복지의 계주는 국가이다. 계주에 대한 계원의 신뢰가 계의 성패成敗에 중요하듯이 국가 및 그 지도자에 대한 국민의 신뢰가 사회복지의 흥체興替에 중요함을 말할 필요가 없다. 이것은 예기의 대동大同에 대한 기술이 "현자를 뽑고 능력자에게 일을 맡기며, 믿음信을 키우고 화목和睦을 다진다〔選賢與能 講信脩睦〕[14]로 시작한다는 것을 통해서도 잘 이해할 수 있다. 오늘날 민주주의를 표방하는 사회에서 국가는 국민들이 구성하고, 그 지도자도 국민이 뽑는 것이 일반적이다. 이런 민주주의 사회에서도 국가와 그 지도자의 성격에 따라서 사회복지의 내용과 방식이 달라진다는 것은 상식이다.

그런데 이 사회복지의 내용과 방식은 사회마다 다양하다. 현대 자본주의 사회에서는 국가가 사람들의 최저 생활에 필요한 욕망 충족을 도와주기 위해여, 상품의 원리를 벗어난 방식으로 최저 생활 욕망 충족에 필요한 자원을 지원해줄 수밖에 없다. 이것을 흔히 '탈상

---

14 『禮記』. 禮運篇.

품화'라고 부른다. 소득재분배도 시장의 1차적 소득 분배를 탈시장적인 방식으로 다시 분배한다는 것을 의미한다. 이 탈상품화란 시장과 화폐의 '놀음판'에서 망각해버린 인간을 재발견하여 인간으로 공경하는 것이다.

한편 최저생활의 보장과 관련되지 않은 욕망도 시장 외적인 방식으로 국가가 충족시켜주기도 한다. 이것이 소극적인 사회복지(사회보장)와 대비되는 적극적 사회복지이다. 이런 사회적 욕망의 충족은 시장원리보다는 사회적 원리를 따르는 것이 효율적일 경우에 이루어진다. 예컨대 공원을 조성하는 것이 여기에 속할 것이다.

자본주의 사회의 탈상품화를 통한 사회복지는 국가가 주로 돈을 거두어서 돈을 지불하거나, 현물을 사서 나누어 주는 것이다. 이러한 갹출醵出 및 배분방식에 다양한 사회복지제도 유형이 나타는데, 그 대표적인 방식으로는 공공부조, 사회보험, 사회보공社會普供, 사회지본社會支本[15]이 있다.

여기서 우리는 사회복지의 방법에서 국가와 그 지도자가 어떠하며, 어떻게 자원을 동원하고 배분하는가가 중요한 것임을 알 수 있다. 따라서 노자가 국가 혹은 국가의 지도자에 대해서 어떻게 생각하고 있고, 백성의 행복의 증진을 위한 자원의 동원과 배분 등에 대해서 어떻게 생각하고 있는지를 살펴보는 것도 노자로부터 사회복지의 예지를 찾는데 도움이 될 것이다.

---

15 사회보공은 갹출은 세금방식으로 하고, 배분은 과거의 기여여부, 현재의 빈곤 여부를 따지지 않고 소요所要가 있으면 시민 누구에게나 현금이나 현물을 지급해주는 것을 말한다. 사회지본은 갹출은 세금방식으로 하고, 배분은 과거의 기여여부, 현재의 빈곤 여부, 소요 여부도 고려하지 않고, 시민 모두에게 일정의 현금을 지급하는 것을 의미한다. 기본소득제도가 여기에 속한다.(박승희, 2012;55-71쪽)

4) 사회복지와 공동체 및 생산의 관계

사회복지가 사회를 통해 개인의 욕망 충족을 보장해주거나 도와주는 것이라고 할 때, 가장 중요한 두 가지 전제 조건이 있다. 하나는 개인의 욕망 충족이 어려운 상황에 처해 있다는 것이고, 다른 하나는 개인의 욕망 충족에 필요한 자원을 어느 누군가가 생산해야 한다는 점이다.

첫 번째 조건은 개인 주변의 공동체와 관련된다. 개인은 스스로 욕망을 충족하지만, 위기 시에는 먼저 가족 안팎의 공동체의 도움을 받는다. 이것이 불가능할 때 국가가 생계를 보장하는 것이다. 이런 점에서 보면 국가복지는 가족 안팎 공동체의 복지와 배타적인 관계에 있다고 볼 수 있다. 공동체의 복지가 취약해질수록 국가의 복지는 증가할 수밖에 없다. 현대 자본주의 사회에서 국가의 복지 수요가 급증하는 것은 인간관계가 물상화되면서 가족 안팎 공동체가 급속하게 파괴되기 때문이다.(박승희, 2005;265-358쪽) 이런 사회에서 개인은 국가, 곧 큰 사회와 직접적으로 대면하게 된다. 이것은 전통사회에서 개인이 공동체를 통해서 국가와 대면하는 것과 대비된다. 그러나 국가가 공동체의 인간관계까지 대신해 줄 수 없는 한, 국가 복지가 사육飼育의 함정에 빠질 가능성은 적지 않다.(박승희, 2005;361-454쪽) 따라서 사회복지를 공동체 문제와 연관시켜 바라보는 것이 바람직할 것이다.

두 번째 조건은 자원의 생산 활동인 노동과 관련된다. 사회복지는 주로 생산된 부를 분배하는 방식이므로, 만약 노동이 이루어지지 않으면 사회복지는 성립될 수 없다. 이런 점에서 노동은 본本이고 사회복지는 말末이 된다. 그런데 노동은 욕망 충족에 필요한 생산 활동만이 아니다. 욕망의 생성과정이기도 한다. 이것은 생활 세계의 중요한 구성 요소이다.

이 연구에서는 이 두 가지에 관한 노자의 지혜가 무엇인가도 살펴보고자 한다.

3. 노자의 사회복지론 탐구

1) 행복과 욕망의 충족

흔히 사회복지는 사회적 차원의 행복증진을 위한 노력이고, 행복은 욕망의 충족과 깊은 관련이 있다고 본다. 그렇다면 노자는 행복과 욕망에 대해서 어떤 생각을 가지고 있는가?

(1) 행복관

진정으로 행복한 상태란 어떤 것일까? 노자에게 행복의 가장 중요한 조건은 생명을 오래도록 건강하게 유지하는 것, 곧 장수이다.

> "삶의 길을 가는 무리가 열 명 중에 세 명이고, 죽음의 길을 가는 무리가 열 명 중 세 명이고, 삶의 길을 가다가 죽음의 땅으로 들어가는 사람 또한 열 명 중 세 명이다. 무릇 왜 사지로 들어가게 되는 것인가? 삶의 풍족함을 누리며 살려하기 때

문이다(生之徒十有三 死之徒十有三 人之生動之死地 亦十有三 夫何故 以其生生之厚)".[16]

여기서 우리는 노자가 장수를 누리는 것을 행복의 가장 근본적인 조건으로 여기고 있다는 것을 짐작할 수 있다. 그런데 이것은 너무나 당연하고 뻔한 소리로 들린다. 그러나 현실에서는 장수를 누릴 수 있는 길을 스스로 버리는 사람이 대다수라고 노자는 보고 있다. 노자가 살던 사회는 상품과 화폐의 유혹이 적은 자급자족경제체제가 지배적이었음에도 불구하고, 적어도 60%정도의 사람들이 스스로 죽는 길을 택하고 있다는 것이다.

왜 그런가? 노자는 언어 등으로 표현되는 이름〔名〕에 따라 생성되고 저장되는 개념概念들과 싶음〔欲〕이 인간의 마음을 장악하여 본질을 보지 못하게 하기 때문이라는 것이다. 환상이 본질을 지배한다는 노자의 이런 견해는 맑스의 '물신주의'라는 환상과 '소외疎外'를 연상시킨다. 노자는 위의 글에서 삶의 길을 버리고 죽음의 길을 마다하지 않는 이유를 삶을 풍족하게 살고자 하기 때문이라고 했는데, 삶의 풍족豐足이란 것도 현명함을 숭상하고 얻기 어려운 재화를 귀하게 여기는 것과 같은 방식으로 만들어진 이름〔名〕의 일부라고 볼 수 있다. 결국 이름〔名〕과, 그에 따른 싶음〔欲〕이 환상을 만들고, 환상이 마음을 지배하면, 그 마음이 생명의 기운을 지배하므로, 병을 얻거나 타인의 버림을 받아 일찍 죽는다고 보고 있다.

"마음이 기氣를 부리는 것을 강하다고 하는데, 모

16 『道德經』, 50장. 이하에서는 『老子道德經』. 文淵閣四庫全書電子版를 사용한다. 이것은 흔히 '왕필본', '통행본'으로 알려져 있는 것을 청대에 '欽定四庫全書'의 일부로 교감한 것이다.

> 든 것이 굳세면 늙는다. 굳센 것은 길〔道〕을 따르지 않는다〔不道〕라고 한다. 길을 따르지 않으면 일찍 죽는다〔心使氣曰强 物壯則老 謂之不道 不道早已〕"(『道德經』, 55장).

이런 맥락에서 노자는 생명이라는 본질을 직시하라는 뜻에서, "이름과 몸 중에서 어떤 것이 더 참되고, 몸과 돈 중에서 어떤 것이 소중한가〔名與身孰親 身與貨孰多〕"(『道德經』, 44장)라고 묻는다.

따라서 노자는 행복을 증진시키기 위해서는 마음은 비우고 배를 채우며, 의지는 약하게 하고 뼈는 강하게 해야 한다고 주장한다.

> "현자랍시고 떠받들지 않아야, 백성이 경쟁하지 않게 되고, 얻기 어려운 재물을 귀하게 여기지 않아야, 백성이 도둑질을 하지 않게 되며, 욕심날 만한 물건을 들어내 보여주지 않아야, 백성의 마음이 어지럽지 않게 된다. 그래서 성인의 정치는 백성의 마음을 비워주고 백성의 배를 채워주며, 백성의 뜻을 약하게 하고 백성의 뼈를 강하게 한다. 항상 백성이 이름〔名〕을 알지 않게 하고, 싶음〔欲〕을 갖지 않게 한다. 언제나 지식인 따위가 감히 일을 꾸미지 않게 한다. 하지 않음〔無爲〕을 실천하므로 다스려지지 않음이 없다〔不尙賢使民不爭 不貴難得之貨使民不爲盜 不見可欲使民心不亂 是以聖人之治 虛其心 實其腹 弱其志 强其骨 常使民無知無欲 使夫智者不敢爲也 爲無爲則無不治〕"(『道德經』, 3장).

그러므로 노자에게 인간의 행복이란 몸을 건강하게 오래도록 유지할 수 있게 해주는 자연스런 상태일 것이다. 이때 마음은 그런 몸의 자연 상태에 조응하여 나타나는, 역시 자연스러운 모습일 것이다. 여기에는 어떠한 인위적인 이름〔名〕과 싶음〔欲〕도 개입되지 않을 것이다. 이런 상태를 정신과 육체의 결합되고 몸의 기운이 순수하고 부드러워 마치 어린 아이와 같은 경우라고 노자는 보고 있다.

> "영〔營〕과 백〔魄〕을 삶의 수레에 싣고서 함께 껴안아 떨어지지 않게 할 수 있는가? 몸의 기를 순수하게 하고 부드러움을 이루어서 어린 아이가 될 수 있는가?〔載營魄[17] 抱一[18] 能無離乎 專氣致柔 能嬰兒乎〕"(『道德經』, 10장).

(2) 욕망관

사회복지에서 말하는 욕망과 가장 가까운 개념이 노자의 도덕경에서는 싶음〔欲〕이다. 노자는 싶음〔欲〕이 이름〔名〕에 의해서 생긴다고 직접적으로 언급하고 있지는 않지만, 그것을 당연시하고 있다.

> "도는 이름〔名〕에 따라서는 항상 하지 않으면서도 해내지 않은 것이 없다. 제후와 왕이 이것을 지킬 수 있다면, 만물이 스스로 길에 감화할 것이다. 만물이 길에 감화하였음에도, 다시 이름〔名〕에 따라 무언가를 해보려고 하면, 나는 이름을 갖지 않음

17 『道德經註』, 文淵閣四庫全書電子版.營은 魂을 말한다. 魂은 정신의 기운〔神氣〕이고 魄은 몸의 마음〔體情〕을 말한다.

18 抱一은 껴안아 하나가 되다는 동사일 것이다.

〔無名〕의 소박함으로 진정시킬 것이다. 만물이 이름을 갖지 않음〔無名〕의 소박함에 이르면 무릇 싶음〔欲〕이 당연히 없어질 것이며, 싶음〔欲〕을 부리지 않음으로써 그 마음들이 고요해지고, 천하가 스스로 평정될 것이다〔道常無爲而無不爲 候王若能守之 萬物將自化 化而欲作 吳將鎭之以無名之樸 無名之樸夫亦將無欲 不欲以靜 天下將自定〕"(『道德經』, 37장).

위 글의 "(만물이) 이름을 갖지 않음〔無名〕의 소박함에 이르면 무릇 싶음〔欲〕이 당연히 없어질 것이며〔無名之樸夫亦將無欲〕"라는 말은 이름〔名〕을 가지면 싶음〔欲〕이 생길 수 있다는 것을 전제로 삼는다.

"성聖을 버리고 지혜智를 멀리 하면 백성의 이익이 백배가 되고, 인을 버리고 의를 멀리 하면 백성이 치사랑〔孝〕과 내리사랑〔慈〕을 회복하며, 기교를 버리고 이利를 멀리 하면 도적이 없어진다. 이 세 가지로는 인위적 제도인 문식文飾을 만들 수 없기 때문에, 백성이 자족을 누리며, 눈으로는 소박素朴함을 보고 마음으로는 질박質朴함을 품으며, 사사로움을 줄이고 싶음〔欲〕을 덜어내게 된다〔絶聖棄智 民利百倍 絶仁棄義 民復孝慈 絶巧棄利 盜賊無有 此三者以爲文不足[19] 故令有所屬[20] 見素抱樸 少私寡欲〕"(『道德經』:19장).

---

19 此三者는 絶聖棄智 등일 것이다. 此三者以爲文는 주부, 不足가 술부일 것이다.
20 屬는 만족하는 뜻도 있다. 令의 주어는 此三者이고, 令은 欲까지 거느릴 것이다.

윗글의 성聖과 지智, 인仁과 의義, 교巧와 리利는 이름〔名〕의 사례들이며, 이것들을 없애야만 싶음〔欲〕이 없어진다고 보고 있다. 여기서도 이름〔名〕을 싶음〔欲〕의 발생조건으로 여기고 있다는 것을 알 수 있다.

그런데 노자는 이 싶음〔欲〕이 인간을 행복하게 해주는 것이 아니라 오히려 불행하게 해준다고 보므로, 싶음〔欲〕을 채워주기보다는 덜어내는 것이 바람직하다고 주장한다. 성인은 "항상 백성들을 앎과 싶음을 갖지 않게 한다〔常使民無知無欲〕"(『道德經』, 3장)고 주장하는데, 이 때 앎〔知〕의 생략된 객어客語는 이름〔名〕이라고 할 수 있다.

따라서 노자가 말하는 싶음〔欲〕은 무언가 바란다는 점에서는 욕망에 속한다고 볼 수 있는데, 이것은 인간의 행복을 위해서는 채워주기보다는 오히려 줄여주어야 하는 것으로서 인간의 자연스런 욕망과는 다르다. 배가 고프면 뭔가 먹으려는 욕망은 이 싶음에 속한다고 볼 수 없을 것이다.

> "다섯 가지 색은 사람의 눈을 멀게 하고 다섯 가지 음은 사람의 귀를 먹게 하며, 다섯 가지 맛은 사람의 입을 버리게 하고, 내달리면서 사냥하는 것은 사람의 마음을 발광하게 하며, 얻기 어려운 재화는 사람의 행동을 방탕하게 만든다. 그러므로 성인은 배를 위하지, 눈을 위하지 않는다. 결국 저것을 버리고 이것을 취한다〔伍色令人目盲 伍音令人耳聾 伍味令人口爽 馳騁畋獵令人心發狂 難得之貨令人行妨 是以聖人爲腹不爲目 故去彼取此"〕(『道德經』, 12장).

노자는 다섯 가지 색 등의 이름〔名〕이 만들어낸 싶음〔欲〕 때문에 자연스런 욕망을 잃어버린다고 보면서, 배腹로 상징되는 자연스런 욕망은 추구하지만 이름〔名〕에 의해서 형성된 싶음〔欲〕은 버려야 한다고 주장한다. 이러한 노자의 입장에서 보면 서구에서 들어온 사회복지학적인 욕망은 바람직한 욕망과 그렇지 않은 욕망으로 나누어진다고 볼 수 있을 것이다.

2) 최저 생계 위기의 발생기제

어느 시대를 막론하고 인간은 혼자서 온전한 삶을 누리기 어렵다. 이런 삶의 위기는 각 시대의 사회적 조건에 따라 각각 다른 기제를 통해서 발생한다. 자본주의 사회에서는 삶을 위한 욕망 충족이 시장을 통해서 이루어지고 그 불충족도 역시 시장을 통해서 나타난다. 그렇다면 노자가 살던 시대의 사회적 성격은 어떠했고, 노자는 어떤 방식으로 삶의 위기가 나타난다고 보았는가?

(1) 노자의 시대

노자가 살던 시대는 농업 중심의 자급자족 사회였다. 물론 그 시대에도 상품이 없었던 것은 아니고 상품사회의 문제점을 노자가 몰랐던 것도 아니다.『도덕경道德經』(3장, 12장, 64장)에는 상품 거래가 전제되어만 성립될 수 있는 "얻기 어려운 재화〔難得之貨〕"라는 말이 나온다. 그러나 이런 상품 사회가 지배적이었다고 볼 수는 없다. 상품 경제는 주로 제후가 사는 곳이나 일부 무역도시를 중심으로 이루어 졌고, 나머지 지역에서는 자급자족 경제가 일반적이었을 것이다. 이것은 노자가 전쟁이 농업을 피폐하게 만든다고 주장하며(『道德經』:30, 46장), 이상적인 사회를 이웃 나라에서 닭이 울고 개짖는 소리가 들려도 백성들이 죽을 때가지 왕래하지 않은 작은 나라로 상정하고 있다(『道德經』, 80장)는 것을 통해서도 추정할 수 있다.

한편 노자가 살던 시대는 춘추전국시대이다. 천하를 장악하기 위해서 여러 제후들이 전쟁을 벌이던 시대이다. 이것은 노자의 도덕경이 다음의 예문에 나타나 있는 바와 같이 천하를 얻기 방법을 기술한 책이라는 사실에서도 잘 알 수 있다.

> "흔히 천하를 얻어서 이름〔名〕과 싶음〔欲〕에 따라 조작해보려고 한다. 나는 그것이 불가능할 뿐이라고 생각한다. 천하는 신기한 그릇이므로, 마음대로 조작할 수 없다. 천하를 조작하는 자는 실패하고, 천하를 잡는 자는 잃는다〔將欲取天下而爲之 吳見其不得已 天下神器 不可爲也 爲者敗之 執者失之〕"(『道德經』, 29장).

(2) 생계 위기의 발생기제

노자가 살던 시대에 인민의 삶을 가장 직접적으로 위협하는 것은 전쟁이었다. 전쟁은 당장 사람을 죽게 하는 것만이 아니라, 생산 활동을 방해한다는 점에서도 큰 문제였다.

> "천하에 도가 있으면 전장에 쓰는 말을 몰고 와서 논밭으로 거름 똥을 나르고, 천하에 도가 없으면 군마가 성 밖의 논밭에서 자란다〔天下有道 卻走馬

以糞 天下無道 戎馬生於郊〕"(『道德經』, 46장).

> "군대가 주둔한 곳에는 가시나무가 돋아나고 대군을 일으킨 다음에는 반드시 흉년이 든다〔師之所處 荊棘生焉 大軍之後 必有凶年〕"(『道德經』, 30장).

노자는 위정자의 직접착취도 백성의 삶을 위협한다고 보았다.

> "진정으로 백성의 배가 고픈 것은 위에서 먹는 세금이 너무 많아서 배를 주리기 때문이다. 진정으로 백성을 다스리기 어려운 것은 위에서 이름〔名〕과 싶음〔欲〕에 따라 함〔有爲〕으로 다스리기 어렵기 때문이다. 진정으로 백성이 죽음을 가볍게 여기는 것은 위에서 풍족한 삶을 살려하여 백성이 죽음을 가볍게 여기기 때문이다. 무릇 지도자가 항상 자기 삶에 대해 조금도 대수롭게 않게 여기지 않는 것이 자기 삶을 귀하게 여기는 것보다 현명하다〔民之饑 以其上食稅之多是以饑 民之難治 以其上之有爲 是以難治 民之輕死 以其上求生之厚 是以輕死 夫唯無以生爲者 是賢於貴生〕"(『道德經』, 75장).

> "만약 내가 이름〔名〕에 기반을 둔 지식을 확실히 가지고서 큰 길로 행진한다면, 백성들은 깃발조차도 두려워한다. 큰 길은 매우 평평하지만 백성은 좁은 길을 좋아한다. 조정이 매우 잘 정리되어 있

으면, 밭에는 잡초가 무성하고 백성의 창고는 텅 비게 된다. 무늬가 있는 비단 옷을 입고 날카로운 칼을 차고 싫도록 마시고 먹으며 재화가 넘치면 이것은 도둑놈의 사치이다. 도가 아니다〔使我介然有知 行於大道 唯施是畏 大道甚夷 而民好徑 朝甚除 田甚蕪 倉甚虛 服文綵 帶利劍 厭飮食 財貨有餘 是謂盜夸 非道也〕"(『道德經』, 53장).

전쟁과 직접 착취가 백성들의 삶을 위협한다는 것은 쉽게 이해가 가는 바이다. 노자는 여기에 그치지 않고 이름〔名〕에 의한 욕망 조작도 백성의 삶을 위협한다고 주장한다.

"지도자는 엄정함으로는 나라를 다스리고 기발함으로는 군대를 운용運用하지만, 일을 벌이지 않음으로써 천하를 얻는다. 내가 그것이 그런 줄을 어찌 알겠나? 이런 것들을 보고 아는 것이지. 천하에 금기하는 일〔忌諱〕이 많이 일어날수록 백성이 더 가난해지고, 백성이 권모술수를 많이 가질수록 국가는 더 혼란해지고, 사람들의 기교(기술)가 많아질수록 사람들을 유혹하는 기이한 물건들이 더 많이 생겨나고, 법령이 많이 공포될수록 도적은 많아진다. 그러므로 성인이 다음과 같이 말했다. 내가 이름〔名〕과 싶음〔欲〕에 따라 함이 없으니〔無爲〕 백성이 스스로 동화되고, 내가 고요함을 좋아하니 백성이 스스로 바르게 되며, 내가 이름〔名〕에 따라 일을

> 만들지 않으니 백성이 스스로 부유해지고, 내가 싶음〔欲〕을 가지지 않으니 백성이 스스로 소박해진다〔以正治國 以奇用兵 以無事取天下吳何以知其然哉以此 天下多忌諱 而民彌貧 民多利器 國家滋昏 人多伎巧 奇物滋起 法令滋彰 盜賊多有 故聖人云 我無爲而民自化 我好靜而民自正 我無事而民自富 我無欲而民自樸〕"(『道德經』, 57장).

백성들의 욕망이 조작되면 배를 튼실하게 해주는 생산 활동을 버리고 도둑질과 같은 일을 할 것이라는 것이 노자의 견해이다. 그러나 문제는 여기에 그치지 않을 것이다. 이미 앞에서 지적한 바와 같이, 이름〔名〕과 싶음〔欲〕으로 가득한 마음이 기氣를 부리면 일찍 죽을 것이다.[21]

3) 국가의 성격과 대응방식

현대 사회의 사회복지는 국가와 그 지도자가 시장과 상품의 원리를 벗어나서 자원을 국민으로부터 거두어들인 다음 나누어주는 방식으로 이루어진다. 그렇다면 노자는 국가 혹은 지도자의 성격을 어떻게 규정하고 어떤 방식으로 사회복지를 실천하여야 한다고 주장하였는가?

---

21 『道德經』, 57장.

(1) 국가와 지도자의 성격

노자는 국가 기구가 어떠하여야 한다고 보는가?

> "큰 나라란 강의 하류와 같은 것이니 천하의 교류 장소이자 천하의 암컷이다. 암컷은 항상 이름〔名〕과 싶음〔欲〕을 버리고 고요하므로 수컷을 이기고, 고요하므로 만물의 아래가 된다. 그러므로 대국은 대국이어서 소국보다 낮게 머물면, 소국을 얻고, 소국은 소국이어서 대국에게 몸을 낮추어 들어가면, 대국을 얻는다. 따라서 어떤 나라는 낮게 머물기 때문에 얻고, 어떤 나라는 낮추어 들어가면서 얻는다. 대국은 다만 남을 두루 받아들여 길러 주고자하며, 소국은 다만 남에게 흘러내려 들어가서 남을 섬기려 하므로, 무릇 양자는 각기 바라는 것을 얻는다. 큰 것도 아래〔下〕가 되어야 한다〔大國者下流 天下之交 天下之牝 牝常以靜勝牡 以靜爲下 故大國以下小國 則取小國 小國以下大國 則取大國 故或下以取或下而取 大國不過欲兼畜人 小國不過欲入事人 夫兩者各得其所欲 大者宜爲下〕"(『道德經』, 61장).

여기서 우리는 노자가 큰 나라는 자율적인 성격을 가진 작은 나라들과 자유로운 연대를 맺어야 하는 것으로 이해하고 있다는 것을 알 수 있다. 이런 원칙을 작은 나라와 더 작은 공동체들 사이에서도 여전히 작용된다고 볼 수 있다. 이런 맥락에서 본다면 사회복지의 사회는 대국일 수도 있고, 소국이나 부족 공동체일 수도 있다.

이런 크고 작은 나라들을 다스리는 사람이 제왕이다. 심지어 부족장도 소왕으로 이해할 수 있다. 이런 사회에서는 나라의 통치기구인 국가가 제왕이라고 보아도 큰 무리가 없을 것이다. 그렇다면 노자에게 바람직한 제왕은 어떤 모습인가? 노자는 바람직한 지도자를 성인이라 부른다. 바람직한 제왕도 당연히 성인이다.

성인은 어떤 사람인가? 성인은 노자가 말하는 길〔道〕, 혹은 참길〔常道〕을 완전하게 체득한 사람이며, 여기서 길〔道〕이란 인간이 만든 이름〔名〕과 싶음〔欲〕을 버리고 만물이 스스로 그러함〔自然〕을 따르는 사람이다. 이런 성인은 이름〔名〕에 따라서는 어떤 판단도 하지 않고〔無爲〕, 이름〔名〕에 기인한 싶음〔欲〕은 전혀 가지지 않으며〔無欲〕, 이름〔名〕과 싶음〔欲〕에 따라서는 어떤 일도 벌이지 않은〔無事〕 사람이다. 이런 지도자는 자기의 식견과 주장을 버리고 백성들의 뜻을 존중하는 사람이다.

> "성인은 정해놓은 마음이 없나니, 백성의 마음을 자기 마음으로 삼는다. 나를 좋아 하는 사람도 내가 좋아 하고, 나를 좋아 하지 않은 사람 또한 내가 좋아 하니, 백성들의 호감好感을 얻는다. 미더운 사람도 내가 믿어주고, 미덥지 않는 사람 또한 내가 믿어주니, 백성의 믿음을 얻는다. 성인은 천하를 살피면서 받아들이고 받아들이며, 천하와 그 마음을 섞는다. 성인은 천하의 모든 것들을 어린애처럼 대한다〔聖人無常心 以百姓心爲心 善者 吳善之 不善者 吳亦善之 德善 信者 吳信之 不信者 吳亦信之 德信 聖人在天下 歙歙 爲天下渾其心 聖人皆孩之〕"(『道德經』, 49장).

(2) 대응 방식

1. 전쟁과 착취의 억제

노자는 모든 공동체들이 외부의 간섭이 없다면 주어진 환경에서 자족할 수 있는 능력을 가지고 있다고 믿는다. 사람만이 아니라 만물이 스스로 그러하다고 믿는다. 그러므로 어떤 간섭도 하지 않고 각 집단에게 자신의 삶을 맡겨두는 것이 삶을 온전하게 유지할 수 있게 해주는 가장 좋은 길이라고 믿는다. 노자는 백성들의 삶에 대한 가장 직접적이고 위해적인 간섭이 전생과 착취였으므로 전쟁과 착취를 억제할 것을 주장한다. 물론 이것들이 현대적인 의미에서 사회복지 그 자체로 인정받는 것은 아니다. 현대사회의 사회복지란 특히 욕망의 충족과 관련된 재화와 서비스를 제공하는 것으로 제한하는 것이 일반적일 뿐만 아니라 사회복지의 범위는 "논리적으로 규정되는 것이라기보다는 분업의 차원에서 관례적으로 규정"되는 경향이 있기[22]때문에, 통상적으로 전쟁과 착취 금지는 현대 사회의 관례적인 사회복지 의미 규정에 부합한다고 볼 수는 없다. 다만 노자의 시대에는 전쟁이나 착취가 매우 일상적인 문제였기에, 이 문제의 해결이 가장 중요한 사회복지로 이해되었을 것이란 점에서 이에 대해서도 다루고자 한다.

백성들의 온전한 삶을 방해하는 대표적인 것이 전쟁이므로 노자의 도덕경에서는 지도자가 전쟁을 하지 말 것을 여러 곳에서 언급한다. 그래서 남을 공격하기보다는 수용하는 것을 권장한다. 노자의 철학은 전쟁을 상징하는 남성의 철학이 아니라 평화를 상징하는 여성의 철학이다.

---

22 박승희. 2005.『한국사회복지정책론:아름다운 세상 가꾸기』. 성균관대출판부. 31쪽.

> "골짜기의 신은 죽지 않는다. 이것을 '가물거리는 암컷〔玄牝〕'이라 부른다. 가물거리는 암컷〔玄牝〕의 문을 천지의 뿌리라 하네. 겨우 겨우 이어지면서도 마치 형체가 있는 것 같고, 이것을 쓰는데 수고로움이 없네〔谷神不死 是謂玄牝 玄牝之門 是謂天地根 緜緜若存 用之不勤〕"(『道德經』, 6장).

노자는 직접적인 착취가 백성들의 삶을 위협하므로 이것을 금하는 것을 당연시 여긴다. 그런데 지도자의 착취욕은 자신의 생명을 유지하기 위한 소비가 아니라 이름〔名〕과 싶음〔欲〕에 따라서 조작된 환상에 따라 과잉소비를 하기 때문에 착취가 발생하게 되므로 착취를 줄이기 위해서는 자기부터 이름〔名〕과 싶음〔欲〕을 버리고, 자신의 삶에 대해서 인위적인 의미를 부여하지 않는 것이 중요하다고 본다.

> "하늘은 영원하고 땅은 유구하다. 천지가 영원하고 유구할 수 있는 까닭은 스스로 살지 않음으로써 오래 살아갈 수 있기 때문이다. 그러므로 성인은 몸을 뒤에 두니 그 몸이 앞에 있게 되고, 자기 몸을 밖에 두니 그 몸이 보존되게 된다. 그 이유는 사사로움이 없기 때문이 아니겠는가? 그래서 사사로운 것을 이룬다〔天長地久 天地所以能長且久者 以其不自生故能長生 是故聖人後其身而身先 外其身而身存 非以其無私邪 故能成其私〕"(『道德經』, 7장).

지도자가 자신의 삶을 이름〔名〕과 싶음〔欲〕에 따라 치장하지 않는다면 검소한 삶을 살 수 있을 것이며, 검소하여야만 착취를 줄일 수 있을 것이다. 그러므로 노자는 검소도 지도자의 보물 중의 하나로 취급하면서[23], 검약이 나라를 오래도록 지키는 길이라고 여긴다.

> "사람을 다스리고 하늘을 섬기면서 아끼는 것만큼 중요한 것이 없다. 무릇 항상 아끼는 것을 백성들의 자원을 빨리 확보하는 것〔早服〕이라 이른다. 이 자원을 빨리 확보하는 것〔早服〕을 일러 덕(virtue)을 두텁게 쌓았다고 한다. 덕을 두텁게 쌓으면 이겨내지 못할 것이 없고, 이겨내지 못 할 것이 없으면, 사람들이 그 덕의 끝을 알 수가 없다. 그 끝을 알지 못하면 국가를 가질 만하다. 국가의 어머니를 가졌으니 오래 유지될 수 있다. 이것을 일러 뿌리를 깊게 하고 기초를 튼튼하게 하여, 나라를 길이 살리고 오래도록 활기차게 만드는 길〔道〕이라고 한다〔治人事天莫若嗇 夫唯嗇是謂早服 早服謂之重積德 重積德則無不克 無不克則莫知其極 莫知其極 可以有國 有國之母 可以長久是謂深根固柢長生久視之道〕"(『道德經』, 59장).

2. 욕망의 관리

노자는 백성들의 삶에 직접적인 위해를 가하는 전쟁과 착취만이 아니라 간접적인 교란을 야기하는 상징적인 욕망 조작을 막는 것도 삶을 안정시키는 중요한 사회적 과제로 상정한다.

---

23 『道德經』. 67장.

"옛날에 길〔道〕을 잘 실천하는 것이란 백성을 영리하게 하는 것이 아니라 어리석게 하는 것이었다. 백성을 다스리기 어려운 것은 이름〔名〕과 싶음〔欲〕에 따른 지모를 많이 쓰기 때문이다. 그러므로 그런 지모로서 나라를 다스리는 것은 나라에 해가 되고 그런 지모로서 다스리지 않는 것은 나라의 복이 된다. 이 두 가지를 아는 것이 법식法式이다. 이 법식을 항상 알고 있는 것을 일러 현덕玄德이라 한다. 현덕은 심오하고 아득하다. 이것은 다른 덕들과는 상반된다. 그런 다음이라야 백성이 크게 순응하는 상황〔大順〕을 이룬다〔古之善爲道者 非以明民 將以愚之 民之難治 以其智多 故以智治國 國之賊 不以智治國 國之福 知此兩者亦稽式 常知稽式 是謂玄德 玄德深矣 遠矣 與物反矣 然後乃至大順〕"(『道德經』, 65장).

그러나 이름〔名〕과 싶음〔欲〕이 집단 내부에서 발생하지 않게 하는 것만이 아니라, 외부로부터 유입되는 것까지도 차단할 필요가 있다고 노자는 보고 있다.

"이름〔名〕도 없고 싶음〔欲〕도 없는 천하의 시작을 천하의 어미로 삼아서, 그 어미를 터득攄得한 다음, 이 어미를 보고 그 자식을 알며, 그 자식을 알고 난 다음, 되돌아가 그 어미를 지키면, 죽을 때까지 위태롭지 않다. 그 통로를 막고 그 문을 닫으면 평생 수고롭지 않으나, 그 통로를 열어서 그 일을 늘려나가면 평생 구제받지 못한다. 작은 것을 보는 것을 밝음이라고 하고 부드러움을 지키는 것을 강함이라 한다. 그 빛을 써서, 그 밝음으로 돌아간다면 몸에 재앙을 입지 않을 것이다. 이것이 진정한 도를 체득한 것, 곧 습상襲常이다〔天下有始 以爲天下母 旣得其母 以知其子 旣知其子 復守其母 沒身不殆 塞其兌 閉其門 終身不勤 開其兌 濟其事 終身不救 見小曰明 守柔曰强 用其光 復歸其明 無遺身殃 是爲襲常〕"(『道德經』, 52장).

이러한 것들은 헛된 욕망을 억제시키는 것이다. 그러나 이것만으로는 삶을 온전하게 누릴 수 없을 것이기 때문에 백성들이 삶과 수단을 귀하게 여길 수 있도록 노력한다. 그래서 항상 "다른 사람과는 달리 밥의 어머니를 귀하게 여긴다〔我獨異於人而貴食母〕".[24]

3. 재분배

그렇다면 노자는 전쟁과 착취를 금하고, 백성들의 헛된 욕망을 억제시키면 바람직한 분배는 저절로 일어나므로 더 이상 재분배 조치는 필요하지 않다고 보는 것인가? 물론 노자는 지도자가 도에 따라 처신하면 분배가 저절로 공정하게 이루어진다고 믿는다.

"길〔道〕은 항상 어떠한 이름〔名〕에도 매이지 않는다. 길〔道〕의 질박한 모습은 작을 지라도 천하의 누구도 감히 신하로 삼을 수 없다. 제후나 왕이 만약

24 『道德經』. 20장.

길〔道〕의 그 질박한 모습을 지킬 수 있다면, 만물이 스스로 손님이 될 것이며, 천지가 서로 합하여 단이슬이 내리고 백성은 시키지 않아도 알아서 그 단이슬을 골고루 나눠 누릴 것이다〔道常無名 樸雖小天下莫能臣也 侯王若能守之 萬物將自賓 天地相合以降甘露 民莫之令而自均〕"(『道德經』, 32장).

그러나 문제는 그렇게 간단하지 않은 것이 현실이다. 사람도, 그들이 사는 환경도 다양하므로 어려운 처지에 놓인 사람과 소집단이 있을 수 있다. 노자는 최소 개입[25]을 원칙으로 삼지만 개입할 때는 개입할 필요성이 있다고 보는 것이다.

"길〔道〕이란 만물의 안방이다. 어떤 것이든 잘 하는 사람에게는 보배요, 잘 못하는 사람에게는 보호처가 된다. 예컨대, 길〔道〕이 있기에, 아름다운 말은 유행할 수 있고, 고상한 행위는 사람들에게 영향을 미칠 수 있다. 그래서 말과 행위를 잘하는 사람에게는 길〔道〕이 보배가 된다. 한편 길〔道〕이 있기에, 말과 행위를 잘 못하는 사람들이라도 다른 사람들이 어찌 팽개쳐 둘 수 있겠는가? 그래서 천자를 세우고 삼공을 둔다〔道者萬物之娛 善人之寶 不善人之所保 美言可以市 尊行可以加人 人之不善 何棄之有 故立天子 置三公〕"(『道德經』, 62장).

25 이것은 자유주의적 원리와 유사한 것처럼 보인다. 그러나 자유주의가 시장에 대한 신뢰를 전제한 것과는 달리, 노자는 자연이나 도에 대한 신뢰를 바탕으로 삼는다. 노자에게는 시장도 개입 장치일 뿐이다.

> "성인은 사람을 항상 잘 구해주므로, 버려지는 사람이 없고, 항상 만물을 잘 보살펴주므로 버려지는 것들이 없다〔聖人常善救人 故無棄人 常善救物 故無棄物〕"(『道德經』, 27장).

그런데 '국가나 지도자가 개입을 하여 공공재원을 마련하고 이를 가난한 약자를 위해 사용한다면 이것은 하지 않음〔無爲〕이 아니라 하나의 함〔有爲〕이지 않은가?'하는 의문을 가질 수 있다. 그러나 하지 않음〔無爲〕이란, 행동하지 않음이 아니라 인위적 욕망에 따라 행동하지 않음을 의미한다. 예컨대 우는 아이에게 어미가 젖을 주는 것은 하지 않음〔無爲〕에 가깝다. 그러므로 국가나 지도자가 자신이나 백성들의 인위적인 욕망을 충족시키기 위해 노력하는 활동은 함〔有爲〕의 꿈나라에 속하지만 배고플 때 먹고 싶은 것과 같은 자연스런 욕망을 채워주는 것은 하지 않음〔無爲〕의 현실 세계에 속한다고 볼 수 있다.

4. 공동체와 노동

노자는 소단위 공동체를 행복한 삶의 기본으로 생각한다.

> "나라는 작고 백성은 적게 하면, 나라에 고성능의 기계가 있어도 사용하지 않게 되고, 백성이 죽음을 중히 여기고 멀리 이동하지 않으며, 배와 수레가 있어도 탈 일이 없고 무기가 있어도 쓸 일이 없게 된다. 그리고 사람들이 결승 문자를 복원하여 사용하며, 자기 음식은 달게, 자기 옷은 아름답게, 자기 집은 편하게, 자기 풍속은 즐겁게 여기게 된

다. 그러므로 마주보는 이웃 나라 사이에 닭 울고 개 짖는 소리가 서로 들릴지라도, 늙어죽을 때까지 왕래하지 않게 된다〔小國寡民 使有什佰之器而不用 使民重死而不遠徙 雖有舟輿 無所乘之 雖有甲兵 無所陳之 使人復結繩而用之 甘其食 美其服 安其居 樂其俗 隣國相望 雞犬之聲相聞 民至老死不相往來〕"(『道德經』, 80장).

이런 이상 사회에서는 사람들이 저절로 효도하고 자애하는 삶을 살아간다고 보고 있다.

> "성聖을 버리고 지혜智慧를 멀리 하면 백성의 이익이 백배가 되고, 인을 버리고 의를 멀리 하면 백성이 치사랑〔孝〕과 내리사랑〔慈〕을 회복하며, 기교를 버리고 이利를 멀리 하면 도적이 없어진다. 이 세 가지로는 인위적 제도인 문식文飾을 만들 수는 없기 때문에, 백성이 자족을 누리며, 눈으로는 소박素朴함을 보고 마음으로는 질박質朴함을 품으며, 사사로움을 줄이고 싶음〔欲〕을 덜어내게 된다〔絶聖棄智 民利百倍 絶仁棄義 民復孝慈 絶巧棄利 盜賊無有 此三者以爲文不足 故令有所屬 見素抱樸 少私寡欲〕"(『道德經』, 19장).

한편 소국과민小國寡民한 사회를 통해서 사람들은 헛된 욕망을 버리고 삶을 의미 있게 사는 것에 집중할 수 있다고 보는 것이다. 이런 사회에서는 노동력을 '진정으로 생산적인 곳'에 필요한 만큼만 사용할 수 있고, 노동을 통한 의식주 및 놀이와 관련된 욕망의 충족이 가능할 것이다. 여기서 노동은 수단이라기보다는 먹고 놀고 자는 것과 함께 삶의 일부일 뿐, 다른 어떤 것을 위한 수단이라고 여겨지지 않을 것이다. 그런데 다만 아쉬운 것은 이런 노동에 대한 직접적인 언급은 도덕경 어디에서도 없다는 점이다.

4. 마무리

사회복지는 사회적 차원의 행복 추구이다. 노자는 행복을 "마음은 비우고 배를 채우며, 의지는 약하게 하고 뼈는 강하게 하는 것"으로 표현한다. 이것은 인위적인 이름〔名〕에서 벗어나서 몸을 건강하게 유지하면서 장수를 누리는 것이라고 할 수 있다. 이런 상태를 정신과 육체의 결합이며, 몸의 기운이 순수하고 부드러워 마치 어린 아이와 같은 경우라고 노자는 보고 있다.

한편 사회복지에서 중요하게 여기는 욕망을 노자는 자연스러운 욕망과 이름〔名〕에 의해서 생겨나는 욕망으로 구별한다고 볼 수 있다. 전자에 대해서는 언급하지 않지만 후자를 싫음〔欲〕으로 표현한다. 인간의 행복을 위해서는 이 싫음〔欲〕을 채워 주기보다는 없애는 것이 중요하다고 보는 것이다. 이것은 사회복지에서 주로 욕망의 충족을 바람직한 것으로 생각하는 것과는 차이를 보인다.

사회복지가 개인들의 욕망 충족에 개입한 것으로 이해될 수 있음에도 불구하고, 이것이 필요하다고 보는 것은 개인들의 복지와 삶이 위협당하기도 하기 때문이다. 노자가 살던 시대에도 인간의 행복은 물론 삶 자체까지 항상 위협받았다. 그런데 당시에는 농업 중심의 자급자족제도가 지배적이고, 소위 '춘추전국시대'로 불일 정도로 전쟁이 상시적인 사회였다. 노자는 당시에 백성의 삶을 위협하는 대표적인 것으로 전쟁과 착취를 지적한다. 이런 것 이외에도 이름〔名〕에 의한 욕망 조작이 백성의 삶을 위협한다고 주장한다. 백성들의 욕망이 조작되면 배를 튼실하게 해주는 생산 활동을 버리고 도둑질과 같은 일을 할 것이며, 이름〔名〕과 싶음〔欲〕으로 가득한 마음이 기를 부리면 일찍 죽기까지 한다고 보았기 때문이다.

이런 상황에서 사회복지, 특히 사회보장을 추진할 지도자 상으로 노자는, 자기부터 이름〔名〕과 싶음〔欲〕을 버리고, 하위 집단과 백성들에게 최대한 자율성을 부여하고, 그들의 뜻을 진정으로 존중할 것을 제시한다. 이런 지도자는 정해놓은 마음이 없이, 백성의 마음을 자기 마음으로 삼는다고 한다. 이런 지도자가 사회복지를 실현하는 방식은 무엇보다도 전쟁과 착취를 억제하는 것이다. 특히 착취를 하지 않고 백성들의 삶을 안정시키는 자원을 마련하기 위해서는 검약할 것을 주장하며, 검약하기 위해서는 이름〔名〕에 따라 자기에게 의미를 부여하고 치장하는 삶을 버려야 한다고 주장한다.

한편 백성들의 삶을 안정시기 위해서는, 백성들의 삶에 직접적인 위해를 가하는 전쟁과 착취만이 아니라 간접적인 교란을 야기하는 상징적인 욕망 조작도 억제할 필요가 있는데, 이름〔名〕과 싶음〔欲〕이 집단 내부에서 발생하지 않게 하는 것만이 아니라, 외부로부터 이름〔名〕과 싶음〔欲〕이 유입되는 것도 차단할 필요가 있다고 노자는 보고 있다.

그러나 이것만으로는 백성들의 삶을 보장할 수 없다. 노자는 전쟁과 착취를 금하고, 백성들의 헛된 욕망을 억제시키면 바람직한 분배는 저절로 일어난다고 믿고 있지만, 예외적인 상황은 얼마든지 있기 때문에 직접적인 재분배가 필요하다고 본다.

이러한 노자의 사회복지 관련 철학은 자율적이고 자급자족적인 공동체를 기반으로 하고 있다. 이런 사회에서는 노동력을 '진정으로 생산적인 곳'에 필요한 만큼만 사용할 수 있고, 노동은 수단이라기보다는 먹고 놀고 자는 것과 같이 삶의 일부로 여겨질 것이다.

이런 노자의 사회복지 관련 사유로부터 오늘의 사회복지에 도움을 주는 대표적인 예지는 무엇일까?

첫째, 사회복지의 궁극 목표에 무엇인가를 생각할 수 있게 해준다. 오늘날 사회복지는 사회적으로 규정된 수준의 욕망의 결핍인 소요(needs)를 충족시켜주는 것으로만 이해한다. 그러나 이것은 행복의 조건일 뿐, 보장은 아니다. 욕망을 한없이 자극하는 사회에서 죽음을 면했다고 해서 인간이 행복할 것인가는 지극히 의문이기 때문이다. 이런 점에서 "마음은 비워주고 배는 채워줌〔虛其心 實其腹〕" 등으로 상징되는 노자의 행복론은 우리의 사회복지 혹은 사회보장의 목표를 설정하는데 많은 도움이 될 것이다. 우리 사회에는 지금 무조건 더 많은 욕망을 충족시켜주기 위하여 복지의 확대만을 주장하는 이들이 있는가하면, 재원부족 등을 들먹이며 사회복지의 억제만을 외치는 이들도 있다. 노자의 행복과 욕망에 관한 이런 시각은 사회복지의 확대만을 이야기하는 이들에게는 그 경계를 그려주고, 사회복지의 억제만 외치는 사람들에게는 그 확대 필요성을 일깨워준다.

둘째, 오늘날 사회복지에서 무시하고 있는 사회문제의 예방과 사회복지 수요 억제의 중요성을 일깨워 준다. 노자는 욕망의 충족만이 아니라 이름〔名〕에 의해서 생성된, 혹은 조작된 헛된 욕망의 억제도 필요하다고 주장한다. 그런데 욕망의 생성과 종류를 무시하고 있는 욕망의 충족만을 추구하는 현대의 사회복지에서는 사회복지를 위해서 복지의 수요를 늘리는 우를 범하기도 한다. 예컨대 사회복지의 재원을 마련하기 위해서, 복지복권을 발행하고, 도박장을 열기도 한다. 복지복권과 도박이 욕망을 조작하면서 얼마나 많은 사회복지의 수요를 만들어내고 있는가? 이것은 마치 병을 치료하기 위해서 새로운 병을 만드는 것과 같다.

셋째, 노자의 공동체를 기반으로 한 사회복지는 오늘날의 사회복지의 수요를 줄이고 그 질의 개선을 위해서 공동체가 얼마나 중요한가를 재고할 수 있게 해준다. 가족 안팎 공동체가 살아 있다면 사회복지의 수요는 현저히 줄어들고 삶의 질은 높아질 것이다. 예컨대 할머니가 손자의 손을 잡고 어린이 집에 데려다 준다면 아동양육과 노인고독 관리라는 사회의 비용이 줄어들고, 아동과 노인은 사회가 대신 제공해 수 없는 할머니와 손자의 온기를 느낄 것이다. 공동체가 파괴되는 현실 속에서 사회복지를 하지 않을 수는 없지만, 인간적인 교류 공간인 공동체의 파괴는 사회복지를 양과 질의 측면에서 위협할 수도 있기 때문에 공동체의 중요성을 고려하지 않을 수 없다. 노자의 '소국과민小國寡民'론은 이러한 성찰의 계기를 제공한다.

넷째, 노자의 행복관과 공동체론은 사회복지를 위한 생산의 방향을 성찰할 수 있게 해준다. 싶음〔欲〕의 발생을 억제할 수 있는 작은 공동체에 대한 제언은 생산과 노동의 성질이 어떠해야 하는가에 대한 문제를 제기한다. 예컨대 우리사회에서는 대학을 서열지우는 이름〔名〕을 통해 형성된 싶음〔欲〕을 채우기 위해서 엄청난 자원과 인력을 낭비하고 있다. 이것들을 사회복지에 투입할 수 있다면 우리는 더 행복할 수 있을 것이다.

참고문헌

『孟子』.

『禮記』.

김기덕 · 김성천 · 박승희 · 최명민 · 이은정. 2014.「노자 도덕경을 통한 사회복지 재조명」.『동양 철학연구』 77:9-41.

김시천. 2007.「도가와 여성성-노자에서 돌봄의 개념은 가능한가」.『한국여성철학』 8권:1-26.

김영규. 2011.「노자의 여성성 은유에 대한 철학적 분석」.『신학전망』 187-215.

김영주. 2012.「노자의 성인지도와 치세지도로 본 마음수양」.『동양사회사상』 26:81-116.

김중순. 2009.「노자에 있어서 도의 절대성과 여성성」.『젠더와 문화』 2(2):31-55.

박소정. 2003.「동학과 도가사상 : 불연기연의 논리를 중심으로」.『동학학보』 5:143-174.

박승희. 2005.『한국 사회복지정책론: 아름다운 세상 가꾸기』. 성균관대출판부.

______. 2012.『한국 사회보장론: 스웨덴을 거울삼아』. 성균관대출판부.

양해림. 2001.「니체와 노자의 생태학적 자연관」.『철학』 69:281-306.

오강남 풀이. 2007.『도덕경』. 현암사.

이규상. 2009.「노자 소국과민의 정치철학적 지향」.『대동철학』

46:25-46.
이상원 · 권광호. 2010.「동학경전에 나타난 도가적 사유」.『인문과학연구』 25:307-326.
이임찬. 2013.「공동체와 개인:무위적 개인과 현동사회-노자의 개인 공동체 모형을 중심으로」.『한국철학논집』 38집:7-38.
최명민 · 박승희 · 김선천 · 김기덕 · 이은정. 2014.「노자의 도덕경에 근거한 사회복지실천관계론의 탐색」.『한국사회복지학』 66(1):139-162.
최오목. 2008.「노자 도덕경에서 생명치유를 위한 윤리사상」.『도교문화연구』 28:165-185.
______. 2011.「노자 무위사상의 기저-노자의 성인과 생명을 중심으로」.『도교문화연구』 34:95-120.
한병철. 2012.『피로사회』. 김태환 역. 문학과지성사.
홍승표. 2012.「노자의 도와 마음공부」.『사회사상과문화』 26:59-80.

〔뉴스 기사〕
김아라 기자. 2013. 10 20일자. “대한민국 재정 OECD 국가 중 소득재분배 기능 가장 ↓”. 아시아뉴스통신.
우경희 기자. 2014. 4. 8일자. 1인당 나랏빚 1천만원 · 가계부채 1천조…‘우울한 빚 千國’. 머니투데이.

〔전자방〕
OECD 통계 : stats.oecd.org

동양사상과 현대적 가치

저자소개

[저자소개]

정학섭 :「동양사상과 현대성: 경험된 미래로서의 고古」

서울대학교 학부 및 대학원에서 사회학을 전공하였으며, 1985년 이후 현재까지 전북대학교 사회학과 교수로 재직해 왔고 2004~2006년 캐나다 UBC에 visiting scholar로 다녀오기도 했다. 현재 동양사회사상학회 회장을 맡고 있기도 하다. 관심분야는 사회계층, 계급론, 동양사회사상, 결혼과 가족의 사회학 등이며, 〈한국의 사회사상〉(공저), 〈사회학이론의 구조〉(공저) 외에 최근 "유가사상 공부론과 수양론의 탐색" "도박중독에 대한 동양사상적 해석과 전망" 등 일련의 글을 발표하고 있다.

E-mail: hark@jbnu.ac.kr

신종화 :「동양사상과 현대성: 경험된 미래로서의 고古」

영국 워릭(Warwick)대학교에서 사회학 박사학위를 받았으며, 현재 서울종합과학대학원에서 재직 중이다. 현대성(modernity)과 마음〔心〕, 미래, 여가餘暇 등의 동양적 개념사 연구를 진행 중이며, 관심영역은 사회이론, 사회변동 및 언어데이터 분석이다.

E-mail:shin.jonghwa@modernity.or.kr

김상준 :「주희 이기理氣론 · 우주론의 현대성」

컬럼비아 대학에서 사회학 박사 학위를 받고 경희대 공공대학원 교수로 재직 중이다. 『맹자의 땀 성왕의 피: 중층근대와 동아시아 유교문명』, 『미지의 민주주의: 신자유주의 이후의 사회를 구상하다』, 『유교의 정치적 무의식』, 『진화하는 민주주의: 아시아, 라틴 아메리카, 이슬람 민주주의 현장 읽기』등의 저서를 썼다.

E-mail: sangjun@khu.ac.kr

이영찬 :「최한기의 기학과 한국학」

경북대학교 사회학과를 학사, 석사 및 박사과정을 이수하고, 프랑스의 프랑쉬-꽁떼(U. de Franche-comte) 대학에서 사회학 박사학위를 받았다. 현재 계명대학교 사회학과 교수로 재직 중이며, 주요 관심 분야는 유교사회학이다. 저서로 『유교사회학』(2001),『유교사회학의 패러타입과 사회이론』(2008) 등이 있다.

E-mail: lyc@kmu.ac.kr

박병기 :「정의正義의 동양사상적 맥락과 21세기 한국사회」

서울대학교 윤리교육과에서 「사회윤리의 책임주제문제」로 박사학위를받았고, 불교원전전문학림 삼학원三學院에서 불교윤리를 공부했다. 전주교육대학교 교수, 국가생명윤리위원회 전문위원을 역임했고, 현재 한국교원대학교 교수와 동양윤리교육학회장으로 있다. 주요 연구물로는 『동양도덕교육론의현대적해석』과 『의미의 시대와 불교윤리』가 있다.

E-mail: bkpak15@knue.ac.kr

김보경 :「유교 사상을 통한 소외疎外개념의 구성」

현재 계명대학교 한국학연구원에서 전임연구원으로 재직 중이다. 계명대학교에서 「유교소외론의 이념형적 구성과 그 적용」(2012)으로 박사학위를 받았으며, 동양사회사상을 통한 사회현상분석 연구에 관심을 쏟고 있다.

E-mail: iris9981@hanmail.net

유승무 :「불교의 합심주의적 평화사상과 그 현대적 전개」

한양대학교 사회학과를 졸업하고 동대학원에서 박사학위를 취득하였으며, 현재는 중앙승가대학교 불교사회학부 교수로 재직하고 있다. 저서로는 『불교사회학』(박종철출판사, 2010)이 있으며, 공저로는 『현대사회와 베버 패러다임』(나남, 2013), 『한국민족주의의 종교적 기반』(나남, 2010), 『유교적 사회질서와 문화, 민주주의』(전남대출판부, 2005) 등이 있다.

E-mail: smlew691@hanmail.net

이한메 : 「한국 근대 신종교의 '자유'개념 수용에 대한 고찰 : 원불교의 교리와 실천을 중심으로」

원광대학교 원불교학과와 원불교대학원대학교에서 원불교학을 공부하고, 고려대학교 대학원에서 사회학을 전공하여 '정보사회의 종교'를 주제로 석사 학위를, '기업윤리'를 주제로 박사 학위를 취득하였다. 현재 동국대학교와 경희대학교에서 사회학 관련 강의를 하면서, '㈜이앤유'의 기업문화연구소 소장으로 기업윤리 활성화를 위한 연구와 컨설팅 작업을 병행하고 있다. 관심 분야는 기업사회학, 문화사회학, 정보사회학, 종교사회학 등이며, 논저로는 『대중을 위한 사회학의 이해(공저)』, 『한국의 종교와 사회운동(공저)』, 『고도 기술사회의 자아정체성 위기와 종교의 대응』, 『기업윤리와 탈근대성』, 『탈근대 사회의 진전에 따른 기업윤리관의 변화』, 『10·27법난과 그 청산 과정에 대한 회고와 성찰』, 『온라인 교육 콘텐츠의 저작권 이슈와 해결방안 연구』 등이 있다.

E-mail: jacki69@hanmail.net

박승희 : 「노자로부터 사회복지 예지 찾기」

성균관대학교 사회복지학과 교수로 재직 중이다. 성균관대학교 사회학과에서 학사, 석사와 박사학위를 받았다. 논문으로 「노자의 도덕경에 근거한 사회복지실천관계론의 탐색」, 저서로는 『한국사회복지정책론: 아름다운 세상가꾸기』, 『한국사회보장론: 스웨덴을 거울삼아』, 『스웨덴사회복지의 실제』, 역서로는『종교사회복지실천론』등이 있다. 저자는 마르크스와 베버, 공자와 노자, 원효와 정약용을 읽으면서 한국 사회복지정책의 모형 찾기를 추구하고 있다.
E-mail:shpark@skku.edu

강유경 :「노자로부터 사회복지 예지 찾기」

성균관대학교 사회복지학과에서 박사를 수료하였다.
E-mail:ygkang1028@naver.com

김은경 :「노자로부터 사회복지 예지 찾기」

성균관대학교 사회복지학과에서 박사를 수료하였다.

조재형 :「노자로부터 사회복지 예지 찾기」

성균관대학교 사회복지학과에서 박사를 수료하였다.

동양사상과 현대적 가치

초판1쇄 인쇄 2016년 1월 4일
초판1쇄 발행 2016년 1월 15일

지 은 이 계명대학교 한국학연구원 편
펴 낸 이 신일희
펴 낸 곳 계명대학교 출판부
출판등록 제347-1998-1호(1970. 9. 1)
주 소 대구광역시 달서구 달구벌대로 1095
대표전화 053-580-6233
팩 스 053-580-6235
홈페이지 www.kmupress.com

ISBN 978-89-7585-729-4 93150 정가 24,000원

이 도서의 국립중앙도서관 출판예정도서목록(CIP)은 서지정보유통지원시스템 홈페이지(http://seoji.nl.go.kr)와 국가자료공동목록시스템(http://www.nl.go.kr/kolisnet)에서 이용하실 수 있습니다.(CIP제어번호: CIP2015036254)